Welche Therapie?

Welche Therapie?

Thema: Psychotherapie heute

Herausgegeben
von der Redaktion
PSYCHOLOGIE HEUTE

PSYCHOLOGIE HEUTE
Taschenbuch
verlegt bei Beltz

Die Beiträge dieser Ausgabe wurden
erstveröffentlicht in der Zeitschrift
PSYCHOLOGIE HEUTE

CIP-Titelaufnahme der Deutschen Bibliothek

Welche Therapie? : Thema Psychotherapie heute /
hrsg. von d. Red. „Psychologie heute".
– 2., unveränd. Aufl. – Weinheim ;
Basel : Beltz, 1989
(Psychologie heute : Taschenbuch ; 505)
ISBN 3-407-30505-2
NE: Psychologie heute / Taschenbuch

2., unveränderte Auflage 1989

Herausgegeben von der Redaktion „Psychologie heute":
Heiko Ernst (verantwortl.),
Monica Moebius, Ursula Nuber
Lektorat: Monica Moebius
Satz: Fotosatz R. Schneider, 6900 Heidelberg
Druck und buchbinderische Verarbeitung:
Druckhaus Beltz, 6944 Hemsbach
Umschlaggestaltung: Peter J. Kahrl, Neustadt/Wied
Printed in Germany

ISBN 3 407 30505 2

Inhalt

Therapie hilft

Michaela Huber

Die Psychotherapieforschung hat in den letzten 35 Jahren, vor allem aber in den letzten zehn Jahren, einen enormen Aufschwung genommen. Der Grund dafür: Der Schulenstreit der Therapie-Richtungen, durch den „Psychoboom" ausgelöst, vor allem aber die Angriffe auf die psychoanalytischen Therapien durch Verhaltenstherapeuten und deren Fürsprecher. Bis heute dient ein Großteil der psychotherapeutischen Wirkungsforschung vor allem einem Zweck: der Legitimation. Nur so ist es zu erklären, daß die Psychotherapieforschung als einzige Forschungsrichtung ihren eigenen Gegenstand jahrzehntelang in Frage gestellt hat. Die geheime oder auch offen formulierte „Nullhypothese" dieser Forschung lautete immer und immer wieder: „Psychotherapie wirkt *nicht*." Diese Hypothese galt es zurückzuweisen, um bestimmte psychotherapeutische Methoden als anerkannte Heilmethoden zu etablieren. Gleichzeitig bemühten sich die Vertreter unterschiedlicher Richtungen, besonders der Verhaltenstherapie, nachzuweisen, daß ihre Methoden die Ratsuchenden schneller ans Ziel brächten. Sie hatte zwar die akademische Psychologie im Rücken, die Krankenkassen allerdings standen ihnen skeptisch gegenüber. Bei den Psychoanalytikern war es genau umgekehrt: Sie hatten die Anerkennung durch die Krankenkassen, nicht aber die der Psychologie-Kollegen an den Universitäten. In der therapeutischen Praxis sah das dann so aus:

Gezwungen, den Sinn der eigenen Arbeit zu legitimieren

und neugierig („Was machen wir da eigentlich?"; „Was hilft, was hilft nicht?") bemühten sich Therapeuten an Universitätseinrichtungen (vom Psychologischen Institut bis zur Psychiatrischen Klinik) darum, Gelder für Psychotherapieforschungs-Studien locker zu machen. Gerade diejenigen, die finanzielle Unterstützung am nötigsten hatten – die Therapeuten in den Kliniken – bekamen dann oft zu hören: „Sie sollten Versorgung machen, nicht forschen." So blieb vielen nichts anderes übrig, als mit geringsten finanziellen Mitteln und hohem persönlichen Einsatz oder durch die Vergabe von Doktorarbeiten Psychotherapieforschung zu betreiben. Und entsprechend sieht das Ergebnis auch aus. Es gibt eine Fülle von kleinen und mittelgroßen Studien mit sehr unterschiedlichen Meßinstrumenten und ganz verschiedener Klientel: Das Spektrum der untersuchten *Klienten* reichte vom Psychologiestudenten, der von anderen Studenten quasi „therapiert" wurde, bis zum Psychiater-Patienten.

An *Meßmethoden* wurden von der Selbsteinschätzung durch den Klienten über standardisierte Testverfahren bis zur Verhaltensbeobachtung durch Dritte, alle möglichen Varianten eingesetzt. Manche Studien bemühten sich vor allem darum, die Symptomveränderung zu messen, andere bezogen die gesamte Persönlichkeitsveränderung des Klienten mit ein.

Mal wurden nur innerhalb einer Therapieart unterschiedliche *Methoden* verglichen (etwa die systematische Desensibilisierung und das „Flooding" in der Verhaltenstherapie), mal wurden auch die ausgefallensten Therapierichtungen in den Wirkungsvergleich einbezogen. In manchen Studien gehörten Therapeut und Forscher demselben „Lager" an (und wollten natürlich beweisen, daß ihre Methode besser sei als andere), in anderen Untersuchungen wurde streng auf externe Beobachter Wert gelegt.

Ein weiteres Problem betraf die *Kontrollgruppen:* Wenn

man nachweisen wollte, daß eine therapeutische Intervention mehr bewirkt als die Spontanremission durch „Nichtstun", dann muß die Gruppe der Therapierten mit „Nicht-Therapierten" verglichen werden. Diese „Nicht-Therapierten" bestanden aber häufig aus den Klienten, die bereits ein Erstgespräch hatten und auf den Therapiebeginn warteten – die sogenannte „Eigenwarte-Kontrollgruppe"; aber wer sagt, daß die Wartenden nicht zwischen der ersten Messung (beim Erstgespräch) und der zweiten andere Hilfe in Anspruch genommen haben?

Über das, was Therapie-*Erfolg* sein soll, gibt es in den Studien sehr unterschiedliche Auffassungen. Häufig wurde so vorgegangen: Man hat Verhalten und Befinden der Patienten vor und nach der Therapie verglichen, und zwar häufig sowohl in der Selbsteinschätzung des Patienten als auch in der Beurteilung durch den Therapeuten und durch neutrale Beurteiler. Danach hieß es dann global: „gebessert" oder „nicht gebessert". Oder, etwas differenzierter, aber immer noch eindimensional: „verschlechtert", „gebessert", „deutlich gebessert", „geheilt".

Dieses Verfahren hat gleich zwei Haken: Untersuchungen haben gezeigt, daß die Beurteiler sich sehr stark an der Diagnose des Patienten orientieren. Wer eine gute Prognose bekommen hat, wird nach der Therapie auch positiver eingeschätzt als jemand mit schlechter Prognose – und das bei genau den gleichen Daten über den Zustand vor und nach der Therapie. Die Erwartung an das Therapieergebnis bestimmte in vielen Fällen auch das Ergebnis der Psychotherapie-Vergleichsstudien. Und der zweite Nachteil: Dieses Verständnis von „Therapieerfolg" berücksichtigt nur die Symptomatik des Patienten. Veränderungen im sozialen Bereich (Wiederaufnahme der Berufstätigkeit, Eingehen neuer Beziehungen und so weiter) wurden selten berücksichtigt. Trotz dieser unterschiedlichen Vorgehensweisen kamen die Studien immer wieder zum gleichen Ergebnis:

1. Die „Nullhypothese" konnte zurückgewiesen werden, oder: Psychotherapie wirkt. Sie hat nämlich statistisch bedeutsam mehr Heilungserfolge als das „Nichtstun". Doch was bedeutete das schon? Niemand, so der Psychotherapieforschungs-Forscher Klaus Grawe, würde auf die Idee kommen zu sagen: „Medizin wirkt". Oder nach einer akribischen Untersuchung von Spezialitätenrestaurants: „Essen macht satt". Die Psychotherapieforschung hatte damit ihre Existenzberechtigung bewiesen. Mehr nicht.

2. Psychotherapieforscher hatten sogenannte Metaanalysen durchgeführt. Sie verglichen die Resultate zahlreicher Einzelstudien in ihren Ergebnissen miteinander (ohne auf die Rohdaten zurückzugreifen) und stellten fest: Es gibt keine mittleren Wirkungsunterschiede zwischen verschiedenen Therapiearten. Oder, wie es ein amerikanisches Forscherteam ausdrückte, indem es *Alice im Wunderland* zitierte: „Everybody has won and all must have prizes" (Jeder hat gewonnen, und alle müssen Preise bekommen). Ist es also völlig gleichgültig, ob jemand sich einer Verhaltenstherapie, einer Gesprächstherapie, einer Gestalttherapie oder einer Psychoanalyse unterzieht (um nur die vier bestuntersuchten Therapierichtungen zu nennen)? Mehr noch: Hat eine mehrjährige, teure Psychoanalyse nicht bessere Resultate aufzuweisen als eine Kurztherapie – vom nicht zu unterschätzenden Unterhaltungswert einmal abgesehen? Wozu sollten dann die Krankenkassen viel Geld für eine jahrelange Behandlung bezahlen, wenn zehn Stunden Verhaltenstherapie den gleichen Effekt brächten? Und wozu sollte jemand 50 000 Mark für die teure Psychoanalyse-Ausbildung bezahlen, wenn er als

Therapeut auf billigere Weise ausgebildet werden und die gleichen Effekte erzielen kann? Irgend etwas konnte da nicht stimmen. Waren die Meßmethoden zu ungenau gewesen? Hatte man Unvergleichbares miteinander verglichen? Oder sind die Unterschiede zwischen den Therapierichtungen tatsächlich so gering?

Einiges schien darauf hinzuweisen. So kam die amerikanische „Sloane-Studie", die das Vorgehen von Verhaltenstherapeuten und Psychoanalytikern in der Therapie verglich, zu folgendem Ergebnis:

Beide gehen ähnlich vor. Sie nehmen die Lebensgeschichte des Klienten ausführlich auf, insbesondere die Entstehungsgeschichte des Symptoms; beide formulieren Hypothesen, warum der Klient sein Verhalten, Denken oder Empfinden, unter dem er leidet, beibehält, statt es aufzugeben. Beide überprüfen ihre Hypothesen ständig im Laufe des therapeutischen Geschehens, definieren Ziele, liefern dem Klienten die Gelegenheit, sich gefühlsmäßig immer wieder an ihnen abzureagieren und scheuen auch nicht davor zurück, ihm ab und zu etwas zu suggerieren. Zwar interessieren sich die Verhaltenstherapeuten mehr für das Symptom als für die Kindheit des Klienten, greifen also aktiver und direktiver ins Geschehen ein, doch sie geben genauso viele Interpretationen oder „Deutungen" ab wie die Psychoanalytiker. Auch die Klienten sind sich in ihrer Beurteilung der Therapie relativ einig:

Fragt man sie, was sie für den Therapieausgang verantwortlich machen, nennen sie als erstes die Beziehung zum Therapeuten, dann dessen Fähigkeit, ihnen Einsichten zu vermitteln, dann die Bedeutung, sich mit den eigenen Problemen zu konfrontieren und dann das Vertrauen zum Therapeuten. Doch solche Befunde täuschen darüber hinweg, daß

- Verhaltenstherapeuten andere Klienten haben als Psychoanalytiker (bestimmt durch die „Selbstselektion“ der Ratsuchenden, die entweder diese oder jene Therapie bevorzugen, andererseits durch die Entscheidung der Therapeuten nach dem Erstgespräch, den Klienten in Therapie zu nehmen oder weiterzuverweisen); und
- sich in einer Verhaltenstherapie etwas völlig anderes abspielt als in einer Psychoanalyse. Vielleicht war der „durchschnittliche Patient“ nicht der wirkliche Patient, der Kamm zu grob, über den alle geschoren wurden?

In einem solchen Stadium der forschungsinternen Diskussion war es ein Durchbruch, daß die Universität Bern einem jungen deutschen Wissenschaftler die Möglichkeit bot, herauszufinden, „wie die Dinge wirklich zusammenhängen“. Klaus Grawe kam von der Universität Hamburg, wo er in einem Team gearbeitet hatte, das aus Vertretern unterschiedlicher therapeutischer Richtungen zusammengesetzt war. Er hatte selbst einige psychotherapeutische Vergleichsstudien durchgeführt und die Diskussion in der Fachliteratur verfolgt. Als das Ergebnis, „keine mittleren Wirkungsunterschiede“, die Runde machte, war das für ihn eine Herausforderung: „Ich habe elf Jahre auf einer Psychotherapiestation mit Psychoanalytikern, Gesprächstherapeuten und Verhaltenstherapeuten zusammengearbeitet. Wir haben uns die Patienten gegenseitig vorgestellt, die Therapien gegenseitig verfolgt. Für mich war es evident, daß das therapeutische Vorgehen sehr verschieden ist, und daß die Patienten hochgradig unterschiedliche Erfahrungen machen. Und dann bin ich neugierig geworden, dann wollte ich wissen, wie es wirklich ist, und habe gedacht: Man müßte eigentlich mal alle Studien, die es gibt, wirklich sammeln und ganz systematisch durchgehen.“ Das aber hat Grawe inzwischen bereut, „denn ich habe nicht damit gerechnet, daß es so viele Studien gibt. Wir haben jetzt dreieinhalbtausend Therapiestudien gefunden, und da kann man sich leicht vorstellen, das kann kein Mensch mehr lesen".

„Wir", das sind neben Klaus Grawe 18 Mitarbeiter, mit denen er die wohl größte Übersichtsarbeit über die vorhandene Psychotherapieforschungs-Literatur durchgeführt hat, die jemals in Angriff genommen wurde. Doch dreieinhalbtausend Studien – das war selbst für einen so großen Stab von Wissenschaftlern zu viel, zumal die Absicht ja darin bestand, sich die Studien „ganz genau" anzusehen. Es war schließlich das erklärte Ziel, das globale und vermutlich irreführende Ergebnis („keine mittleren Unterschiede in der Wirkung") zu korrigieren. So mußte eine Auswahl getroffen werden. Ausgeschlossen wurden ganze Bereiche, darunter alle Studien zur Therapie von Kindern und Jugendlichen, zur Gewichtsabnahme, zur Raucherentwöhnung und insgesamt Therapien mit Klienten, die nur verhältnismäßig leichte Probleme hatten. Übrig blieben 897 Studien. Zweierlei hatten all diese Studien gemeinsam: Sie hatten die Ergebnisse von Therapien mit *schwer gestörten* Patienten untersucht. Und sie hielten dem strengen wissenschaftlichen Kriterium stand, daß es mindestens zwei Gruppen gegeben hatte: die psychotherapeutisch Behandelten und eine Kontrollgruppe von Nicht- oder mit einem Plazebo Behandelten. Bezeichnend war, daß eine ganze Reihe der Studien, die diesen strengen Kriterien genügten, in Ländern oder Zeitschriften erschienen waren, die nicht die Aufmerksamkeit der internationalen *community* genießen. Gerade diese Studien konnten dann einige „Wahrheiten" korrigieren: etwa die, es gebe gar keine wissenschaftlich haltbaren Studien über die Wirkung der Psychoanalyse oder der Gestalttherapie. Allein 85 sorgfältige Studien wiesen die Wirkungsweise psychoanalytischer Therapien nach, etliche sorgfältig durchgeführte Untersuchungen waren geeignet, den schlechten Ruf der Gestalttherapie zu korrigieren.

Weiteres Augenmerk galt dem Verdacht, bei der Psychotherapieforschung käme immer das heraus, was die Betreiber der Studien wollten. Tatsächlich hatte es in den 60er Jahren einmal einen spektakulären Fall gegeben: Der Behaviorist Gordon Paul hatte eine verhaltenstherapeutische und eine psychoanalytische Therapie bei der Behandlung von Sprechängsten miteinander verglichen. Dabei hatte sich die Verhaltenstherapie als deutlich „überlegen" erwiesen. Die Studien hatten allerdings einen Schönheitsfehler: Paul hatte von vornherein festgelegt, daß nach fünf Sitzungen die Therapieergebnisse ausgewertet würden. Für einen Verhaltenstherapeuten sind fünf Sitzungen eine durchaus akzeptable Zeit, um eine Symptomveränderung auszulösen. Ein Psychoanalytiker jedoch, der von Anfang an eine langfristige Veränderung des Patienten im Auge hat, wird nach fünf Sitzungen weder eine sonderliche Besserung erwarten noch sie in der Regel erzielen. Für den Psychotherapieforscher Grawe waren derartige Versuche, auf das Therapieergebnis Einfluß zu nehmen, eine Warnung. So wurde bei der Metaanalyse der fast 900 Studien nicht nur genau darauf geachtet, ob Therapeut und Autor dem gleichen therapeutischen „Lager" angehörten, sondern auch, was überhaupt (und mit welchen Meßmethoden) gemessen wurde.

Erfahrungsgemäß sind – und das hat zuletzt 1986 eine deutsche Metaanalyse gezeigt – besonders „gute Erfolge" einer Therapie dann meßbar, wenn man das erfragt, worauf die jeweilige Therapie ihr besonderes Augenmerk legt. Die klassische Verhaltenstherapie zum Beispiel will ein konkret umschriebenes Verhalten verändern. Beispiel: Jemand hat Angst, einen großen Platz zu überqueren, und die Angst weitet sich so aus, daß er zum Schluß das Haus nicht mehr verlassen kann. Der Verhaltenstherapeut wird dann zum Beispiel mit dem Klienten einen Stufenplan erarbeiten, nach dem er sich den angstbesetzten Situationen nähern soll; erst gedanklich, dann im Verhalten, beginnend mit der Situation, die am wenigsten Angst macht, bis zu der am stärksten angstbesetzten Situation. Im nachhinein kann man dann ganz genau feststellen, welche Stufe der Klient erreicht hat, wobei man vorher festlegt, ab wann man von einem „mäßigen", „guten" oder „sehr guten" Erfolg sprechen will. Gesprächstherapeuten tun sich da sehr viel schwerer. Sie verwenden häufig Persönlichkeitstests und messen ihren Erfolg – überspitzt gesagt – daran, ob sie eine Charakterveränderung hervorgerufen haben. Psychoanalytiker wiederum geben sich besondere Mühe, das – meist mehrjährige – Therapiegeschehen in so vielen Facetten wie möglich zu erfassen, wobei auch sie die allgemeine Lebenseinstellung des Patienten in den Mittelpunkt rücken, zusätzlich aber auch sein Sozialverhalten (etwa „Beziehungsfähigkeit"). Nun dürfte jedem Laien klar sein: Je schwerer man es sich macht, desto schwerer ist es auch, so etwas Kompliziertes wie den „Erfolg" einer Theapie wissenschaftlich unter Beweis zu stellen.

Klaus Grawe und sein Berner Team haben in ihrer Metaanalyse bestätigen können, daß es wirklich keine „mittleren Wirkungsunterschiede" gibt. Das gilt aber nur für den Fall, daß alle Meß- und Auswertungsmethoden in der Metaanalyse *gleichwertig* nebeneinanderstehen. Im Detail sehen die Ergebnisse anders aus. An der Auswertung wird noch gearbeitet, Grawe wollte vorab nur ein paar Beispiele nennen, die neugierig auf den Rest machen:

Zum *Autogenen Training* (AT): AT bewirkt eine Verbesserung des Wohlbefindens, nicht unbedingt eine Verringerung der Symptome. Wird es jedoch zusammen mit einer anderen therapeutischen Maßnahme angewandt, etwa Biofeedback oder bestimmten kognitiven Interventionen, dann hat sich die Kombination als überlegen erwiesen. Klaus Grawe dazu: „Aus diesen Ergebnissen kann man schlußfolgern: Es gibt keine rationale Begründung dafür, Autogenes Training alleine anzuwenden. Denn auch wenn die Wirksamkeit des Autogenen Trainings bestätigt werden sollte – es gibt wirksamere Kombinationen."

Zu zwei Methoden der *Verhaltenstherapie:* Es liegen zahlreiche Studien vor, die einen Wirkungsvergleich erlauben zwischen der Methode der *systematischen Desensibilisierung* und der Methode der *Implosion.* Bei der systematischen Desensibilisierung wird ganz langsam und allmählich ein angstbesetztes Verhalten nach dem anderen eingeübt. Ganz anders bei der Implosion: Hier macht man den Klienten noch mehr Angst, indem man ihnen eine der angsterregenden Szenen möglichst plastisch und schrecklich ausmalt, bis – so die Theorie – die Angst in sich zum Erschöpfen kommt (implodiert) und allmählich verschwindet. Im Vergleich erwies sich die abgestufte „Exposition" in angestbesetzten Situationen als überlegen. Klaus Grawe: „Die Implosion bewirkt zwar eine Verringerung der Angst, doch es gibt heute keine rationale Begründung dafür, sie anzuwenden, weil es bessere Formen gibt, die zudem ethisch weniger fragwürdig und weniger unangenehm sind."

Generell bestätigte sich in der Berner Metaanalyse, daß der Wunsch mancher Verhaltenstherapeuten vermessen ist, die nachweisen wollen, daß ihre Therapie anderen – etwa der Psychoanalyse – „überlegen" ist. Es bestätigte sich nämlich, was der Therapieforscher Grawe auch in einer eigenen Untersuchung festgestellt hat. Er hatte die Wirkung von Verhaltens- und Gesprächstherapie bei Patienten mit schweren Phobien verglichen. Phobien, das sind gerichtete Ängste *vor* etwas, also etwa Angst vor Hunden oder die Angst, in engen Räumen zu ersticken. Ergebnis der Vergleichsstudie: Nach Abschluß beider Therapie-Arten waren etwa gleich viele Patienten in ähnlichem Ausmaß „gebessert“. Es gab also keine „mittleren Wirkungsunterschiede“. Sehr wohl aber gab es Unterschiede im *Muster* der therapeutischen Auswirkungen. Bei Angst-Patienten, die verhaltenstherapeutisch behandelt worden waren, hing die eigene Erfolgsbewertung von der Symptomverbesserung ab. Nur wenn das konkrete Angst-Symptom gebessert war, fühlten sich diese Patienten wohler und zeigten auch Verbesserungen in anderen Bereichen. Anders die Gesprächstherapie-Patienten: Bei ihnen verringerte sich das Symptom zwar genauso oft, aber Verbesserungen in anderen Bereichen traten *ganz unabhängig* von der Symptomveränderung auf.

Solche Ergebnisse konnten in der Metaanalyse der fast 900 Vergleichsstudien häufig gefunden werden. Das verweist auf die Psychotherapieforschung der Zukunft: Statt eindimensional eine „mittlere Wirkung“ zu analysieren oder auf der Skala „besser-schlechter“ Bewertungen ganzer Therapierichtungen vorzunehmen, müßten die *Beziehungsmuster* untersucht werden. Und zwar die Auswirkungsmuster von Therapien genauso wie die *Einwirkungsmuster.* Denn es kommt nicht nur darauf an, welcher Therapierichtung ein Psychotherapeut angehört und welches technische Vorgehen er wählt – obwohl das die am besten untersuchten Variablen sind – wie das Berner Team herausfand.

Andere Einflüsse treten damit in Wechselwirkung; zum Beispiel unterscheiden sich Therapieergebnisse dahingehend, ob sie in Gruppen- oder Einzeltherapie, stationär oder ambulant erzielt wurden. Natürlich spielen die „Patientenvariablen“ eine große Rolle: welche Probleme und Störungen die Ratsuchenden haben, welcher Schicht und welchem Geschlecht sie angehören. Die Reihenfolge, in der die

Variablen hier aufgezählt werden, entspricht der Häufigkeit, mit der diese Einflußfaktoren in Therapie-Studien untersucht wurden. Ein ganzes Bündel von Variablen fehlt noch in der Aufzählung: die sogenannten „Therapeuten-Variablen", mit denen sich nur sehr wenige Studien befaßt haben. Das ist mehr als erstaunlich. In der Öffentlichkeit wird schließlich die „Variable Therapeut" oft als die wichtigste bezeichnet, nach dem Motto: „Es kommt in erster Linie darauf an, was für ein Mensch der Therapeut ist." Die Persönlichkeit des Therapeuten wird von Ratsuchenden oft höher eingeschätzt als die Richtung, der er angehört. Warum sind die Therapeuten selbst dann so selten Gegenstand von Therapiestudien? Ganz einfach: weil sie sich scheuen, einem Forscher gegenüber ihre individuellen Lebensumstände, Merkmale und therapeutischen Vorgehensweisen zu offenbaren. Psychotherapie-Forscher Klaus Grawe:

„Meine Erfahrung ist, daß die Therapeuten Freiraum haben wollen, sie wollen die Entscheidung, wie sie in der Therapie vorgehen, selbst treffen, und die meisten sind dann von ihrer persönlichen Sichtweise absolut überzeugt." Sie wehren sich gegen experimentelle Variationen wie: Therapeut X mit Persönlichkeit Y therapiert den Patienten Z, indem er in der ersten Sitzung nach Methode A vorgeht, in der zweiten nach Methode B ... Das ist der wichtigste Grund, warum diese so zentrale „Variable Therapeut" wissenschaftlich so wenig untersucht wurde. Und so findet sich denn in einem 1981 erschienenen Buch namens „Kritische Stichwörter zur Psychotherapie" unter dem Stichwort „Therapeutenvariablen" vor allem die Zusammenfassung eines *Psyche*-Artikels von Fritz Riemann – aus dem Jahre 1959. Darin werden die verschiedenen Analytiker-Persönlichkeiten als „hysterisch", „zwanghaft", „depressiv" oder „schizoid" strukturiert bezeichnet und ihre Eignung oder Unfähigkeit für die Behandlung bestimmter Patiententypen behauptet. Textprobe:

„Der hysterisch-strukturierte Therapeut wird in der Anfangssituation einer Therapie sehr schnell im Patienten etwas in Gang bringen, es kommt sehr schnell zu Anfangserfolgen ... Andererseits werden auftauchende Schwierigkeiten von solchen Therapeuten oft als persönliche Kränkung erlebt; sie reagieren enttäuscht und beleidigt, ihr Interesse kann plötzlich erlahmen und sie stellen eine pessimistische Diagnose für den Therapieerfolg. Die Patienten merken solche veränderten Einstellungen und reagieren dann ihrerseits mit Enttäuschungen. Auch können solche Therapeuten Angst bekommen, wenn sie bei Patienten ein großes Ausmaß an Affekten in Bewegung gesetzt haben, und sie ziehen sich deshalb von ihrem therapeutischen Engagement zurück."

Nicht auszudenken, was das für manche Patienten bedeuten würde – vorausgesetzt, Riemanns Beobachtungen lassen sich an der empirischen Wirklichkeit überprüfen. In diesem Bereich der Psychotherapieforschung gilt ganz besonders der alte Empiriker-Spruch: *Further research is needed* – weitere Forschungen sind erforderlich. Denn es kann nicht sein, daß die einzigen Wirkungsfaktoren, die sich bislang bei empirischen Untersuchungen zur Therapeutenpersönlichkeit ergaben, sich fast ausschließlich auf äußere Merkmale beziehen: So der Befund, daß Klienten aus „unteren Sozialschichten" am besten mit Therapeuten zurechtkommen, die der gleichen Schicht wie sie entstammen, weil dann die Verständigung besser klappt. Oder daß jüngere Frauen, die sich in Therapie begeben, mehr davon profitieren, wenn ihnen ebenfalls eine jüngere Frau als Therapeutin gegenübersitzt.

Gut dokumentiert ist lediglich, welche *Patienten* sich Therapeuten besonders gern aussuchen. Es sind die „YAVIS"-Patienten (jung, attraktiv, wortgewandt und erfolgreich). Besondere Schwierigkeiten scheinen Therapeuten durch die Bank mit sogenannten „HOUND"-Patienten zu haben. Die sind nämlich hausbacken, alt, unattraktiv, können sich verbal schlecht ausdrücken und wirken dumpf. Wie YAVIS- oder HOUND-*Therapeuten* auf ihre Patienten wirken, muß allerdings erst noch herausgefunden werden. Der Psychotherapieforscher Grawe meldet allerdings grundsätzliche Bedenken gegen Untersuchungen an, die sich auf die Therapeutenvariable konzentriert haben. Das sei „zu simpel untersucht worden bisher". Denn: „Es ist ja auf keinen Fall die Therapiepersönlichkeit allein, die Einfluß auf das Therapieergebnis nimmt. Sicher sind es technische Vorgehensweisen, das ist nachgewiesen. Es ist auch die Länge der Therapie, die das Ergebnis beeinflußt. Und es ist die Bereitschaft des Klienten, sich auf einen Veränderungsprozeß einzulassen. Es ist vor allem auch die Beziehung, die sich zwischen Klient und Therapeut entwickelt. Und es sind die äußeren Einflüsse im Leben des Klienten, die den Erfolg einer Therapie mitbestimmen."

Zusammenfassend läßt sich zur Psychotherapieforschung sagen:

Entstanden aus dem Bedürfnis, den Erfolg psychotherapeutischer Arbeit unterschiedlicher Therapierichtungen zu beweisen, stand sie von Anfang an unter Druck, einfache Aussagen machen zu müssen. Es wurde erwartet, daß sich eine Therapie-Hierarchie entwickeln würde, bei der die „beste" Therapieform (die Verhaltenstherapie, wie deren Anhänger hofften) an oberster Stelle stünde und man umgekehrt bestimmte Psychotherapien als „nicht wirksam" oder gar „kontraindiziert" entlarven könne. Das war ein Irrweg, wie sich inzwischen erwiesen hat. Im Mittel gibt es nämlich keine Wirkungsunterschiede zwischen sehr verschiedenen Therapierichtungen. Generell läßt sich sagen, daß es ungefähr

80 Prozent der psychotherapeutisch Behandelten nach der Therapie besser geht als dem Durchschnitt der Nichtbehandelten. Die Gretchenfrage ist damit beantwortet: Psychotherapie wirkt.

Doch erst seit kurzem ist sich die Gemeinde der Psychotherapieforscher bewußt geworden, daß man jetzt von globalen Vergleichsstudien abkommen und sich einer „differentiellen Psychotherapieforschung“ zuwenden muß, die Einwirkungsmuster von Therapien mit Auswirkungsmustern vergleicht und zueinander in Beziehung setzt. Eine Psychotherapieforschung also, die in der Lage ist, möglichst genau zu beantworten: „Was hilft welchem Ratsuchenden wann?“

Eine Fülle von Detailergebnissen liegt bislang vor. Aber erst ihre systematische Auswertung ermöglicht es, ein „Handbuch psychotherapeutischer Indikationen“ zu erstellen, wie der Ergebnisband der Berner Forschergruppe heißen soll. Ein Resümee von Klaus Grawe:

„Die Entwicklung immer neuer Therapiemethoden hat sich verlangsamt und kommt allmählich zu einem Stillstand. Nun muß sich die Psychotherapieforschung ändern. Denn bislang bestand insgeheim die Hoffnung, die ‚beste‘ Therapiemethode ließe sich noch entwickeln, weil auf dem Therapiemarkt so viel Bewegung war. Nun hat man das ganze Ensemble von Therapiemethoden vor sich, hat es auch schon untersucht – und findet einfach keine Unterschiede heraus. Das ist der Zeitpunkt, an dem sich die Betrachtungsweise der Forscher ändern muß. Mit pauschalen Etiketten wie ‚Psychoanalyse‘ oder ‚Verhaltenstherapie‘ kommen wir nicht weiter. Wir müssen wissen: Was geschieht in der Therapiesituation tatsächlich? Um das untersuchen zu können, werden derzeit neue Meß- und Analyseverfahren entwickelt, die auf gut kontrollierte Therapiebedingungen angewandt werden. Danach erst werden wir etwas mehr darüber wissen, wie Psychotherapie funktioniert.“

Michaela Huber ist Diplompsychologin, war fünf Jahre Redakteurin bei PSYCHOLOGIE HEUTE und arbeitet als freie Journalistin.

Literatur

Grawe, Klaus: Differentielle Psychotherapie, Verlag Huber, Bern, 1976

ders.: Vergleichende Psychotherapieforschung. In: Minsel, W. und Scheller, R. (Hrsg.): Brennpunkte der klinischen Psychologie, Band 1: Psychologie, Verlag Köbel, München, 1981

ders.: Wirkungen von Psychotherapie, Vortrag auf dem Kongreß der Deutschen Gesellschaft für Psychologie, Heidelberg, 1986

von Rad, Michael und Senf, Wolfgang: Ergebnisforschung in der Psychosomatischen Medizin. In: Uexküll (Hrsg.): Psychosomatische Medizin, 3. Aufl., 1986, Verlag Urban und Schwarzenberg

Senf, Wolfgang: Behandlungsergebnisse bei 111 Patienten mit stationär-psychoanalytisch-orientierter Psychotherapie. In: Das Verhältnis der Psychiatrie . . ., a.a.O., S. 329-336

(Der Beitrag ist unter dem Titel „Nur Gewinner?“ in PSYCHOLOGIE HEUTE, Heft 7/87, erschienen)

Psychoanalyse im Wandel

Wolfgang Mertens

Die psychoanalytische Wissenschaft verfügt heute über eine Anzahl von Erkenntnissen über die Entwicklung seelischer Phänomene, die menschliche Persönlichkeit, klinische Zusammenhänge und über die Stellung des Menschen in seiner Umwelt und seiner Kultur. Obgleich damit ein breites und generalisierbares Wissen über die Erscheinungsform, Psychodynamik und Verursachung einer bestimmten neurotischen Erlebnisweise, zum Beispiel der neurotischen Depression, vorliegt, geht es in der psychoanalytischen Therapie immer um die Erforschung einer einmaligen Lebensgeschichte eines bestimmten Menschen. Theoretisches Wissen stellt somit immer nur einen gewissen Interpretationsleitfaden dar, der eine erste Annäherung an die verwirrende Vielfalt von Äußerungen, Mitteilungen und Einfällen eines Menschen, der sich einer psychoanalytischen Therapie unterzieht, gestattet.

Erst der psychoanalytische Therapieprozeß ermöglicht es aufgrund ganz spezifischer Leistungen, die sowohl der Analytiker als auch der Patient erbringen, immer genauer zu verstehen, warum der betreffende Patient an dieser und keiner anderen Störung leidet. Um zu einem anderen Erleben zu gelangen, müssen Schritt für Schritt Erlebniszusammenhänge bewußt gemacht werden, und der Patient muß bereit sein, sich auf die dabei entstehenden schmerzlichen, aber auch befreienden Affekte gefühlsmäßig einzulassen. Freud sah es als Ziel der Analyse an, daß der Patient wieder oder vielleicht erstmalig genuß-, arbeits- und liebesfähig wird, was nicht gleichbedeutend ist mit konfliktfrei.

In den über annähernd 100 Jahren ihres Bestehens befindet sich die Psychoanalyse sowohl als Theorie wie als Behandlungsmethode in einem stetigen Entwicklungs- und Wandlungsprozeß. Dabei wirken neue theoretische Erkenntnisse auf die Behandlungstechnik ein, wie auch umgekehrt Erfahrungen aus der praktischen Arbeit mit Patienten immer wieder Anlaß zu Ergänzungen, Erweiterungen und Veränderungen des psychoanalytischen Theoriegebäudes gaben.

Die Auffassung, daß neurotische Erscheinungen, wie zum Beispiel hysterische Symptome, durch „eingeklemmte Affekte" erklärt werden können, führte in der Frühzeit der Psychoanalyse zur sogenannten kathartischen Methode, bei der ein Patient in Hypnose zu „reinigenden" Erinnerungen angehalten wurde; war der traumatische Anlaß, der zum Einklemmen des Affektes führte, zunächst ein unspezifischer, so veränderte sich dies anhand der Hypothesen über die kindliche Sexualentwicklung; aus dem Trauma wurde nun ein spezifisches Sexualtrauma, das ein Kind aufgrund einer sexuellen Verführung durch einen Erwachsenen erlebt. Die praktisch gewonnene Erfahrung aus der analytischen Arbeit, daß in der Rückerinnerung zwischen Phantasie und Realität nicht genau unterschieden werden kann, ließ Freud einige Jahre später von der sexuellen Verführungstheorie wieder Abstand nehmen. Statt dessen betonte er nun stärker die Bedeutsamkeit der psychischen Realität, die Rolle der Phantasie im Seelenleben anstelle der reinen Fakten, die zwar zweifelsohne ihre Spuren im Erleben eines jeden Menschen hinterlassen haben, aber niemals mehr genau zu rekonstruieren sind.

In den Mittelpunkt des praktischen psychoanalytischen Interesses rückte somit die Fragestellung, wie sich ein Kind seine Umwelt aneignet, mithin also auch die Wechselbeziehung zwischen Kind und Umwelt. Für das therapeutische

Vorgehen bedeutete das, daß nicht mehr nach einem einzelnen schädigenden Trauma gesucht wurde. Die Aufmerksamkeit galt nun nicht mehr Kausalfaktoren, sondern den Phantasien, Vorstellungen, Erinnerungen, die der Patient mit Hilfe der Methode der freien Assoziation schildert. Dabei hat der Psychoanalytiker die Aufgabe, aus den mehr oder weniger offenen und freimütigen Äußerungen allmählich ein Modell der bewußten und unbewußten Motive, Einstellungen und Handlungsintentionen des Analysanden zu entwerfen, um auf diese Weise bislang unerkannte Sinnzusammenhänge zwischen unbewußten Phänomenen und neurotischen Symptomen zu entdecken.

War die Psychoanalyse zu Beginn dieses Jahrhunderts eher mit triebmäßigen und affektiven Phänomenen befaßt, und standen dementsprechend Triebdeutungen im Vordergrund der analytischen Arbeit (zum Beispiel: „Sie versuchen in der Phantasie immer noch Ihren Vater umzubringen"), so veränderte sich dies wiederum mit der Erforschung kognitiver Ichleistungen, was auch zur genaueren Herausarbeitung bestimmter Abwehrmechanismen (wie Verleugnung, Projektion, Verdrängung, Rationalisierung) führte. Fortan galt es nun, sich zunächst einmal mit den verschiedenen Abwehroperationen eines Analysanden zu befassen, vor allem mit den Motiven für seine Abwehr. Die Beschäftigung mit der Abwehr führte zu der analytischen Technik der Widerstandsanalyse, die neben dem Umgang mit der Übertragung und Gegenübertragung noch immer zu den wichtigsten Bausteinen psychoanalytischer Behandlungstechnik gehört.

Mit der Berücksichtigung von Übertragungs- und Gegenübertragungsprozessen richtet die Psychoanalyse ihr Augenmerk betont auf die Beziehung zwischen Analytiker und Analysanden. Denn der psycho-analytische Therapeut achtet nicht nur darauf, was der Patient über gegenwärtige Konflikte, analysenexterne Themen und so weiter in seinen Äußerungen, Einfällen und Assoziationen sagt, sondern insbesondere versucht er, einfühlsam zu erfassen, wie sich allmählich zwischen ihm und dem Patienten eine Beziehung aufbaut; nahezu alle Themen, die Art und Weise, wie der Patient darüber spricht, und worüber er nicht spricht, haben mit der Beziehung zum Analytiker zu tun.

In der heutigen Psychoanalyse geht es also nicht mehr ausschließlich darum, Einsicht in längst vergangene, lebensgeschichtliche Konfliktzusammenhänge zu gewinnen, sondern zu einem Großteil um die Analyse des Beziehungsgeschehens im Hier und Jetzt der analytischen Sitzung, was die Psychoanalyse zu einem recht lebendigen Vorgang werden läßt. Beliebte Karikaturen der psychoanalytischen Therapie als bloße Vermittlung von Kenntnissen („O.K., ich weiß jetzt, daß ich einen Ödipuskomplex habe, aber trotzdem habe ich meine Mutter immer noch abgöttisch lieb") beruhen deshalb weitgehend auf einem Mißverständnis oder der Unkenntnis darüber, wie Psychoanalyse als Therapie heutzutage gehandhabt wird.

Mit zu den spannendsten Revisionen der heutigen Psychoanalyse gehört die veränderte Auffassung über die Übertragung und die Gegenübertragung. *Greenson* hat in seinem grundlegenden und bekannten Lehrbuch die Übertragung noch als einen „Anachronismus, ein(en) Irrtum in der Zeit" definiert, als eine verzerrte, unangemessene Wahrnehmung des Analysanden, die der Psychoanalytiker, der sich in seinem Spiegelverhalten anonym und abstinent verhält, aufzuspüren hat, wobei ihm seine Gegenübertragung – als Pendant zur Übertragung des Patienten – zu Hilfe kommt. Diese Auffassung muß heute als eine a-soziale Konzeption zurückgewiesen werden. Die Vorstellung, daß sich der Psychoanalytiker als Spiegel zur Verfügung stellt und in sich den Übertragungsphantasien des Patienten nachspürt, beinhaltet zwar in Ansätzen eine Beziehungsdimension, die jedoch immer noch an einer Subjekt-Objekt-Spaltung objektivierender naturwissenschaftlicher Methodik orientiert war. Entsprechend dieser Auffassung entwickelt sich die Übertragung beim Patienten als innerpsychisches Geschehen weitgehend unbeeinflußt von der Persönlichkeit des Therapeuten. Diese Auffassung ist nun einem transaktionalen Verständnis gewichen, das sich beispielsweise mit Autoren wie *Racker, Searles, Langs, Bauriedl, Gill* und anderen verbindet. Der Analytiker ist jetzt keineswegs nur mehr der reflektierende Spiegel, sondern seine Person, seine Einstellungen, Konflikte und Übertragungen kovariieren mit den Erlebnisfiguren seines Patienten.

Diese transaktionale Konzeptualisierung des therapeutischen Prozeßgeschehens hat verschiedene Konsequenzen, von denen hier nur einige wenige angedeutet werden können: Wenn die Übertragung gleichsam eine Kompromißbildung aus vergangenen konflikthaften Eindrücken und den Eindrükken ist, die der Patient von seinem Analytiker im Hier und Jetzt der Beziehung erfährt, dann kann der Ausgangspunkt der Deutung nicht mehr die Vergangenheit sein, sondern die Gegenwart.

Früher zum Beispiel galt es als Höhepunkt analytischer Deutungskunst, die Eltern hinter dem Analytiker zu entdekken, also etwa zu sagen: „Sie erleben mich als streng, so wie Sie Ihren Vater ja immer als streng erlebt haben; schauen wir uns deshalb Ihren Vater genauer an.“ Heute dagegen ist es eher das Ziel, den Analytiker hinter dem Vater zu entdecken. Spricht ein Patient zum Beispiel davon, wie selbstherrlich und arrogant er seinen Vater erlebt hat, so liegt es nahe, darin auch eine Anspielung auf den Analytiker zu sehen, was zu folgender Frage Anlaß geben kann: „Könnte es sein, daß Sie mich gelegentlich auch so erleben? Können wir uns näher anschauen, was im einzelnen bei Ihnen zu diesem Eindruck geführt hat?"

Allzuhäufig wurde in der Vergangenheit der Patient nur mit seiner „Wahrnehmungsverzerrung" konfrontiert, die situativ zutreffende Wahrnehmung aber wurde nicht anerkannt. Da aber kein Analytiker in der Lage ist, die Auswirkungen seines eigenen Unbewußten gänzlich zu kontrollieren – und der schweigende Analytiker sagt manchmal vielleicht sogar mehr über sein Unbewußtes aus als der Analytiker, der interveniert – ist es plausibel, wenn man davon ausgeht, daß bestimmte Anteile der Wahrnehmung des Patienten, die Person des Analytikers betreffend, realistisch sind. Forscht man nach, wie das aktuelle Urteil des Patienten zustandekommt, dann führt das meist von selbst zur Rekonstruktion vergangener Beziehungseindrücke. Wenn der Therapeut zugeben kann, daß er selbst auch auf den Patienten überträgt, dann läßt das den Übertragungs-Widerstand des Patienten gegen Null gehen und ist vielleicht selbst einer der wirksamsten therapeutischen Faktoren. Psychoanalyse wird damit zu einem Ringen um Wahrheit, wo nicht der eine immer schon alles besser weiß oder fühlt als der andere, sondern wo Analytiker und Patient gleichberechtigt in einen Diskurs treten und sich auf die Definition der Beziehungssituation gemeinsam immer wieder verständigen müssen.

Dabei darf man freilich nicht vergessen, daß Analytiker und Patient in der Regel unterschiedlich weit von bestimmten Konflikten entfernt sind, und daß die Kompetenz zu angemessenen Konfliktlösungen unterschiedlich ausgeprägt ist.

Weil das psychoanalytische Standardverfahren, die sogenannte klassische Psychoanalyse, die im Durchschnitt drei bis fünf Jahre dauert, ein zeitlich und ökonomisch aufwendiges Verfahren darstellt, gab es schon zu Freuds Lebzeiten Überlegungen, andere Behandlungsformen auszuarbeiten.

Neben dem ökonomischen Argument spielten auch noch andere Faktoren eine wichtige Rolle; so stellte sich zum Beispiel heraus, daß es in manchen Fällen günstiger sein kann, die gesamte Familie zu therapieren, anstatt nur das zum Symptomträger erklärte Kind in die Therapie zu übernehmen. Heutzutage existieren neben der klassischen Psychoanalyse folgende Therapieformen: psychoanalytische Psychotherapie, psychoanalytische Kurztherapie, psychoanalytische Gruppentherapie sowie psychoanalytische Beratungsmethoden, psychoanalytische Kinder- und Jugendlichentherapie, psychoanalytische Familientherapie und psychoanalytische Paartherapie. Davon sind die wichtigsten:

1. Klassische Psychoanalyse: Dieses psychoanalytische Standardverfahren stellt als Forschungs- und Therapieinstrument immer noch eine wichtige Säule im Repertoire psychoanalytischer Behandlungsmethoden dar. Wegen seiner mehrjährigen Dauer und häufigen Sitzungen (vier Stunden pro Woche) ist das Standardverfahren vor allem bei schweren neurotischen Störungen angezeigt. Des weiteren muß sich jeder angehende Psychoanalytiker mit diesem Verfahren im Rahmen seiner eigenen Lehranalyse vertraut machen. Ziel des Standardverfahrens ist es, mit Hilfe der sich einstellenden Regression auf kindliche Beziehungsmuster und Erlebnismodalitäten vergangene, als traumatisch erfahrene Konflikte dem Bewußtsein und Erleben wieder zugänglich zu machen, um sie dann besser, der erwachsenen Person angemessen, lösen zu können. Dies gelingt weitgehend aufgrund der sich einstellenden Übertragungen und Übertragungsneurose sowie der damit korrespondierenden Gegenübertragungen auf seiten des Analytikers, wobei viele Widerstände durchgearbeitet werden müssen, was einen Großteil der analytischen Arbeit ausmacht.

2. Psychoanalytische Psychotherapie: Bei dieser Behandlungsform, die sich äußerlich allein schon durch eine geringere Häufigkeit der Sitzungen (zwei oder drei pro Woche) und eine kürzere Behandlungsdauer (ein bis drei Jahre) gegenüber den Standardverfahren auszeichnet, ist das Therapieziel begrenzt. Dementsprechend wird auch nicht die Ausbildung einer Übertragungsneurose angestrebt, sondern lediglich die Aktivierung von Übertragungskonstellationen, mit deren Hilfe sich früher erworbene Beziehungsmuster durcharbeiten lassen, die für das gegenwärtige neurotische Erleben von zentraler Bedeutung sind. Da die Psychotherapie-Richtlinien eine Begrenzung der von den Kassen bezahlten Sitzungen auf 240 Stunden (in besonderen Fällen 300) vorsehen, ist dieses psychoanalytische Verfahren mit begrenztem Behandlungsziel die Methode der Wahl für viele Patienten, die sich nach Auslaufen der Kassenfinanzierung weitere psychotherapeutische Sitzungen finanziell nicht mehr leisten können. Gerade aus diesem Grund ist es wichtig, die therapeutische Vorgehensweise von Anfang an daraufhin abzustimmen.

Während in den Anfängen der Psychoanalyse die Indikation zur psychoanalytischen Behandlung auf Patienten mit hysterischen, zwangsneurotischen und phobischen Symptomen beschränkt war, hat sich dies in der Folgezeit verändert. Die Indikation wurde nach und nach auf Menschen zum Beispiel mit Charakterneurosen erweitert (hier stehen keine eindeutig definierbaren Symptome mehr im Vordergrund, sondern charakterliche Fehlhaltungen, wie zum Beispiel eine ständige Unzufriedenheit, Selbsthaß oder Rechthaberei), auf Psychosen (wie schizophrene Psychosen), auf psychosomatische Störungen (wie Asthma), auf Eßstörungen (wie Bulimie), auf schwere Beeinträchtigungen des Selbstwertgefühls (narzißtische Störungen) und auf Borderline-Störungen (schwere

Beeinträchtigungen der Ich-Funktionen, was zum Beispiel zu vielen Verkennungen der Realität führt), um nur die wichtigsten zu nennen. In die psychoanalytische Standardtherapie mußten dabei freilich auch Modifikationen eingeführt werden, um mit den krankheitsspezifischen Schwierigkeiten dieser Menschen angemessen umgehen zu können.

Es hat sich die Auffassung eingebürgert, daß für die Indikationsstellung nicht so sehr die diagnostischen Abgrenzungen wichtig sind (ein Patient mit einem neurotischen Symptom hat ohnedies häufig auch charakterstrukturelle Fehlhaltungen oder psychosomatische Symptome), sondern eher, welche verschiedenen Einstellungen der Patient zu seinem konflikthaften Erleben hat. Viele gutsituierte Mittel- und Oberschichtangehörige haben zum Beispiel die Einstellung „Wasch mich, aber mach mich nicht naß", das heißt, gib mir möglichst schnell einen Ratschlag, wie ich mein lästiges Symptom loswerde, aber erwarte nicht von mir, daß ich selbst aktiv mitarbeite. Diese Haltung ist dann viel eher ein Grund dafür, keine Psychoanalyse mit dem Betreffenden durchzuführen, als die zunächst hochmütig klingende Mitteilung eines narzißtisch gestörten Menschen, er habe aufgrund seiner umfangreichen Kenntnisse über Psychoanalyse zwar viel Skepsis gegenüber diesem Verfahren, aber für ihn sei die psychoanalytische Behandlung noch ein letzter Versuch, mit seinem unbefriedigenden Leben besser zu Rande zu kommen.

In den letzten Jahren hat sich das Konzept der „subjektiven Indikation" herausgebildet. Das heißt, daß es bei der Indikationsstellung, die in der Regel nach den Vorgesprächen erfolgt, nicht so sehr darauf ankommt, ob der betreffende Patient einen entsprechenden Leidensdruck hat, regressionsfähig ist, keine übertriebenen Heilungsansprüche hat und so weiter, sondern ob der Psychoanalytiker in sich das Gefühl verspürt, mit diesem Patienten eine gemeinsame gefühlsmäßige Erfahrung erleben zu können. Die Subjektivität des Psychoanalytikers wird damit als indikatorische Funktion thematisiert, was bedeutet, daß es nicht mehr so sehr um die Grenzen der Analysierbarkeit des Patienten geht, sondern um die Grenzen der Persönlichkeit des Analytikers.

Die Struktur der psychoanalytischen Situation ist dadurch gekennzeichnet, daß sich Analytiker und Patient zwischen zwei- und viermal die Woche zu festgesetzten Zeiten für etwa 50 Minuten treffen, in denen der Analytiker den freien Einfällen des Patienten mit einer gleichschwebenden, das heißt sich auf kein Detail übermäßig fixierenden, Aufmerksamkeit folgt. Gelegentlich stellt er eine klärende Frage, teilt eine Deutung mit und bemüht sich, eine Atmosphäre zu schaffen, die ein weitgehend freies und spontanes Assoziieren des Patienten ermöglicht.

Die Methode der freien Assoziation ist ein wesentlicher Bestandteil der psychoanalytischen Behandlungstechnik, und so einfach es einem zunächst erscheinen mag, alles zu sagen, was einem gerade an Vorstellungen, Phantasien, Empfindungen, Argumenten einfällt, so schwierig ist es dennoch, diese von alltäglicher Konversation und Kommunikation stark abweichende Redeform einzuhalten. Erst nach und nach wird ein Patient lernen, diese ungewohnte und neuartige Redeform ansatzweise zu praktizieren. Neuartig ist für ihn auch, daß die Gesprächsinitiative hauptsächlich bei ihm liegt, daß also nicht der Therapeut den aktiven Part beim Gespräch übernimmt.

Des weiteren gehört zum psychoanalytischen Standardverfahren, daß der Patient auf einer Couch liegt, während der Psychoanalytiker hinter ihm sitzt. Während im Alltag zumeist eine *Face-to-face*-Interaktion gegeben ist, wo nonverbales Ausdrucksverhalten, wie zum Beispiel Mimik und Gestik, die verbale Kommunikation begleitet, wird dies im klassischen

Setting aufgehoben. Dies führt auf seiten des Patienten zunächst zu einer Verunsicherung, da neben dem ausbleibenden verbalen Feedback nun auch noch die Gesprächskontrolle, zum Beispiel im Blickkontakt, entfällt. Beim Patienten kann das Bedürfnis entstehen, daß doch nun endlich der Analytiker etwas sagen, einen Kommentar abgeben, sein Einverständnis mit dem Geäußerten erklären oder eine Frage stellen soll.

Diese in der alltäglichen Gesprächssituation rechtmäßigen Erwartungen im Hin und Her von Sprechen und Zuhören, Fragenstellen und Antwortgeben, finden in der psychoanalytischen Situation keine Erfüllung. Deswegen ist es auch wichtig, daß anfänglich der Psychoanalytiker immer wieder darauf hinweist, daß diese Form des nicht-reziproken Dialogs eine sinnvolle und notwendige Voraussetzung für das Gelingen der psycho analytischen Therapie darstellt. So wird er etwa auf eine Frage des Patienten antworten, daß er diese im gewissen Umfang beantworten wird, daß es aber zunächst wichtig ist, etwas über die Motive des Patienten zu erfahren, die ihn zu dieser Frage bewegt haben. Diese Aufhebung konventioneller Gesprächsformen, die eine längere Einübungsphase erforderlich macht, wird aber nicht nur als belastend empfunden, sondern schrittweise auch als großes Privileg. Denn der Patient spürt auch, daß der Analytiker ihm aufmerksam zuhört, daß er auch scheinbar trivialen Einzelheiten sein Interesse widmet und ihm dabei viel Zeit gönnt.

Darüber hinaus enthält sich der Psychoanalytiker aller Wertungen, Zustimmungen oder Äußerungen, die im Alltagsgespräch oftmals ein Einverständnis signalisieren sollen, wo im Grunde Desinteresse für den Gesprächspartner vorliegt. Das Ausbleiben zensierender Äußerungen verweist auf eine Empfehlung, die Freud an die Person des Analytikers gerichtet hat. Komplementär zur Grundregel der freien

Assoziation verhält sich der Analytiker weitgehend abstinent in bezug auf Mitteilungen über seine eigene Person, eigene Probleme und Konflikte, des weiteren in bezug auf moralische Wertungen, erzieherischen Ehrgeiz, manipulative oder suggestive Ratschläge. Ohne die Gefahr von Sanktionen und Mißbilligungen kann deshalb der Patient seine Einfälle und auch seine Einstellungen gegenüber dem Analytiker mitteilen; er bewegt sich praktisch in einem Schonraum, in dem sonst übliche gesellschaftliche Normen zum großen Teil außer Kraft gesetzt sind.

Lorenzer hat das tiefenhermeneutische Vorgehen des Psychoanalytikers mit dem des Detektivs verglichen. Im Unterschied zur Tatbestandsrekonstruktion der Polizei nehmen sich die Vermutungen des Detektivs, welche die Ebene des gesunden Menschenverstands hinter sich lassen, zunächst absurd und irrational aus. „Gegen alle Regeln des gesunden Menschenverstands hat irgend etwas den Detektiv ‚irritiert' und auf eine ‚ausgefallene', ‚abweichende' Deutung des Sachverhalts gebracht ... Übertragen auf unser Problem und verallgemeinert heißt das: Tiefenpsychologisches Verstehen sucht ausdrücklich nach einem zweiten Sinnzusammenhang unterhalb der bewußten Motivationsebene ... Freud hat diesen ‚zweiten Sinnzusammenhang' das ‚Unbewußte' genannt und scharf vom bewußten Sinnzusammenhang getrennt."

Neben spezifisch psychoanalytischen Schlußbildungen (zum Beispiel wird aus einem zeitlichen Nacheinander auf eine kausal-motivische Verknüpfung geschlossen) ist das szenische Verstehen von ausschlaggebender Bedeutung. Drei Ebenen der Inszenierung sind zu beachten und ständig miteinander zu vergleichen: die alten lebensgeschichtlichen Beziehungserlebnisse aus Kindheit und Jugend des Patienten, diejenigen Szenen, die im gegenwärtigen Alltag eine Rolle spielen, und die vorbewußten und unbewußten Interaktionen, die der Patient mit seinem Analytiker ständig aufs Neue zu inszenieren versucht. Unweigerlich verstrickt sich der Analytiker zunächst eine Zeitlang in diese unbewußten Rollenangebote (er soll zum Beispiel den Part der sadistischen Mutter, des abwesenden Vaters übernehmen), bis er mit Hilfe des Nachdenkens über seine Gegenübertragung (also die in ihm ausgelösten Gefühle, Rollenerwartungen und Handlungstendenzen) erkennen kann, welcher unbewußte Lebensentwurf in den jeweiligen Interaktionen verborgen ist.

Schon mit *Ferenczi* – einem Schüler von Freud – beginnend, ergab sich in der Geschichte behandlungspraktischer Konzepte eine Polarisierung, die sich als patriarchalische Einsichtstechnik versus mütterliche emotionale Erfahrung bezeichnen läßt.

So vertrat zum Beispiel *Winnicott* die Auffassung, daß mit der wichtigste Heilungsfaktor psychoanalytischer Therapie in dem Erleben eines antwortenden „good enough mothering" zu finden sei. Der Analytiker sorgt für eine uneingeschränkte Akzeptierung, die einem „facilitating environment" gleichkommt, wie sie Kinder, die in den Genuß von Sicherheit und Urvertrauen gekommen sind, erleben konnten. Zusätzlich schafft der Analytiker ein „holding environment", welches die Affekte (vor allem die aggressiven) und Bedürfnisse des Patienten ohne Vergeltungsschläge akzeptieren und gleichsam aufbewahren kann.

Kohut betrachtet das geschwächte oder defektuöse Selbst, ein Selbst, das von den Eltern nicht genügend gespiegelt worden ist, als den Kern der Psychopathologie seiner narzißtisch gestörten Patienten. Ein authentisches und starkes Selbst kann nur entwickelt werden, wenn das Bedürfnis, von den Eltern gespiegelt zu werden und sie idealisieren zu können, von den elterlichen Selbstobjekten befriedigt wird.

Das nicht ausreichend gespiegelte Selbst des Kindes kann keine Individuation erlangen und verbleibt in einer archaischen Grandiosität und in dem Bedürfnis, mit einem omnipotenten Selbstobjekt zu verschmelzen. In der Therapie müssen diese Selbstobjekt-Bedürfnisse via Übertragung wiederbelebt werden, um den Entwicklungsstillstand aufzuheben. Als Heilungsfaktor ist hauptsächlich die Empathie anzusehen und nicht die Deutung von abgewehrten Triebimpulsen, da letzteres vom Patienten als Kränkung und Kritik erlebt werden würde. Der Patient muß vielmehr die Gelegenheit bekommen, sich seiner verdrängten archaischen Bedürfnisse nach Spiegelung und Idealisierung bewußt zu werden, sie zu äußern, nachzuholen und durcharbeiten zu können.

Es gibt in der gegenwärtigen Psychoanalyse eine größere Anzahl therapeutischer Wirkfaktoren. Einigkeit besteht unter Psychoanalytikern weitgehend darin, daß je nach Art und Umfang der Störung der Patienten andere Schwerpunkte – vor allem in der Anfangsphase einer psychoanalytischen Therapie – zu setzen sind. Es wird auch deutlich, wie wichtig die Entwicklung integrativer Modelle therapeutischer Wirk- und Heilungsfaktoren ist, wozu erste Ansätze bereits in den 70er Jahren gemacht worden sind. Trotz der Berücksichtigung unterschiedlicher Entwicklungsniveaus bleibt es aber das übergeordnete Ziel psychoanalytischer Behandlungsauffassung, unbewußte Beziehungskonstellationen, orientiert an der jeweiligen Gegenübertragungswahrnehmung des Analytikers, bewußt zu machen.

Wolfgang Mertens, Prof. Dr., lehrt Klinische Psychologie an der Universität München und ist praktizierender Psychoanalytiker und Lehranalytiker an der Akademie für Psychotherapie und Psychoanalyse in München.

Literatur

Freud, S.: „Psychoanalyse“ und „Libidotheorie“ (1923). In: Ges. Werke XIII, 211-235. Frankfurt, Fischer, 1967

Lorenzer, A.: Der Analytiker als Detektiv, der Detektiv als Analytiker“. In: Psyche 39 (1985), 1-11

Kohut, H.: Narzißmus. Frankfurt am Main, Suhrkamp 1973

Langs, R.J.: The Technique of Psychoanalytic Psychotherapy. New York: J. Aronson, Vol. I 1973, Vol. II 1974

Racker, H.: Übertragung und Gegenübertragung. München, Basel: Reinhardt 1978

Searles, H.F.: Collected Papers on Schizophrenia and Related Subjects. London: Hogarth Press 1965

Winnicott, D.W.: Reifungsprozesse und fördernde Umwelt. München: Kindler 1974

Weiterführende Literatur

Adler, H.: Die Rolle des Analytikers im Heilungsprozeß. Zur Theorie der Therapie. In: Psyche 38, 1984, 993-1022

Bauriedl, Th.: Beziehungsanalyse. Frankfurt am Main: Suhrkamp 1980

Blum, H.P. (Hrsg.): Psychoanalytic Explorations of Technique: Discourse on the Theory of Therapy. New York: Int. Univ. Press 1980

Gill, M.M.: Analysis of transference. Vol. I: Theory and Technique, New York: Int. Univ. Press 1982

Greenson, R.R.: Technik und Praxis der Psychoanalyse, Bd. 1. Stuttgart: Klett 1973

Mertens, W.: Psychoanalyse. Stuttgart, Berlin, Köln, Mainz: Kohlhammer Urban Tb. 337, 2. Aufl. 1986

Thomae, H., Kächele, H.: Lehrbuch der psychoanalytischen Therapie. Bd. I: Grundlagen. Berlin, Heidelberg: Springer 1985

(Der Beitrag ist in PSYCHOLOGIE HEUTE, Heft 3/87, erschienen)

Das Menschenbild der Kognitiven Verhaltenstherapie

Eva Jaeggi

Verhaltenstherapie assoziiert man mit Rollenspielen, Verhaltensübungen, Systematischer Desensibilisierung (Technik zum Abbau von Ängsten) und Belohnungs-Chips für weniger Zigaretten oder Kalorien. Daß ein Verhaltenstherapeut mit seinem Klienten über Gefühle und Wertsetzungen spricht, daß er mit ihm über Probleme der Selbstachtung philosophiert, darüber hätten sich noch vor kurzem viele gewundert. Deshalb haben viele Verhaltenstherapeuten erleichtert aufgeatmet, als unter der Bezeichnung „Kognitive Therapie" nun auch „offiziell" erlaubt wurde, was sie immer schon (oft schlechten Gewissens mangels wissenschaftlicher Legitimation) praktiziert haben. Diese Art der Therapie war den meisten Therapeuten natürlicher und den Bedürfnissen der Klienten angemessener erschienen.

Handelt es sich also nur um eine Neu-Etikettierung, wenn wir dieses altbekannte Vorgehen nun immer häufiger als „Kognitive Therapie" bezeichnen? Mancher mag sich an das Andersen-Märchen „Des Kaisers neue Kleider" erinnern. Ist es denn etwas Besonderes, mit Klienten über ihre Gedanken und Gefühle zu sprechen?

Es handelt sich bei den „Kognitiven" nicht um eine in sich geschlossene Therapieschule (12), sondern eher um neue Aspekte, unter denen der therapeutische Prozeß gesehen wird; um einige neue Methoden und um die Betonung einer für alle kognitiven Richtungen gleichen Grundannahme. Die wichtigste Grundannahme besteht in einer gegenüber dem alten Behaviorismus neuen Akzentuierung des Verhältnisses von Außenreiz und Reaktion (1, 3, 4, 10, 12). Wesentlich ist nicht mehr allein die Steuerung durch die Umwelt, sondern auch die Bestimmung menschlichen Empfindens und Handelns durch die eigene kognitive Einschätzung dessen, was in der Umwelt geschieht. Nach Aaron T. Beck (1) „interessiert sich der kognitive Ansatz sowohl für die bewußten Bedeutungen als auch für die äußeren Ereignisse. Die Berichte des Klienten über seine Ideen, Gefühle und Wünsche liefern das Rohmaterial für das kognitive Modell. Außerdem werden seine verschiedenen Interpretationen von Ereignissen als grundlegende, höchst wichtige Daten akzeptiert ..."

Daraus läßt sich leicht ableiten, daß bei jeder Art von psychischer Störung nach denjenigen Bedeutungen zu suchen ist, die gestörte Gefühle und Verhaltensweisen hervorbringen. Bei jedem Autor gibt es zahlreiche Beispiele dafür, in welch falscher, irrationaler, realitätsferner Weise Patienten über sich, ihre Sozialpartner oder die dingliche Umwelt denken und damit als pathologisch zu bezeichnende Gefühle und Handlungen produzieren. Psychisches Leiden erscheint so als das Resultat gestörten Denkens.

Daraus ergibt sich wiederum, daß es in der Therapie vor allem darauf ankommt, mit dem Klienten über seine Bewertungen und Einschätzungen zu sprechen und ihn mittels logischer Argumentation, Provokation und dergleichen zu Korrekturen seiner krankmachenden Ideen zu bringen. Die dabei verwendeten Gesprächsstile werden oft unter der Sammelbezeichnung „sokratischer Dialog" zusammengefaßt. Die verschiedenen Arten der Gesprächsführung sind sehr stark von logischen Beweisführungen geprägt, da – wie vor allem der „Kognitive" Beck betont (1) – nur bewußtes Material Gegenstand der Erörterung ist.

Bei Albert Ellis und Arnold A. Lazarus, zwei weiteren

Hauptvertretern der Kognitiven Therapie, steht im Mittelpunkt des therapeutischen Vorgehens ein ganz spezifischer „Denkfehler", der für sehr viele Störungen entscheidend ist. Es ist die verfehlte Auffassung vom „Ich" und der „Selbstachtung". Viele Menschen neigen dazu, ihr gesamtes Ich mit einzelnen Rollen und Verhaltensweisen zu identifizieren und ihre Selbstachtung darauf aufzubauen. Das aber führt zu permanenten Schwankungen und Verzerrungen des Selbstbildes und damit zu psychischen Störungen.

Die Kognitive Therapie hat viele „althergebrachte" therapeutische Vorgehensweisen neu benannt und manche davon mit den Ergebnissen der Allgemeinen Psychologie verknüpft; so zum Beispiel das Problemlösen, das Attribuieren (Zuschreibung von Ursachen zu Ereignissen), das Neustrukturieren.

Im folgenden möchte ich vier Fragen untersuchen:

1. In welcher philosophischen Tradition stehen die Grundannahmen der Kognitiven Therapie, und welches Menschenbild steht dahinter?
2. Kann die Kognitive Therapie mit ihren Grundannahmen eine Theorie über die Ursachen psychischer Störungen hervorbringen?
3. Ist die Methode des „sokratischen Dialogs" brauchbar, und welches Menschenbild liegt ihr zugrunde?
4. Welche Funktion haben die Überlegungen von Ellis und Lazarus zur „Selbstachtung" für ein mögliches Therapieziel?

Die *Grundannahme* der Kognitiven Therapie, nämlich die Hypothese, daß erst die persönliche Interpretation eines Reizes seine Qualität bestimmt, basiert auf den Emotionstheorien von Schachter und Singer (24) und R.S. Lazarus (9).

Danach entsteht ein Gefühl, indem einem zuerst unspezifischen Erregungszustand des Organismus kognitiv eine Bedeutung verliehen wird.

Die Schlußfolgerungen für Psychopathologie und Therapie: Rationale Gedanken lösen richtiges (gesundes, konstruktives) Empfinden und Handeln aus, irrationale Gedanken bewirken Kummer und psychische Störungen. Heilung bedeutet Aufklärung: Aufklärung über eben die Irrationalität (Unvernunft, falsche Logik) des Denkens, wodurch der Mensch – als hätte man ihn eines falschen Lösungswegs beim Lösen einer Mathematikaufgabe überführt – seinen logischen Fehler einsieht und von nun an richtig (gesund) handelt.

Hier befinden wir uns offensichtlich, was das Konzept vom Menschen angeht, in einer langen Tradition: Der Mensch als Kampfplatz zwischen Vernunft und Unvernunft. Zu fragen ist, dieser Tradition gemäß: Wie kommt dieser Kampf zustande? Wer wird siegen? Welche Mittel verhelfen der einen oder der anderen Seite zum Sieg? Ich möchte zeigen, daß von den Kognitiven Theoretikern alle drei Fragen nicht wirklich aufgegriffen wurden, so daß sie auch nicht exakt beantwortet werden konnten.

Seit Beginn der abendländischen Philosophie wurde die von jedem Menschen immer wieder neu zu erlebende Tatsache bedacht, daß der Mensch „trotz" gewisser „vernünftiger" Einsichten „unvernünftig" handelt (15). Er wird von Affekten und Leidenschaften überschwemmt, er wird von körperlichen Bedürfnissen getrieben – das Resultat ist nur allzuoft ein Desaster, *obwohl* der Mensch vernunftbegabt ist. So ist es ein Anliegen der Philosophie seit Plato, das Verhältnis von Geist und Seele, Vernunft und Trieb und so weiter zu erfassen. Immer wieder wird die Tatsache hervorgehoben, wie stark der Mensch eingespannt sei in den Konflikt zwischen „oben" und „unten". Bis in die Philosophie Hegels hinein besteht die

Forderung an den Menschen, sich trotz dieses Konfliktes vernünftig zu verhalten, das heißt, sich der vernünftigen Einsichten zu bedienen, die ihm (von Gott, vom Sittengesetz) in die Brust gelegt sind.

Bei Spinoza und Descartes etwa ist eine „metaphysische Brücke" (bei Descartes noch als direkte „Hilfe" Gottes gedacht) nötig, damit das Vernunftprinzip herrschen kann. Auch Kant gibt zwar der Vernunft den unbedingten Vorrang, sie läßt sich für ihn aber nicht mehr metaphysisch begründen, sondern nur durch ein allgemein-praktisches Moralgesetz.

In der Kognitiven Therapietheorie finden wir offensichtlich einen – wenngleich recht blassen und schmächtigen – Ur-urenkel jener Philosophien des Rationalismus. Die Ähnlichkeit beruht vor allem auf dem Glauben an den Vorrang der Vernunft als Lebensprinzip des Menschen. Im Gegensatz zur nachhegelianischen Philosophie des Irrationalismus, wo etwa der „Wille zur Macht" oder die „Angst" als Lebensprinzip fungieren (15), findet sich bei den Kognitiven Theoretikern ein recht ungebrochener Glaube daran, daß das „Vernünftige" siegen wird, wenn wir es dem Patienten nur genügend klarmachen. Das Vernünftige siegt, gemäß diesem Konzept, *weil* es *vernünftig ist*, weshalb auch das Problem der Methoden, wie man den Patienten zur Einsicht des Vernünftigen bringt, gar nicht im Vordergrund steht.

Hier aber stellen wir eine wesentliche Abweichung von den großen rationalistischen Ahnen fest. Jene nämlich haben den Konflikt zwischen Vernunft und Unvernunft als so schwerwiegend empfunden, daß sie metaphysische Ursachen suchten für jene „Engel und Teufel", die uns Menschen bewohnen. Nur Gott – als Ursprung der Vernunft – ist bis zu Kant der letzte Grund für die Möglichkeit des Menschen, vernunftgemäß zu handeln. Für Kant ist die praktische Vernunft ebenfalls in gewissem Sinne „übernatürlich"; sie ist ein

Gebot, dem ich mich frei und autonom unterstelle, wobei auch er die Mühsal der Unterwerfung betont. Der Sieg der Vernunft über das Irrationale gibt sich für die großen rationalistischen Denker also nicht einfach vernunftgemäß. Es ist vielmehr eine moralische Forderung, die der Mensch mehr oder weniger frei ist zu bejahen oder zu verneinen.

Auch in der Psychoanalyse, wo das vernünftig realitätsangepaßte Ich das unvernünftig fordernde Es verdrängen muß, wird die ungeheure Mühe sichtbar, die es kostet, dieses Es im Zaum zu halten. Weit entfernt davon, daß logisches Argumentieren hier der Vernunft Hilfe bringen kann! Es ist der leidvolle Prozeß einer Wiederholung der individuellen Geschichte, die es mit Müh und Not schafft, dem Ich Raum zu geben. Der Pessimist Freud hat allerdings auch diesem mühsam errungenen Sieg keine Dauer versprochen.

Die Forderung nach Dominanz der Vernunft ist nur mit vielen Mühen und Schmerzen zu verwirklichen und in jedem Augenblick wieder von neuem bedroht. Demgegenüber haben wir es in der Kognitiven Therapie zwar mit einem rein phänomenologischen Aufzeigen von Diskrepanzen zu tun; sie werden aber nie zu einem möglichen Ursprung hin zurückverfolgt; deshalb sieht es auch so aus, als ob ein wenig Logik sie „zurechtrücken“ könne.

Wenn wir Aaron T. Beck, Albert Ellis, Donald Meichenbaum oder Arnold A. Lazarus, den Erzvätern der Kognitiven Therapie, folgen, dann finden sie zur „Erklärung“ pathologischer Verhaltensweisen immer wieder unlogische, irrationale und unrealistische Gedankengänge, die zu schweren emotionalen Verstimmungen führen: zu Angst, Depression, paranoidem Mißtrauen und so weiter.

Die Kognitiven Therapeuten benutzen ein einfaches „Anstoßmodell“: Der Gedanke löst das Gefühl aus, worauf entsprechendes Verhalten sich einstellt. Der Gedanke ist also die „Ursache" der Störung. Daß dies nicht im Sinne einer „letzten Ursache" gemeint sein kann, sondern der Gedanke nur ein möglicherweise existentes Zwischenglied darstellt, leuchtet unmittelbar ein. Denn, so fragt sich natürlich jeder sofort: Woher kommen eigentlich diese Verwirrung erzeugenden Gedanken? Was löst sie aus? Warum sind sie (wie etwa in der Depression) einmal da, später wieder verschwunden? Es zeigt sich, daß diese Gedanken, sofern sie wirklich existieren, eher die Beschreibung einer Symptomatik vervollständigen könnten, als daß man ihnen Ursachen-Charakter zubilligen kann.

Daß es erst gar nicht zur Frage nach der „Ursache" psychischer Störungen kommt, liegt allerdings im System der Kognitiven Theorie selbst begründet. Wenn man keine Vorstellung davon hat, wie der Kampf zwischen rationalen und irrationalen Kräften im Menschen denn eigentlich zustande kommt, dann hat die Frage nach der Ursache des Irrationalen kaum einen Sinn mehr. Sie wird, wenn überhaupt gestellt, mit dem formalen Argument abgetan, daß Irrationales eben „gelernt" sei.

Eine differentielle Psychopathologie, also eine Vorstellung davon, wie es zu jeweils ganz bestimmten Störungen kommt, wird dadurch unmöglich. Die „Erklärung" einer Platzangst zum Beispiel – der Patient sage sich eben „irrtümlicherweise" immer wieder vor, er würde im Kaufhaus ohnmächtig, werde sterben und dergleichen – ist natürlich keine Erklärung, sondern nur eine genaue Beschreibung des Zustandes. Solche Gedanken als „Erzeuger" eines bestimmten gestörten Verhaltens hinzustellen, ist nicht mehr als eine sprachliche Methapher.

Da es sich bei dem verwendeten Denkmodell ganz offensichtlich um ein recht grobes – einer einfachen physikalischen Ursache-Wirkungsvorstellung entsprechendes – handelt, können Ursache und Wirkung auch umgedreht werden. Dies wird von einigen Theoretikern zuweilen getan; vor allem Meichenbaum weist immer wieder auf die „Wechselwirkung“ von Denken und Verhalten hin. Das aber besagt nun einfach nichts anderes, als daß beides miteinander „etwas zu tun hat“ – eine recht banale Aussage.

Die interessanten Fragen, die sich daran knüpfen, nämlich: welche Art von Gedanken (Verhalten) unter welchen Bedingungen welche Wirkungen erzeugen, bleiben dabei unbeantwortet. Die sozialpsychologische Einstellungsforschung hat sich mit dem Problem der Beziehung zwischen ideellen Einstellungen einerseits und Handeln andererseits ausführlich beschäftigt (5). Dabei zeigt sich aber: Wir wissen außerordentlich wenig zur Beantwortung der oben gestellten Fragen. Als wichtigstes Ergebnis bleibt festzuhalten, daß ganz offensichtlich die sprachlich faßbare globale Einstellung nur in einem recht lockeren Bezug zu feststellbaren Verhaltensweisen steht.

Wenn wir also immer wieder hören, daß es nicht die „Dinge an sich“ sind, die die Menschen bewegen, sondern die „Ansichten, die sie von ihnen haben“ (Epiktet, zitiert in Beck und Meichenbaum), dann besticht dieser Satz natürlich durch seine allgemeine Richtigkeit. Wie man diese „Ansichten“ aber im einzelnen feststellt und welches Verhalten sie jeweils produzieren, ist damit noch nicht gesagt; gerade dies aber wäre für eine Therapietheorie wichtig.

Die gesamte Literatur über Kognitive Therapie durchzieht ein etwas naiv anmutender Optimismus bezüglich der Methoden, wie man an solche „Einstellungen“ und „Gedanken“ herankommen könnte und wie man sie ändern kann: durch Befragung und Argumentation. Die oft unter dem Stichwort „sokratischer Dialog“ abgehandelte Methode besteht einfach darin, den Patienten möglichst genau über seine inneren Gedanken und Selbstgespräche auszufragen. Er wird dann durch logische Argumente und Vermutungen so weit gebracht, daß er womöglich selbst die Irrationalität oder Unlogik dieser Gedanken einsieht.

Nun muß man nicht gerade das Mißtrauen eines Phychoanalytikers haben, sondern nur ein wenig Menschenkenntnis, um zu wissen, daß je nach Thema und Fragestellung die meisten Menschen sehr viele Antworten über ihre inneren Gedanken und Einstellungen bereit haben. Nicht ohne Grund hat Freud freie Assoziation und Traumdeutung als Methoden zur Umgebung der vielen Hemmungen benutzt, die sich der Beantwortung von Fragen über Einstellungen entgegenstellen. Auch ohne die voll bewußte Tendenz zur Lüge (die wir möglicherweise im therapeutischen Gespräch ausschließen können) ist es ja geradezu ein Bestandteil vieler psychischer Störungen, daß der Mensch sich im Unklaren ist über seine Gedanken und im Falle von Zwiespältigkeiten sich vorschnell zugunsten sozial angepaßter Antworten entscheidet. Jeder Therapeut weiß, daß es eine Kunst für sich ist, die (angeblich) verhaltenssteuernden Gedanken ausfindig zu machen. So interessant es sein mag, etwa gerade bei psychoanalytisch versierten Klienten, bestimmte Klischees, die sie über ihr inneres Leben haben, in Frage zu stellen, so bleibt doch immer die Frage offen, welche Realitätsebene der die Handlung begleitenden Selbstverbalisationen denn nun eigentlich „wichtig" ist.

Patienten sind oft ganz froh, wenn sie sich ihre irrationalen Gefühle durch vorhergehende „Gedanken" erklären können. Schon die Frage danach erzeugt möglicherweise das Bewußtsein davon, es müßte da „so ein Gedanke" gewesen sein. Denkbar wäre auch, daß bestimmte Störungsformen geradezu ausgezeichnet sind durch einen Mangel oder einen Überfluß an Selbstverbalisationen (so wäre es denkbar, daß Zwangsneurotiker sehr viel exaktere Gedankengänge formulieren beziehungsweise erinnern als etwa Angstneurotiker). Die klare Abfolge *Gedanke – Gefühl – Verhalten* scheint also keineswegs eindimensional und widerspruchsfrei. Schon die von vielen Klinischen Psychologen registrierte „doppelte Buchführung" der Gedanken zeigt ja, daß Gedanken eben nicht automatisch zu bestimmten Gefühlen und Verhaltensweisen führen. Der Phobiker zeichnet sich geradezu dadurch aus, daß er selbstverständlich *weiß,* daß ein Kaufhaus ein ungefährlicher Ort ist. Er kann sich das auch *sagen* und erzählt uns häufig auch unaufgefordert davon, daß er sich dies „schon hundertmal gesagt" habe. Trotzdem denkt er beim Betreten des Kaufhauses: „Ich werde ohnmächtig, man wird einen Krankenwagen holen müssen." Allenfalls kann man also davon ausgehen, daß manche Gedanken schneller und unmittelbarer auftauchen, daß sie heftigere Wirkungen erzeugen als andere. Warum beim Neurotiker die unlogischen und irrationalen Gedanken aber die wirksameren sind und warum gerade die „richtigen" Gedanken so wenig auf Gefühle und Verhaltensweisen einzuwirken vermögen: das gerade rührt doch an das Geheimnis der Psychopathologie; Menschen fühlen sich oft gegen ihren Willen und ihre *ratio* „gezwungen", absurd zu handeln.

Was – wie im echten sokratischen Dialog – legitimes Mittel im philosophischen Diskurs ist, wo die Vorrangigkeit der logischen Vernunft Voraussetzung des Diskutierens ist, kann als therapeutisches Mittel nur allzu leicht zum „Überreden" werden.

Die meisten Menschen der westlichen Welt identifizieren sich mit dem, was sie tun. Sie empfinden sich als das „Zentrum" ihres Handelns, das ihre Identität bestimmt. Dieses „Sich-identisch-Fühlen" in verschiedenen Situationen bewirkt vermutlich auch, daß Menschen die Neigung haben, sich allgemeine Attribute zuzuschreiben, mit denen sie ihre

Handlungen erklären (2, 6, 7). Diese Attribute betrachten sie häufig als etwas mit ihrer Person „Identisches"; auch wenn es spezifische Situationen sein mögen, die zu bestimmten „Attribuierungen" führen, werden diese sehr leicht zu einem situationsunabhängigen „Ich-Spezifikum" verdichtet. Neben den eigenen Handlungen sind es selbstverständlich auch noch die Aussagen anderer, die diesen Attribuierungsprozeß festigen. Das „Ich" („Selbst") wird zu einem Träger bestimmter Eigenschaften, die meist negativ oder positiv bewertet werden. Im Zentrum dieser Attribuierungs- und Bewertungsvorgänge steht immer das gleiche Ich, das mit jedem dieser Vorgänge betroffen ist.

Für Ellis und Lazarus ist klar, daß diese Art der Selbstbewertung das zentrale Moment fast aller Konflikte ist. „Sowohl die positive als auch die negative Selbstbewertung sind ineffektiv und stehen der Lösung von Problemen oft ernstlich im Wege ..." (3). „Mit Hilfe einer erfolgreichen Therapie gelingt es, den Klienten zu zeigen, wie sie ein einheitliches „Ich" von den zahlreichen Situationen ihres Lebens dissoziieren können ..." (8).

Diese Zitate, die beliebig ergänzt werden können, zeigen, daß hier gegen eine Tradition von „Identitäts"- und „Ich"-Auffassung vorgegangen wird, die im Laufe der letzten 500 Jahre oft als ein hohes Kulturgut gepriesen worden ist. Wie Horst-Eberhard Richter in seinem Buch „Der Gotteskomplex" (13) behauptet, ist dieses Ich, durch Gleichsetzung mit dem durch die Philosophie und Wissenschaft entthronten Gottvater, als ein allmächtiges, in sich geschlossenes Universum entstanden, das sich erst in jüngster Zeit ernstlich bedroht fühlt in seinem Allmachts- und Allwissenheitsgefühl.

Die „grandiose narzißtische Überschätzung" ist – den psychoanalytischen Annahmen Richters zufolge – immer wieder depressiven Zusammenbrüchen und damit der Vernichtungsgefahr ausgesetzt, gegen die es sich mit mehr und mehr Kontrolle wehren muß. Übertragen auf den einzelnen: Das eigene Ich wird von vielen Menschen als etwas so Kostbares und Brüchiges angesehen, daß jeder kleinste Tadel, jede Kritik das ganze zerbrechliche System des Selbstbewußtseins zum Einsturz bringt.

Diese „Narzißmus"-Problematik – bei uns psychoanalytisch sehr publikumswirksam von Alice Miller (11) dargestellt – scheinen Ellis und Lazarus im Auge zu haben, wenn sie ihren Klienten einen Weg „zur egolosen Existenz" weisen wollen (8). Das therapeutische Vorgehen: rationale Argumentation darüber, daß ein Mensch in verschiedene Rollen zerfällt, die er zu verschiedenen Zeitpunkten unterschiedlich gut ausfüllt. Das heißt bei Ellis ganz klar: Löse Dein Ich auf und ersetze es durch „Ich-1 bis Ich-n"-Zustände, dann wirst Du nicht in Gefahr kommen, Dich global zu verwerfen – oder überzubewerten.

Um es in Horst-Eberhard Richters Kategorien zu sagen: Der Mensch versucht, die Angst vor dem eigenen alleingelassenen und gleichzeitig vergotteten, verabsolutierten Ich dadurch zu bekämpfen, daß er es segmentiert, aufsplittert in verschiedene Rollen und unterschiedliche Handlungssegmente. Er verhindert dadurch die Totalidentifizierung mit jeweils einem Aspekt seiner Existenz und relativiert Werturteile. Wenn ich als Vater versage, bin ich doch als Arbeiter anerkannt; wenn ich auch meinen Beruf nur unvollständig ausfülle, so kann ich mich doch als guten Liebhaber betrachten und so weiter.

Unschwer erkennen wir hier das Erbe sowohl des Behaviorismus als auch der Rollentheorie. Der Mensch als in sich einheitliches Ganzes ist aufgegeben; es dominieren die leichter handhabbaren Teile. Wie jeder Therapeut weiß, ist es ungemein schwierig, westlich erzogene Menschen von dieser

Sichtweise zu überzeugen. Immer wieder beurteilt sich jeder als „Ganzes“: Hat er in einem Gebiet versagt, dann sinkt sein gesamtes Selbstwertgefühl. Die Totalidentifikation mit den Rollen als Gatte, Liebhaber, Arzt und so weiter bringt immer wieder Leid und Verwirrung. Die Rechnung scheint nie ganz aufzugehen: Bei circa zehn verfügbaren wichtigen Rollen empfinde ich nicht nur zu zehn Prozent Traurigkeit, wenn ich in einer davon Schiffbruch erleide. Gerade dieses Rechenexempel aber soll in der Kognitiven Therapie immer wieder eingeübt werden.

Man kann sich der Logik dieses therapeutischen Vorgehens nicht ganz entziehen. Wir alle wissen, mit welchen Kümmernissen wir geschlagen sind, weil wir uns dauernd mit unseren Handlungen identifizieren, sie bewerten und von diesem Werturteil her unsere allgemeine Lebensstimmung ableiten.

So bleibt als Heilung nichts anderes übrig, als daß ich mich diesem inneren Schrecken entziehe, indem ich mich als Ich negiere. „Ich“ zerfalle in verschiedene Rollen – keine davon bestimmt das Ich; der angstgeplagte Mensch kann vor sich selbst davonlaufen, indem er einen Rollenwechsel vollzieht. Dieser Zaubertrick bewahrt ihm innere Ruhe und Zufriedenheit; die Ökonomisierung und Rationalisierung der „zwei Seelen, ach, in meiner Brust“ wird durch ein williges Rechenexempel erreicht. Wichtig ist nicht, daß es sich schließlich um *eine* Brust handelt, sondern wichtig ist die Tatsache, daß es in dieser Brust – einem gut verwalteten Büro vergleichbar – offenbar von vornherein verschiedene Registraturen für eine ganze Menge von Seelen gibt.

Um welchen Preis wird durch dieses therapeutische Vorgehen möglicherweise Leid gemildert?

Was den kognitiven Therapeuten, wie sie selbst immer klagen, die Sache schwierig macht, ist das durch Tradition und „falsche Erziehung“ gelernte „irrationale“ (ist das in diesem Fall nicht eher ein „unpraktisches"?) Denkmuster, sich immer wieder mit allen innegehabten Rollen und Verhaltensweisen so auseinanderzusetzen, als stecke „der ganze Mensch" darin. Nun ist dies allerdings wirklich ein Spezifikum des menschlichen Seins überhaupt: Der Mensch sieht sein Ich als eine vermittelnde Instanz zwischen den von außen beobachtbaren Verhaltensweisen, verinnerlichten Rollenzuschreibungen und dem, was er dabei erlebt. „Ich" ist das ganzheitliche Bewußtsein davon, daß ich so oder so handle. Es fällt offensichtlich den meisten Menschen sehr schwer, sich diesen Rollen jeweils zu entziehen – so, als spielten sie tatsächlich nur ein „Rollenspiel". Immerhin: auch dies ist dem Menschen möglich. Er kann dazu gebracht werden – sich dazu bringen – in völliger Distanz von sich selbst zu handeln und sich mit diesem Handeln kaum oder gar nicht mehr zu identifizieren. Blinder Befehlsgehorsam wäre zum Beispiel eine mögliche Folge einer extremen Aufspaltung und Ablösung der Rollen vom eigenen Ich. Wie wir immer wieder sehen, ist sogar bei moralisch außerordentlich verwerflichen Taten bei den so Handelnden ein gutes Gewissen an der Tagesordnung. Das also ist möglicherweise ein Preis für die Zerteilung eines zentralen „Ichs"; die Abgabe der Verantwortung für das, was man in einer seiner „Rollen" getan hat.

Wird hier nicht mit Kanonen auf Spatzen geschossen? Haben nicht tatsächlich sehr viele moderne Kümmernisse (die oft bis zu sichtbaren Symptomen gehen können) ihre Ursache darin, daß der Mensch sich mit Aspekten seiner Existenz (etwa seinem Beruf) überidentifiziert, daß er alles so perfekt machen will, als hinge sein Leben davon ab? Und ist das Rezept dagegen – jenes besänftigende „Nimm's nicht so tragisch" – nicht recht vernünftig? Basiert es nicht auf schlichten Alltagsweisheiten, die jedermann wiederholen kann: Man möge doch nicht alles so tierisch ernst nehmen, sich nicht überall hundertprozentig engagieren und so weiter und so fort?

Ja und nein. Was das Rezept der „Rollenaufteilung" gefährlich macht, ist die Tatsache, daß es nicht reflektiert ist im Hinblick auf die dialektische Struktur des menschlichen Lebens: *Sowohl* in der veräußerlichten Handlung *als auch* in der immer wieder einigenden Kraft des Ich-Zentrums entwickeln sich menschliches Handeln und Erleben. Der „Rollenträger" (ebenso wie der Sich-Verhaltende) muß sich immer wieder zurückbesinnen auf das Ganzheitliche seines Lebens, in dem sich Rollen überhaupt sinnvoll „spielen" und verantworten lassen.

Die Forderung nach einer „egolosen" Existenz setzt, undialektisch, eine randständig mögliche und äußerst gefährliche Art menschlichen Lebens absolut, bei der sowohl Verantwortung als auch Glück sehr fragwürdig werden. Mit Horst-Eberhard Richter könnte man der Forderung nach dem „Rollen-Menschen" eine zwar „leidvernichtende Funktion" zuschreiben – zugleich auch auch eine, die den Zugang zum Glück erschwert.

Was bewirkt das Konzept des „egolosen Menschen" für die Therapie? Den Leid erzeugenden Identitätsgedanken aufzugeben, wird (möglicherweise) auch bezahlt mit dem Verlust dessen, was Goethe das „höchste Glück der Erdenkinder" genannt hat, nämlich mit dem Aufgeben der „Persönlichkeit". Diese kann nämlich nie und nimmer als eine Addition von Rollen und Verhaltensweisen gesehen werden; ihr „Glück" besteht in eben dem, was hier abgeschafft werden soll: im rechnerisch nicht zu erfassenden „Ganzen", „Unteilbaren" und „Identischen".

Das Glück, das – nach Goethe – darin besteht, daß man alles verlieren könne, „wenn man bliebe, was man ist"; eben darin kann allerdings auch das Leid bestehen. Die Abschaffung der Dialektik von Glück und Leid erzeugt eine recht praktische Stimmungsnivellierung der frohgemuten Rollenträger. „Vernünftiges Handeln“ ergibt sich da von selber. Kein Wunder, daß bei so viel Energie-Ersparnis die Anpassung an die herrschenden Verhaltensweisen nicht schwerfällt.

Welch langer und abschüssiger Weg vom Beginn der Psychotherapie bis heute: Wo früher Psychoanalytiker – der alten Art – dem Individuum Einblick in die letztlich *unüberwindlichen* Schrecknisse des andauernden Konflikts von Vernunft und Trieb, Individuum und Gesellschaft gegeben haben, da argumentieren heutzutage Kognitive Therapeuten mit ihrem Computer-Menschenmodell und wiegeln ab. „Reg' Dich nicht auf!“, „Es wird nichts so heiß gegessen wie gekocht“, „Nimm's nicht zu ernst“: Das sind letztlich die Sprüche, mit denen sie uns jeden letzten Ernst austreiben – und uns damit zeigen, wie wenig ernst sie uns nehmen.

Seien wir nicht ungerecht: Als „Ausgleichs-Therapie“ ist die Forderung, sich nicht mit jedem Verhalten, mit jeder Rolle zu identifizieren, oft sinnvoll. Insofern kann der Hinweis, daß man ja auch nicht nur Gatte, nicht nur Vater, nicht nur Berufstätiger sei, recht positive Konsequenzen zeitigen. Pragmatisch ausgerichtetes Denken kann – aus dem therapeutischen Alltag mit seinen Nöten kommend – die angebotenen Rezepte verschiedener Therapieformen rasch als „vernünftig“ und „praktikabel“ einstufen.

Was aber im Wirrwarr von Vernunft, Pseudovernunft und Unvernunft des Psychobooms not tut, ist nicht mehr der psychologische Alltagsverstand. Es ist die Besinnung darauf, was hinter den angebotenen Konzepten steht: die Besinnung auf das Menschenbild. Dies allerdings sollte ein besseres Kriterium für die Entscheidung über die Anwendung einer Therapieform sein als bloßer Pragmatismus.

Steht nun der Kognitive Therapeut mit prächtigen neuen Kleidern da oder ist er nackt? Bei genauem Hinsehen muß man konstatieren: Seine Kleider sind abgetragen und verschlissen. Aber: Auch unter einem ärmlichen Gewand läßt sich ein Dolch verbergen.

Eva Jaeggi ist Professorin für Klinische Psychologie am Institut für Psychologie der Technischen Universität Berlin. Sie ist außerdem therapeutisch tätig. 1983 erschien ihr autobiographisches Buch „Wir Menschenbummler" (Beltz) und 1986 (zusammen mit Walter Hollstein) „Wenn Ehen älter werden" (Piper). Eva Jaeggi ist Mitglied der Deutschen Gesellschaft für Verhaltenstherapie (DGVT).

Literatur

(1) Beck, A.T.: Wahrnehmung der Wirklichkeit und Neurose, Kognitive Psychotherapie emotionaler Störungen. München, 1979
(2) Bem, D.: Self-perception: An alternative interpretation of cognitive dissonance phenomena. Psychological Review 74, 183-200
(3) Ellis, A.: Psychotherapie und der Wert eines Menschen. In: Ellis und Grieger (Hrsg.): Praxis der rational-emotiven Therapie, München, 1979
(4) Eschenröder, Ch.: Wie Selbstgespräche unsere Gefühle und unser Verhalten beeinflussen. Psychologie heute 1/1977
(5) Hoffmann, N.: Einstellungsänderung und kognitive Therapie. In: Hoffmann (Hrsg.): Grundlagen kognitiver Therapie, Bern, 1979
(6) Jones, E. und Nisbett, R.E.: The actor and the observer. Divergent perceptions of the causes of behavior. In: Jones et al. (eds.): Attribution, Morristown. 1971
(7) Laucken, U.: Naive Verhaltenstheorie, Stuttgart. 1974
(8) Lazarus, A.A.: Auf dem Weg zu einer ego-losen Existenz. In: Ellis & Grieger (Hrsg.): Praxis der rational-emotiven Therapie, München, 1979
(9) Lazarus, R.S., Averill, J. Opton, E.: Towards a cognitive theory of emotion. In: Arnold (ed.): Feeling and emotions, New York, 1970
(10) Mahoney, M.: Cognition and behavior modification. Cambridge, 1974
(11) Miller, A.: Das Drama des begabten Kindes und die Suche nach dem wahren Selbst. Suhrkamp Verlag. Frankfurt, 1979
(12) Quekelberghe, R. van: Modelle kognitiver Therapien, München. 1979
(13) Richter, H.E.: Der Gotteskomplex, Hamburg. 1979
(14) Schachter, S. & Singer, J.: Cognitive, social and physiological determinants of emotional state, Psychol Rev. 1962, 69, 379-399
(15) Schulz, W.: Philosophie in einer veränderten Welt. Tübingen, 1979

(Der Beitrag ist unter dem Titel „Nun seien Sie doch vernünftig“ in PSYCHOLOGIE HEUTE, Heft 2/81 erschienen)

Gesprächstherapie: Zu viel Ideologie?

Frank Lasogga

Die klientenzentrierte Gesprächspsychotherapie (GT) zählt neben der Verhaltenstherapie und der Psychoanalyse zu den drei großen etablierten Psychotherapieformen in der Bundesrepublik. Entwickelt wurde die Gesprächstherapie von dem Amerikaner Carl Rogers. Rogers hatte bei seiner Arbeit in Beratungsstellen festgestellt, daß Ratschläge und autoritäre Verhaltensweisen meist nur kurze und oberflächliche Effekte erzielen und daß die Klienten eigentlich am besten wissen, was sie stört und wie sie es ändern können. Sind Menschen jedoch momentan nicht in der Lage, Beeinträchtigungen und Lösungen zu erkennen, muß der Therapeut dafür sorgen, daß sie sich frei entfalten und ihre Möglichkeiten wieder entwikkeln können. Sie sollen durch ihr Verhalten bewirken, daß Menschen das in ihnen vorhandene Potential entdecken und Lösungen für sich entwickeln können. Um dies zu erreichen, müssen nach Rogers Psychotherapeuten im Umgang mit Klienten drei Haltungen oder Einstellungen (die sogenannten „Basisvariablen“) verwirklichen, die hier zur Erinnerung nochmals kurz dargestellt werden:

Kongruenz/Echtheit

Der Therapeut soll eine integrierte Persönlichkeit darstellen, das heißt, Gedanken, Gefühle und Handeln sollen sich decken, kongruent sein. Inhalt des Mitgeteilten, Tonfall, Mimik, Gestik, Gefühle und so weiter sollen sich entsprechen. Ein Therapeut muß sich also seiner selbst und seiner Gefühle größtenteils bewußt sein. Er soll Klienten keine Rolle vorspielen, nicht unecht sein, sondern sich so geben, wie er ist und empfindet. Fassadenhaftes Verhalten im Umgang mit anderen Menschen ist schädlich und abzulehnen. Das bedeutet nicht, daß der Therapeut immer mitteilt, was ihn bewegt, wohl aber wichtige Gedanken und Gefühle äußert, insbesondere solche, die die Interaktion zwischen Therapeut und Klient beeinträchtigen können.

Wertschätzung/Akzeptierung
Der Therapeut soll Klienten jederzeit als Person von Wert schätzen. Diese Wertschätzung soll nicht an Bedingungen geknüpft sein. Egal was der Klient fühlt, äußert oder wie er handelt, soll er sich vom Therapeuten uneingeschränkt akzeptiert fühlen. Der Klient soll spüren, daß die Wertschätzung nicht vom Wohlverhalten abhängt. Die Einstellung des Therapeuten gegenüber dem Klienten soll grundlegend positiv sein. Der Therapeut soll dem Klienten mit emotionaler Wärme begegnen und sich Wertungen und Beurteilungen des Klienten enthalten. Dies bedeutet allerdings nicht, daß der Therapeut alles gut findet oder gutheißt, was der Klient fühlt, sagt, macht.

Empathie/Einfühlendes Verstehen
Der Therapeut hat die Aufgabe, die innere Welt, das Bezugssystem des Klienten so genau wie möglich zu verstehen. Er soll sich die Wahrnehmungen des Klienten vergegenwärtigen und sich in die Welt des Klienten einzufühlen versuchen. Das gilt besonders für dessen Gefühle und deren Bedeutung sowie die Bewertung des Geschehens. Der Therapeut soll die innere Erlebniswelt des Klienten, dessen Realität, dessen Sichtweise der Welt nachzuvollziehen versuchen. Dabei soll nicht nur das Gesagte berücksichtigt werden,

sondern auch die nonverbale Kommunikation (Gestik, Mimik). Das, was der Therapeut verstanden, wahrgenommen hat, soll er dem Klienten fortlaufend mitteilen, und zwar so konkret und anschaulich wie möglich. Der Therapeut darf sich allerdings nicht die Sichtweise des Klienten zu eigen machen, sich nicht mit der Welt des Klienten identifizieren.

Diese drei Basisvariablen schließen aus, daß der Therapeut dem Klienten Ratschläge und Empfehlungen hinsichtlich seines Verhaltens gibt, ihn belehrt oder tadelt. Auch Interpretationen des Klientenverhaltens sind nicht angemessen. In diesen Fällen würde der Therapeut den Klienten nicht mehr uneingeschränkt wertschätzen und sich einzufühlen versuchen, sondern seine Sichtweise des Geschehens darlegen und vom Klienten möglicherweise fordern, diese zu übernehmen. Dies führt nach Rogers langfristig jedoch zu keiner angemessenen Besserung des Erlebens und Verhaltens, da jeder Mensch in seiner phänomenalen Umwelt lebt und seine Bewertung der Geschehnisse vornimmt, die lediglich für ihn zutreffen. Daher weiß nur der Klient, was für ihn richtig ist. Lediglich Informationen darf ein Therapeut geben, wenn diese dazu dienen, Informationsdefizite des Klienten zu beseitigen.

Rogers sieht diese drei Basisvariablen nicht als Technik, die lediglich dazu dient, daß der Klient sich wieder wohler fühlt. Wichtig sind die Einstellung und das Verhalten eines Therapeuten gegenüber einem Klienten. Die Variablen können nicht als voneinander unabhängig gesehen werden, sondern als zusammengehörig. Sie beschreiben keine bestimmte Technik oder Methode, sondern eher eine Grundhaltung oder Weltanschauung. Ein Therapeut sollte sich nicht nur innerhalb der Therapiesitzungen gemäß dieser Variblen verhalten, sondern „muß so sein".

Das Verhalten des Therapeuten gemäß dieser drei Variablen soll dazu führen, daß der Klient sich zunehmend mehr *selbstexploriert,* das heißt, in sich hineinhorcht und seine Innenwelt erforscht. In einer relativ angstfreien Atmosphäre, bedingt durch das wertschätzende und einfühlsame Therapeutenverhalten, kann der Klient über seine inneren Erlebnisse und seine Sichtweise der Realität sprechen. Der Klient kann sich mit seinen Empfindungen, Einstellungen und seinem Erleben immer mehr auseinandersetzen. Dies soll so konkret und differenziert wie möglich geschehen. Dabei wird der Klient zu einer Klärung seines Erlebens kommen und auch andere Seiten als bisher wahrnehmen, schließlich zu neuen Einstellungen und Verhaltensweisen gelangen und neue Erfahrungen machen (Reorganisation des Selbst).

Diese Annahmen sind sehr optimistisch und entsprechen Rogers' Weltbild. Er glaubt, daß der Mensch von Natur aus gut ist und eine Tendenz zur Selbstverwirklichung, zu Wachstum, Gesundheit und Anpassung hat. Wird der Mensch aus irgendwelchen Gründen an dem Wachstum und der Selbstverwirklichung gehindert, muß man lediglich die geeigneten Bedingungen herstellen, damit er sich wieder selbstverwirklichen kann. Damit entspricht die Gesprächstherapie in gewisser Weise einer amerikanischen pragmatischen Denkweise. Sie ist einfach und leicht verständlich, was sicherlich neben ihrer hohen humanen Qualität zu ihrer Verbreitung beigetragen hat.

Psychologische Grundkenntnisse treten nach Rogers bei der therapeutischen Arbeit in den Hintergrund. Die therapeutische Grundhaltung, die Verwirklichung der drei Basisvariablen sind notwendig und hinreichend, damit ein Klient sein Erleben und Verhalten ändert. Notwendig bedeutet: Es ist unabdingbar für eine Änderung des Klienten, daß ein Therapeut sich gemäß dieser drei Variablen verhält, dann wird eine Änderung des Klienten eintreten. Weiteres Verhalten des Therapeuten, wie das Deuten von Träumen oder Übungen, ist nicht notwendig.

Aufgrund vieler Untersuchungen weiß man inzwischen, daß die drei Kernvariablen allein nicht notwendig und hinreichend für eine Änderung sind; sie sind maximal förderlich. Weitere Merkmale des Verhaltens von Gesprächstherapeuten wie „Aktives Bemühen", „Konkretheit" und „Konfrontation" wurden untersucht und haben sich als bedeutsam für den Therapieerfolg erwiesen.

Damit sollen Rogers' große Verdienste um die Therapieentwicklung und Forschung nicht geschmälert werden. Er hat nicht nur die Gesprächspsychotherapie entwickelt, sondern generell großen Einfluß auf die Erforschung und Entwicklung von Psychotherapie gehabt. Rogers war der erste, der Psychotherapie systematisch erforscht hat, ihre Effekte nachzuweisen versuchte und Therapie transparent machte. Bei einer repräsentativen Umfrage unter amerikanischen Psychotherapeuten wurde er als derjenige genannt, der den größten Einfluß auf die amerikanische Psychotherapie hat.

In der Bundesrepublik wurde die Gesprächstherapie durch Reinhard Tausch bekanntgemacht und erforscht. Allerdings unterschied sich diese von Tausch verbreitete Therapieform von Rogers' Ansatz in einem wesentlichen Punkt. Tausch sprach jahrelang nicht wie Rogers von „Empathie", von einfühlendem Verstehen, sondern von der „Verbalisierung emotionaler Erlebnisinhalte". Dies ist jedoch nicht mit „Empathie" identisch, sondern quasi als ein technischer Ableger zu sehen. Dementsprechend erfolgte auch jahrelang eine mehr oder minder rein technische Ausbildung der Psychotherapeuten in der „Verbalisierung emotionaler Erlebnisinhalte", und diese Technik wurde überproportional stark erforscht. Außerdem führte Tausch in seinen Büchern diese Variable an erster Stelle an und widmete ihr wesentlich mehr

Raum als den Variablen „Kongruenz, Echtheit" und „Wertschätzung, Akzeptanz". Gerade die Therapie von Rogers sollte jedoch nicht als Technik verstanden werden.

Inzwischen hat sich in dieser Hinsicht in der BRD ein Wandel vollzogen. Rogers Therapie wird zu Recht immer mehr als System von Werthaltungen gesehen. Die Variablen „Kongruenz/Echtheit" und „Wertschätzung/Akzeptanz" haben an Bedeutung gewonnen. Von der „Verbalisation emotionaler Erlebnisinhalte" ist kaum noch die Rede, sondern eher von „Empathie" oder „einfühlendem Verstehen". Auch Tausch selbst spricht inzwischen von „einfühlendem nicht wertendem Verstehen".

Dementsprechend hat sich auch die Ausbildung von Therapeuten gewandelt. Heute wird eher eine Ausbildung der Persönlichkeit des Therapeuten angestrebt. Der angehende Therapeut soll seine eigene Person entfalten können. Als hilfreich werden Encounter-Gruppen angesehen, Selbsterfahrungsgruppen, in denen Therapeuten die Basisvariablen entwickeln können. Ein reines Training des Sprachverhaltens ist mehr in den Hintergrund getreten.

Neben dieser allgemeinen Entwicklung haben sich in der BRD zwei verschiedene Richtungen der Gesprächspsychotherapie herausgebildet. Diese Richtungen lassen sich als *„naturwissenschaftliche"* und *„phänomenologische"* kennzeichnen. Die Vertreter der „naturwissenschaftlichen" Richtung versuchen, das Handeln des Therapeuten nach umfassenden psychologischen Modellvorstellungen zu erklären und das Verhalten von Therapeuten und Klienten möglichst exakt zu erfassen, um es zu optimieren. Therapeuten dieser Richtung bemühen sich, die drei Kernvariablen innerhalb der Therapiesituation zu realisieren, also den Klienten einfühlsam zu verstehen und dabei gleichbleibend wertschätzend, akzeptierend und kongruent, echt zu sein. Das Wahrgenommene und

Verstandene wird dem Klienten fortlaufend mitgeteilt. Die drei Variablen werden quasi als Methode gesehen, um dem Klienten zu helfen. Diese Richtung entspricht dem jahrelang in der BRD verfolgten Ansatz.

Für die Vertreter der „phänomenologischen" Richtung stellt sich Therapie umfassender dar. Ihrer Meinung nach ist Therapie nicht nur eine Methode, die sich überwiegend im Verbalverhalten des Therapeuten in der Therapiesituation niederschlägt, sondern ein System von Einstellungen, das sich im Gesamtverhalten des Therapeuten bemerkbar machen soll. Sehr wichtig ist sein Engagement, seine Sorge und sein Bemühen. So kann ein Therapeut bei seiner Sorge um den Klienten auch Vorschläge unterbreiten, die die gesamte Lebensführung betreffen und auf Angebote, Möglichkeiten hinweisen. Tausch hält beispielsweise folgende Angebote für sinnvoll, auf die ein Klient hingewiesen werden kann: Hatha-Yoga, Meditationsübungen, Atemübungen, Körpertherapie, Sport- und Spielaktivitäten. Therapie soll nicht mehr zwischen einem „Therapeuten" und einem „Klienten" stattfinden, sondern eine Begegnung von „Person zu Person" sein. Dies soll die Gleichwertigkeit der Beziehung ausdrücken. Vertreter dieser Richtung sprechen meist nicht mehr von klientenzentrierter Gesprächspsychotherapie, sondern von personenzentrierter Therapie.

Beide Richtungen haben Vor- und Nachteile. Ein Vorteil der naturwissenschaftlichen Richtung liegt darin, daß es sich um einen bewährten Ansatz handelt, der jahrzehntelang erforscht und dessen Effektivität an Hunderten von Klienten aufzuzeigen versucht wurde. Ein Nachteil dieser Richtung ist, daß dieser Ansatz dem ursprünglichen Gedankengut von Rogers nicht immer ganz gerecht wird. Außerdem werden wichtige Bereiche wie beispielsweise gesunde Ernährung oder das Betreiben von Sport in der Therapie ausgeklammert oder doch kaum berücksichtigt, obwohl dies für das Wohlbefinden von Menschen sehr wichtig sein kann.

Die phänomenologische Richtung bezieht diese Bereiche mit ein, wird damit den Menschen möglicherweise gerechter und kann effizienter helfen. Sie birgt aber auch mehr Gefahren in sich. Eine derartige Therapie ist ein Breitbandverfahren, in das alles integrierbar ist. Es muß nur (scheinbar) dem Klienten dienen. Die Integration verschiedener Bereiche erfolgt willkürlich und hängt zum größten Teil vom Therapeuten ab. Ihm kommt damit eine sehr große Verantwortung zu, denn er macht dem Klienten Vorschläge. Dabei dürften die momentanen Vorlieben des Therapeuten eine große Rolle spielen, ob er nun gerade Yoga betreibt und meditiert oder gerne Müsli ißt.

Diese Vorschläge werden Klienten nicht nur als eine bloße Möglichkeit betrachten, sondern leicht geneigt sein, sie zu befolgen. Schließlich sind sie zu einem kompetenten Fachmann gegangen, dem sie Kenntnisse zuschreiben und zu dem ein deutliches Wissensgefälle besteht. So dürften viele Klienten nur allzu leicht bereit sein, Vorschläge des Therapeuten zu befolgen.

Forschungsergebnisse, die den phänomenologischen Ansatz als effizient ausweisen, liegen bisher nicht vor. Ein derartiger Ansatz ist wohl kaum noch zu erforschen. Dann handelt es sich aber nicht mehr um eine erforschte effektive Therapieform, was unter anderem einmal die Bedeutung der GT und den Unterschied zu anderen Therapieformen ausmachte, sondern nur noch um eine Ideologie und Lebensphilosophie.

Daß es sich um eine Ideologie handelt, wird vollends deutlich, wenn man sieht, daß sogar Rogers selbst die klientenzentrierte Grundhaltung, die ursprünglich für die Therapie gedacht war, auf nahezu das gesamte Leben ausgedehnt hat. In den neueren Schriften von Rogers werden der personenzentrierte Ansatz und personenzentrierte Gruppen als hilfreich für fast alle Lebensbereiche gepriesen. Die Durchführung personenzentrierter Gruppen hält Rogers bedeutsam für Industrie, Kirchen, Regierungen, Rassenbeziehungen, internationale Spannungen, Familien, Generationsprobleme und Erziehungsinstitutionen. Die Gruppen sollen zu einem guten Zusammenleben führen. Die neueren Schriften von Rogers stellen eher eine Philosophie der Mitmenschlichkeit dar, als daß sie Hilfe für das konkrete therapeutische Vorgehen bieten. Einigen ist dieser Ansatz dann auch auf zu viele Bereiche des menschlichen Lebens ausgedehnt worden, und sie werfen Rogers Naivität vor.

Neben den Anhängern der naturwissenschaftlichen und der phänomenologischen Richtung gibt es noch eine dritte Gruppe von Gesprächstherapeuten. Diese Therapeuten zeigen ein gesprächstherapeutisches Basisverhalten, integrieren aber zusätzlich in die Therapien Elemente aus anderen Therapieformen. Je nach Bedarf wird eine gestalttherapeutische Übung eingeschoben, werden Hausaufgaben aufgegeben oder eine Imaginationsübung ähnlich dem Katathymen Bilderleben aus der Verhaltenstherapie eingefügt. GT wird kombiniert mit Gestalttherapie, Rational-emotiver Therapie, Systematischer Desensibilisierung, Entspannungstechniken, Katathymem Bilderleben, Körpertherapie, Transaktionaler Analyse und so weiter. Phantasien und Träume werden einbezogen, wie es auch in der Psychoanalyse der Fall ist. Man hat den Eindruck, daß nach Meinung einiger Autoren nahezu alles mit Gesprächstherapie kombiniert werden kann und auch kombiniert wird.

Ausschließlich Gesprächstherapie wird nach Umfragen unter Gesprächstherapeuten nur noch mehr oder minder von Anfängern durchgeführt. Viele Gesprächstherapeuten haben eine Fortbildung in Verhaltenstherapie, Gestalttherapie oder in einer anderen Therapieform. Die meisten Gesprächstherapeuten meinen, daß sie mit der Integration von Elementen aus anderen Therapieformen keinerlei Schwierigkeiten hätten, auch wenn diese Vorgehensweise bei einigen wenigen Therapeuten umstritten ist. Es konnte jedoch inzwischen nachgewiesen werden, daß beispielsweise das Einfügen von Imaginationsübungen für einige Klienten nützlich ist.

Klienten werden nicht mehr nur in Einzelsitzungen therapiert, sondern eine Reihe von Therapeuten führt auch klientenzentrierte Gruppentherapien durch. Nach Ansicht dieser Therapeuten bietet eine Gruppe den Vorteil, daß soziales Lernen oder der Umgang mit anderen Menschen in Gruppen eher gelernt werden kann. Außerdem können Klienten anderen Klienten bei ihren Problemen weiterhelfen und erleben an anderen modellhaft Verhaltensweisen. Zusätzlich können mehr Klienten behandelt werden, wenn auch nicht alle Klienten für eine Gruppentherapie geeignet sind, beispielsweise bei zu starken Aggressionen oder sehr unsozialem Verhalten.

Teilweise wird Einzeltherapie mit Gruppentherapie kombiniert. Ob jedoch eine Einzeltherapie, eine Gruppentherapie oder eine Kombination die Methode der Wahl ist, dürfte nicht nur von dem Problem des Klienten, sondern auch von der Einstellung des Therapeuten zu Gruppentherapien, der Anzahl seiner Klienten generell, der Anzahl von Klienten mit ähnlichen Problemen und den Möglichkeiten einer Beratungsstelle abhängen.

Gesprächstherapie wird vor allem bei emotionalen Konflikten, bei Unsicherheit und Insuffizienzgefühlen angewandt. Menschen mit geringem Selbstwertgefühl sind in einer Gesprächstherapie gut aufgehoben, ebenso ängstliche und gehemmte Personen. Bei Phobien ist eine Gesprächstherapie grundsätzlich indiziert, es ist jedoch günstig, sie mit anderen Verfahren zu kombinieren. Ähnliches gilt für psychosomatische Erkrankungen.

Problematisch ist eine Gesprächstherapie bei Klienten, die von anderen geschickt werden und kaum bereit sind, sich mit sich selbst auseinanderzusetzen. Auch Klienten ohne Leidensdruck erweisen sich als kaum geeignet, ebenso wie Menschen, die Ratschläge, Rezepte und Handlungsanweisungen vom Therapeuten erwarten. Auch Alkohol- und Drogenabhängigen sowie Schizophrenen kann mit gesprächstherapeutischen Methoden kaum geholfen werden.

Im Gegensatz zu vielen anderen Therapieformen sind Klienten vor einer völlig falschen Behandlung durch den Therapeuten bei (organisierten) Gesprächstherapeuten relativ gut geschützt. Diese müssen sich nämlich verpflichten, sich gegenseitig laufend zu supervisieren. Sie müssen sich in Gruppen zusammenschließen, um über ihre Klienten, ihr eigenes Verhalten, den Verlauf der Therapie und so weiter zu sprechen. In diesen Gruppen sollen die Therapeuten ihr eigenes Verhalten – falls nötig – revidieren und sich auch fortbilden. Bereits während der Ausbildung müssen Gesprächstherapeuten an Selbsterfahrungsgruppen teilnehmen, unter anderem, um eigene Defizite zu erkennen und sich damit auseinanderzusetzen.

Obwohl die Gesprächspsychotherapie neben der Verhaltenstherapie die am meisten erforschte Therapieform darstellt, gibt es bei der Gesprächstherapie noch eine Reihe von offenen Fragen, die einer Klärung bedürfen. Allerdings sind das Probleme, die auch bei anderen Therapieformen auftreten, doch da die GT relativ gut erforscht ist, werden sie bei dieser Therapieform stärker diskutiert. Dies ist bei den meisten anderen Therapieformen nicht der Fall. Sie werden oft euphorisch als Allheilmittel gepriesen, ohne daß ihre

Effekte belegt sind. Folgende problematische Punkte sind bei der Gesprächstherapie (allerdings mit unterschiedlichem Ausmaß bei den verschiedenen Richtungen) zu verzeichnen:

Vernachlässigung bestimmter Bereiche
Einige Bereiche werden von der GT kaum berücksichtigt, beispielsweise das soziale Umfeld. Klienten dürfte mit kongruentem, wertschätzendem Therapeutenverhalten und einfühlsamem Verstehen recht wenig geholfen sein, wenn das eigentliche Problem am Arbeitsplatz liegt und die Verhältnisse am Arbeitsplatz den Klienten krank machen. Ebenso wenig wird die Sozialisation von Gefühlen berücksichtigt, obgleich Gefühle auch gelernt werden, ebenso der Umgang mit Gefühlen oder mit Streß.

Schwere und Dauer einer Störung werden nicht beachtet. Globale Untersuchungen über die Wirkung von GT sind wenig angemessen, da GT spezifisch, das heißt bei jedem Klienten anders angesichts seines Problems, seiner Lebensgeschichte, seiner Umwelt und so weiter wirkt. Differentielle Ansätze innerhalb der GT liegen kaum vor.

Die Integration von Elementen aus anderen Therapieformen könnte ein Indikator dafür sein, daß Therapeuten versuchen, diese Lücken zu schließen. Sie merken in der Berufspraxis nach einiger Zeit, daß nicht allen Klienten mit einem orthodoxen Therapiekonzept geholfen wird und beziehen deshalb andere Methoden ein.

Mögliche Wirkfaktoren
Neben spezifischen Wirkfaktoren (in der GT die drei Basisvariablen) sind bei jeder Therapie auch unspezifische Faktoren wirksam. Bisher ist unklar, welchen Anteil am Behandlungserfolg diese unspezifischen Faktoren haben. Der aus der Medizin bekannte Plazebo-Effekt dürfte auch bei der GT eine

große Rolle spielen. Auch Klienten einer Therapie haben den Eindruck, daß etwas mit ihnen geschieht, daß ein kompetenter Fachmann sie therapiert, daß ihr Leiden behoben wird. Allein dies dürfte zu einer Besserung führen. (Dieser Plazebo-Effekt könnte auch erklären, daß selbst Laien nach einer kurzen Schulung in GT Besserungen bei Klienten bewirken.)

Der Plazebo-Effekt kann durch Suggestion verstärkt werden. Viele Therapeuten geben ihren Klienten ein Merkblatt, in dem die Auswirkungen einer Therapie beschrieben sind. Auch Bekannte können etwas über die Effekte einer Therapie berichtet haben. Viele Klienten wissen bereits, welche Änderungen eine Therapie bewirken kann. Wenn diese Änderungen eintreten, hat vielleicht nur der Glaube wieder einmal Berge versetzt.

Ferner konditionieren Therapeuten das Verbalverhalten von Klienten und verstärken sie selektiv. So konnte bei einer Therapie von Rogers gezeigt werden, daß er sich keinesfalls gleichmäßig wertschätzend über den gesamten Zeitraum dem Klienten gegenüber verhielt. Er wandte sich dem Klienten verstärkt zu, wenn dieser sich in einer Richtung äußerte, die Unabhängigkeit und Selbständigkeit anzeigte. Möglicherweise greifen Therapeuten verstärkt Äußerungen von Klienten auf, die eine Besserung indizieren, so daß Klienten darauf konditioniert werden, immer mehr derartige Aussagen zu liefern. Doch auch lediglich konditioniertes Verbalverhalten könnte zu einer Änderung von Klienten führen, da sich langfristig ihr Selbstbild ändern kann. Zusätzlich kann von Therapeuten (unbewußt) angemessen empfundenes Verhalten selektiv verstärkt werden.

Indikation

Weitgehend ist noch unklar, bei welchen Störungen grundsätzlich eine GT indiziert ist und bei welchen nicht. Etwa ein

Drittel aller Klienten bricht eine begonnene Gesprächstherapie bereits nach kurzer Zeit wieder ab, weitere Klienten geben bei Befragungen an, daß ihnen nur in geringem Ausmaß geholfen wurde. (Es handelt sich bei diesen Befragungen in der Regel um orthodoxe Gesprächstherapien, ohne daß andere Therapieformen integriert wurden.) Dies ist ein deutlicher Hinweis auf die Unzulänglichkeit der GT bei einigen Problemen, auch wenn in manchen Fällen andere Faktoren zum Abbruch der Therapie geführt haben dürften. Die Annahme von Rogers, daß GT bei allen Klienten mit sämtlichen Störungen indiziert sei, ist also zurückzuweisen. Diese Annahme (Uniformitätsmythos) hat jahrelang eine Indikationsforschung behindert, und erst in den letzten Jahren setzt man sich verstärkt mit dieser Frage auseinander.

Auch die Kontraindikation von GT ist bisher nicht geklärt. Es besteht kein Grund zu der Annahme, daß GT nicht sogar bei einigen Klienten schädlich ist, ebenso wie bestimmte Medikamente für einige Personen schädlich sind. Beispielsweise könnten narzißtische Züge von Klienten gefördert werden: Wenn sich jemand immer als Mittelpunkt sieht und seine Probleme und sein Verhalten als außerordentlich wichtig betrachtet, kann dieser Zug durch einen geduldig zuhörenden Gesprächstherapeuten verstärkt werden.

Wenn grundsätzlich die Frage einer GT bei einem Klienten positiv beantwortet ist, muß weiterhin geklärt werden, wie sich der Therapeut bei diesen Klienten mit seinen spezifischen Problemen innerhalb der einzelnen Therapiesitzungen zu verhalten hat (adaptive Indikation). Soll der Therapeut beispielsweise eher den Klienten mit der Widersprüchlichkeit zwischen seinen Äußerungen und seiner Körperhaltung konfrontieren, soll er auf seine Körperhaltung eingehen oder auf seine Äußerungen?

Die Klärung dieser Indikationsfragen ist in erster Linie zum

Schutz der Klienten unbedingt notwendig, aber auch zum Schutz der Therapeuten. Auch für Therapeuten ist es bedrückend, wenn sie anscheinend als Therapeut versagen, obwohl tatsächlich eine Therapiemethode bei bestimmten Klienten und Problemen nicht geeignet ist.

Die Theorie von Rogers

Nachdem Rogers die GT entwickelt hatte, entwarf er später eine Theorie über die Funktionsweise des Menschen, die die Effekte der GT erklären soll. Diese Theorie wurde erst in den letzten Jahren genauer betrachtet; sie hat sich als nicht stringent und als defizitär erwiesen. Seit den sechziger Jahren wurde sie nicht weiterentwickelt. Viele Fragen bleiben offen, beispielsweise ob die Tendenz zur Selbstverwirklichung und Selbstaktualisierung ein angeborener Trieb ist. Man hat versucht, die Effekte der GT mit anderen Theorien zu erklären, beispielsweise mit Lerntheorien, aber diese Versuche sind insgesamt bisher auch nicht sehr überzeugend.

Klientenzentrierte Spiel- und Paartherapie

Obwohl die klientenzentrierte Gesprächstherapie recht schnell im Umgang mit Kindern eingesetzt wurde und Rogers selbst an einer Beratungsstelle für Kinder und Jugendliche arbeitete, als er die GT entwickelte, liegen bisher kaum Untersuchungen vor, die diesen Ansatz als für Kinder geeignet belegen. Ähnliches gilt für die GT mit Paaren. Aufgrund der Literatur kann sogar der Eindruck entstehen, als ob die GT lange Zeit als weniger geeignet für Paare betrachtet wurde.

Auch zur klientenzentrierten Gruppentherapie liegen bisher nur wenige Untersuchungen vor, wohl nicht zuletzt deshalb, weil dieser Ansatz erst in den letzten Jahren stärkere Verbreitung fand. Auffällig an der klientenzentrierten Gruppentherapie ist, daß die Gruppe anscheinend lediglich als Summe der Individuen betrachtet wird und quasi eine Summe von Einzeltherapien in einer Gruppe stattfindet. Gruppendynamische Prozesse werden nicht beachtet.

Es sind also noch viele Fragen offen. Bedauerlich ist, daß man sich in den letzten Jahren anscheinend immer weniger bemüht, Antworten darauf zu finden. Die Zahl der Veröffentlichungen und Forschungsarbeiten geht stark zurück, in vielen Veröffentlichungen findet sich nichts Neues. Neue Impulse sind kaum vorhanden, Neuentwicklungen erscheinen willkürlich. Eine einheitliche Gesprächstherapie gibt es nicht mehr, und manche meinen, sie befinde sich in einer Identitätskrise. Doch das trifft bei aller Kritik nicht zu. Auch wenn es zwei, drei verschiedene Richtungen innerhalb der Gesprächstherapie gibt – sie sind keinesfalls unvereinbar.

Dr. Frank Lasogga hat in Hamburg Psychologie studiert und eine Ausbildung in Gesprächstherapie (bei Tausch), Verhaltenstherapie und Psychologischer Methodenlehre. Er hat über angewandte Gruppendynamik habilitiert und arbeitet als Privatdozent an der Universität Dortmund.

(Der Beitrag ist in PSYCHOLOGIE HEUTE, Heft 8/86, erschienen)

Gestalttherapie ist mehr als Fritz Perls

Hunter Beaumont

In New Yorker Gestalttherapie-Kreisen gibt es die ebenso gängige wie falsche Vorstellung, daß sich die Gestalttherapie nach ihrer Entstehung wieder stark entwickelte und ihren Tiefpunkt erreichte, als sie nach Kalifornien („Westküsten-Schule“) kam. Nach der europäischen Version der Geschichte besann sie sich erst wieder auf ihre Ursprünge, als sie nach Europa und zu ihrem wahren Erbteil zurückkehrte – besudelt, aber nicht nutzlos geworden durch ihren amerikanischen Aufenthalt. Entsprechend dieser Vorstellung ist die europäische Gestalttherapie die authentische und voll entwickelte Richtung, die New Yorker Ausprägung („Ostküsten-Schule“) dagegen nicht so tief und reich, aber immer noch besser als die exhibitionistischen, oberflächlichen, billige Aufregung suchenden Plastik- und Genuß-Leute der „Westküsten-Schule“. Einige, ansonsten gute deutsche Darstellungen interpretieren die Geschichte der Gestalttherapie in dieser Weise, wenn auch ohne meine Übertreibungen. Zum Beispiel:

„Es lassen sich derzeit drei Strömungen der Gestalttherapie unterscheiden:

1. Der Westküstenstil mit Ausbildungsinstituten u.a. in Los Angeles und San Francisco ist an dem späten Arbeitsstil von Fritz Perls ausgerichtet und auf Einzelarbeit in der Gruppe zentriert. Er eignet sich eher für Selbsterfahrung und für die Therapie leichter Neurosen als für die

Behandlung ernsterer Störungen. Wichtige Vertreter sind J. Simkin und H.C. Naranjo.

2. *Der Ostküstenstil mit Ausbildungsinstituten u.a. in New York und Cleveland ist stärker analytisch orientiert. Er verwendet Gestalteinzel- und Gruppentherapie. Es herrscht insgesamt eine klinische Ausrichtung vor. Wichtige Vertreter sind L. Perls, J. From und P. Goodman. Eine Position zwischen diesen beiden Richtungen nehmen Erving und Miriam Polster ein, die ursprünglich am Cleveland Institut lehrten und jetzt in San Diego praktizieren.*
3. *Der europäische Stil, wie er am Fritz Perls Institut entwickelt wurde,. . . ist gruppenzentriert, bezieht Körperarbeit und kreative Medien ein und geht stärker als die amerikanischen Schulen auf die Europäischen Quellen. . . zurück. . ." (1).*

Wie in der nachfolgenden Diskussion klar werden wird, ist dieses Bild ungenau und irreführend. Sie werden vielleicht verstehen, daß ich bei der Lektüre des obigen Zitates den Atem anhalte, wenn ich Ihnen sage, daß ich ein Gestalttherapeut von der „Westküste" bin. Ich komme aus Kalifornien. Ich stimme zu, daß wirklich etwas auf dem Spiel steht, eine Sache von Bedeutung. Ich stimme auch zu, daß zum Teil ein Gestalttherapie-Stil angewandt wird, der mehr der „Selbsterfahrung" als der Behandlung ernsterer Probleme dient. Und ich stimme zu, daß es eine Gestalttherapie gibt, die integrativer Natur ist. Aber: Der Unterschied zwischen diesen Gestalttherapien ist nicht geographisch. Es handelt sich nicht um den Unterschied zwischen Westküste und Ostküste und nicht um den zwischen amerikanischer und europäischer Richtung. Eher ist es der Unterschied zwischen Ernsthaftigkeit und Oberflächlichkeit oder zwischen Ausgezeichnetem und Mittelmäßigem. Es geht um den Unterschied zwischen Gestalttherapie als einer Form von Erwachsenenunterhaltung und Gestalttherapie als einer ernsthaften und wirksamen psychotherapeutischen Methode.

Zusätzlich zum Gegensatzpaar Ernsthaftigkeit/Oberflächlichkeit gibt es eine andere Variable, die unterschiedliche Stile der Gestalttherapie bezeichnet: „harte" im Gegensatz zur „weichen" Gestalttherapie. Das bezieht sich auf den Grad, in dem Therapeuten konfrontieren oder manipulieren (der „harte" Stil) und auf das Ausmaß, in dem sie bereit sind, eine wirkliche Ich-Du-dialogische Beziehung mit ihrem Patienten aufzunehmen und eine gesunde Konfluenz, wie wir es nennen, zu nutzen.

Gestalttherapie wurde ursprünglich von Fritz und Laura Perls und Paul Goodman entwickelt. Andere haben eine wichtige Rolle gespielt, aber für unseren Zweck können wir unbedenklich diesen dreien die Rolle der Gründerväter und der Gründermutter zuschreiben.

Zum ersten Mal wurde Gestalttherapie als eigenständige psychotherapeutische Schule in der Veröffentlichung von „Gestalt Therapy: Excitement and Growth in the Human Personality" im Jahr 1951 durch Perls, Hefferline und Goodman vorgestellt (2).

Gestalttherapie ist integrativ. Sie ist eine Synthese aus einer erstaunlichen Vielfalt von Quellen. Ich kann hier nur die wichtigeren nennen: Psychoanalyse, wie sie von Freud, Rank, Reich, Renichel, Horney und Jung entwickelt wurde, Theater und moderner Tanz, die philosophischen Ideen von Tillich, Buber, Landauer, Friedländer, Whitehead, Dewey und Mead, Gestaltpsychologie, Körper- und Bewegungsarbeit von Feldenkrais, Alexander und Rolf, Sensory Awareness von Selvers, Elemente aus dem Zen und eine aufregende Mischung aus politischer Anarchie und sozialistischem Optimismus.

Über eine Eigenschaft verfügten alle drei Gründer: ihre Offenheit für neue Erfahrungen und ihre erstaunliche Fähigkeit zur Integration der verschiedensten Traditionen.

Die Zusammenarbeit der drei dauerte nicht lange. Fritz Perls verließ New York im Jahr 1955, Berichten zufolge war er körperlich krank und sehr bedrückt. Damit begann die letzte Phase seines Lebens. Damit begann auch das große Auseinanderdriften der therapeutischen Stile innerhalb der Gestalttherapie.

Perls war ein Mann, der in sich die extremsten Gegensätze vereinigte: Er war das verwöhnte Kind, das Aufmerksamkeit fordert und der weise alte Hexenmeister der Wege zum Wachstum. Als er im Esalen-Institut ankam, war er ein alter und müder Mann, nach der kalifornischen Version der Geschichte: ein Moses im Gelobten Land. Er litt oft körperliche Schmerzen und hatte ganz aufgehört zu therapieren, vielmehr konzentrierte er sich auf die Demonstration seiner Technik und Philosophie. Er nannte das seinen „Zirkus". Weil er fähig war, in sich enorme Polaritäten zu vereinen, war er ein wandelndes *double bind*. Er war zeitweise streitsüchtig, ungehobelt, ungeduldig, sarkastisch, sogar grausam, aber er hatte Wirkung. Er konnte aber auch sehr präsent sein, sehr „da" – auf eine Weise, die damals „neu" war. Seine Fähigkeit, die innere Person derjenigen, mit denen er arbeitete, zu erreichen, ist legendär. Er war schneller beim Kern einer Person als irgendein anderer Therapeut, der damals öffentlich arbeitete , half anderen zu sehen, wie sie sich verhielten, was sie tatsächlich taten, um die Symptome zu erzeugen, mit denen sie sich herumschlugen, und was wichtiger ist, wie sie das bißchen kostbare Freiheit wegwarfen, das wir Menschen haben. Fritz Perls' Zirkus gewann für die Gestalttherapie internationale Anerkennung.

Seine Lehrmethode war an der Erfahrung orientiert, nicht

an Theorie – noch einer der Widersprüche, die sich auf die Entwicklung der Gestalttherapie ausgewirkt haben. Er lehrte, indem er zeigte, und machte dadurch in seinen Workshops den Eindruck, „anti-intellektuell“ zu sein. Ich bin aber der Meinung, daß diese Verhaltensweise eher als ein ernsthafter Versuch verstanden werden kann, unterschiedliche Formen des Lernens zu erforschen – Formen, die für die therapeutische Aufgabe, Wandel zu erkennen, besser geeignet sind als nur das Verstehen von Verhalten. Dieser Glaube, daß *learning by doing* effektiver für psychotherapeutische Ziele ist als kognitiv-verbales Lernen, ist immer noch zentral für die Gestalttherapie. Die Frage ist also nicht, ob Fritz Perls intellektuell war oder nicht, sondern vielmehr, welche Art von Lernprozeß in der Psychotherapie am besten geeignet ist, um positive Veränderungen zu bewirken. Fritz Perls war ein Meister darin, Interventionen einzusetzen, die minimaler Interpretation bedurften und die die Chancen für den Patienten erhöhten, sich selbst zu entdecken. Berücksichtigt sollte auch werden, daß seine Schriften in dieser letzten Periode seines Lebens nicht versuchten, eine systematische Theorie zu entwickeln, sondern sie sollten vielmehr seine Ideen den Auszubildenden vermitteln.

Wie nach dem Tod jedes charismatischen Führers fiel seinen Nachfolgern die Aufgabe zu, sein Vermächtnis auf eine Art anzuwenden, die für sie Bedeutung hatte. Manche seiner Schüler versuchten, ihn nachzuahmen, und einige Jahre lang schien die Welt voller kleiner Fritz Perls zu sein, wie sie zuvor voller kleiner Freuds gewesen war. Es wurde schnell klar, daß die Techniken und Verhaltensweisen, die bei einem alten Mann mit fast fünfzig Jahren psychotherapeutischer Erfahrung akzeptabel, wirksam und echt waren, bei weniger erfahrenen und weniger begabten Therapeuten weder akzeptabel, noch wirksam, noch authentisch waren. Wir merkten, wie sehr sich Ausbildungs-Workshops und die normale psychotherapeutische Praxis unterschieden und welch ein unbedeutender Diagnostiker Fritz Perls war. Und langsam wurde offensichtlich, wie widersprüchlich seine Hinterlassenschaft war, das tiefe Auseinanderklaffen dessen, was sein Leben und was seine Lehren gewesen waren. Seine Arbeit eröffnete im günstigsten Fall die Hoffnung, den therapeutischen Prozeß zu beschleunigen, ohne den Patienten seiner Autonomie zu berauben. Sie war lebhaft, emotional, ausdrucksvoll und kreativ. In den Händen von unvorsichtigen Schülern entartete sie schlimmstenfalls in eine Art absurdes Theater – eine groteske Mimikri des Heilungsvorgangs. Er hatte seinen Nachfolgern nicht viel mitgegeben, womit sie sich vor den eigenen Übertreibungen schützen konnten. Denen, die ihn am engsten gekannt haben, blieb die Aufgabe, das Beste von ihm zu bewahren und auf die feinen Fallen und Verführungen zu achten, die er zurückgelassen hatte. Bereits als er noch lebte, hatte der große Prozeß des Fritz-Verdauens begonnen, noch als Toter fuhr er fort zu lehren: *Be yourself, find your own way.* Gestalttherapie ist mehr als Fritz Perls. Aber, wenn Gestalttherapie nicht mit Fritz Perls identisch ist, was ist sie dann?

Es war nun klargeworden, daß wirksame Gestalttherapie äußerst viel vom Therapeuten fordert – der mechanische Gebrauch der Technik ist nicht genug. Der Therapeut muß in der Lage sein, eine intensive und persönliche Beziehung aufrechtzuerhalten.

Wir beschäftigten uns auch sehr früh mit der Anwendung der Workshop-Grundlagen auf die Einzeltherapie, und ab etwa 1973 oder 1974 machten fast alle Therapeuten in unserer Gruppe in Los Angeles mehr Einzel- als Gruppentherapien. Wir fingen an, uns zunehmend auf den Ausbau einer Zusammenarbeit zwischen dem diagnostischen System der konventionellen Psychotherapie und der Gestalttherapie einzulassen, um so Zugang zu der klinischen Erfahrung anderer Disziplinen zu bekommen, ohne uns auf die abstumpfenden Aspekte davon einlassen zu müssen, den Leuten psychiatrische Etiketten aufzukleben. Wir begannen einen Dialog mit Klinikern, die mit Borderline-Syndromen und mit Charakterstörungen arbeiteten.

Laura Perls, Paul Goodman und die anderen Mitglieder des ursprünglichen Kreises waren in New York geblieben, nachdem Fritz Perls 1955 die Gruppe verlassen hatte, und sie entwickelten die Gestalttherapie in einer – zu Perls unterschiedlichen – Richtung weiter. Mehr als jedes andere scheint sich das New Yorker Institut an das Prinzip der Anarchie gehalten zu haben. In der Festschrift für Laura Perls schrieb ihr Daniel Rosenblatt diese Fähigkeit zu:

„Auch der besondere Charakter des New Yorker Instituts ist interessant. Die Struktur ist wirklich frei und anarchistisch, in einem Ausmaß, daß sich Mitglieder schon beklagt haben, die es stärker gegliedert, autoritärer, traditioneller haben wollten. Trotz dieses ständigen Drucks hält das New Yorker Institut seine einmal angenommene Organisationsform aufrecht (‚fixed Gestalt'), und sie wird keine Institution, die akademische Grade verteilt, keine Zeugnis-Mühle, kein enger, exklusiver Berufsverband. Das New Yorker Institut spiegelt auf vielfache Weise Lauras Persönlichkeit wider: großzügig, offen, nicht fordernd, annehmend, unterstützend. Für die eher traditionell Gesonnenen war das gelegentlich eine Plage."

Aber die Wurzeln des harten Stils der Gestalttherapie sind auch dort zu finden. Da war die intellektuelle Brillanz von Paul Goodman, sein „grenzenloser" Lebensstil und seine häufige Aggressivität und Härte im Umgang mit Menschen. Elliott Shapiro beschreibt die ersten Gruppensitzungen des

Instituts, an denen unter anderem Fritz und Laura Perls, Paul Goodman, Jim Simkin, Paul Weiz und Isadore From teilnahmen:

„Die Gründungsgruppe traf sich regelmäßig über zwei Jahre. Wir hämmerten aufeinander ein, wir hämmerten und hämmerten – jede Woche. Und es war das stärkste Hämmern, das man sich vorstellen kann. (Ein Arzt, der an einer Gruppensitzung teilnahm)... sagte, daß er niemals sonst Zeuge eines derart aggressiven und tiefgehenden Kampfes gewesen sei wie in diesen Gruppensitzungen. Niemand, wirklich niemand war zu irgendeiner Zeit sicher."

Dieses Aufeinanderhämmern ähnelt den Techniken, die um 1968 von den Synanon-Gruppen in der „Angriffs"-Therapie zur Behandlung von Drogensüchtigen angewandt wurden. Es entwickelte sich zu einem stilistischen Charakteristikum vieler bekannter Gestalttherapeuten, was die Gestalttherapie durcheinandergebracht hat, die Arbeit mit vielen Patientengruppen sehr schwierig gestaltete und der Gestalttherapie insgesamt den Ruf einbrachte, eine „harte" Therapie zu sein.

Doch nichts in der Theorie der Gestalttherapie verlangt diesen Stil. Im Gegenteil: Die Theorie setzt Vertrauen in die Heilungsmöglichkeiten des Patienten und verlangt vom Therapeuten die Fähigkeit und die Bereitschaft, in eine dialogische Beziehung zum Patienten zu treten. In der Gestalttherapie macht der Therapeut nicht etwas mit dem Patienten, sondern in einer dialogischen Beziehung beginnen sie zusammen, die Wünsche des Patienten, seine Hoffnungen, Werte, Träume zu klären. Gemeinsam werden sie sich bewußt, auf welche Weise sich der Patient daran hindert, diese Ziele zu erreichen.

Dieser Konflikt zwischen Theorie und Praxis ist der typische Konflikt, mit der sich die Gestalttherapie insgesamt herumschlagen muß. Fritz Perls selbst war alles andere als eindeutig, und die frühe Entwicklung der Gestalttherapie in der Gruppe, die am wenigsten von ihm direkt beeinflußt war, war ebenso widersprüchlich und uneindeutig. Aber trotz dieser Schwierigkeiten ist dies eine positive Inkonsistenz: Jeder, der Gestalttherapie lernen und praktizieren möchte, muß sich mit diesen Konflikten auseinandersetzen und seinen eigenen Standpunkt finden.

Ich habe die Geschichte der Gestalttherapie, wie ich sie sehe, umrissen, um zu zeigen, daß die sogenannte „Westküsten/Ostküsten"-Spannung weniger eine regionale Spaltung ist als vielmehr die Frage von Qualität oder Stil. Wir Gestalttherapeuten sind jetzt an einem Scheideweg. Wir müssen uns für die höchste Qualität oder für die Mittelmäßigkeit entscheiden. Wir können uns dafür entscheiden, das wichtige und wirksame Potential unserer therapeutischen Schule weiterzuentwickeln, oder wir können den Zirkus von Fritz Perls fortsetzen. Ich kann mir nicht vorstellen, wie beides möglich sein sollte.

In der amerikanischen Literatur gibt es derzeit eine große Diskussion, ob Gestalttherapie als eine eigenständige Schule überleben wird oder nicht. Auch in der deutschen Literatur scheint die Bedeutung dieser Frage indirekt auf: Das Problem, Gestalttherapie so zu definieren, daß sie von anderen Schulen unterscheidbar ist, findet große Aufmerksamkeit. Teilweise entspringt diese Sorge einer auf dem Gebiet der Psychotherapie ganz allgemeinen zentripetalen Bewegung: Alle Schulen drehen sich um einen einzigen Mittelpunkt – den Menschen. Und wenn wir uns um den Mittelpunkt drehen und ihm näherkommen, kommen wir auch näher zueinander.

Andererseits entsteht die Diskussion über die Zukunft der Gestalttherapie aus Themen, die für die Gestalttherapie spezifisch sind, aus ihrer Anfälligkeit gegen Mißbrauch und

Mißverständnis oder übermäßige Vereinfachung. Der gegenwärtige Stand der Dinge in der Gestalttherapie kann als Streben nach Vortrefflichkeit bezeichnet werden. Dieser Gedanke ist von Gary Yontef 1982 in seiner Rede vor der Amerikanischen Psychologengesellschaft geäußert worden. Natürlich macht eine solche Diskussion eine Definition des Vortrefflichen nötig. In der folgenden Darstellung habe ich vier Gebiete ausgewählt, um meine persönliche Vorstellung von Qualität in der Gestalttherapie zu erklären: Theorie und ihre schriftliche Darstellung, Klinische Praxis, Ausbildung und Ethik.

Qualität in Theorie und Literatur. Das Jahr 1978 stellt eine Schwelle für die Gestalttherapie dar. In diesem Jahr erschienen zwei Zeitschriften, die ausschließlich der Gestalttherapie gewidmet waren, *Integrative Therapie* in Deutschland und *The Gestalt Journal* in Amerika. Bis zu diesem Zeitpunkt war vieles in der Gestalttherapie von erfahrenen Therapeuten mit ihren Schülern in der mündlichen Tradition weiterentwickelt worden. Veröffentlichungen waren über verschiedene Zeitschriften und Bücher verstreut und oft schwer zu finden. Darüber hinaus hatte die Gestalttherapie Menschen angezogen, die keine ausgesprochene Begabung für das verbal disziplinierte Denken hatten, das für wissenschaftliche Kommunikation notwendig ist. Ihre Art zu schreiben war lebendig, verführerisch, bilderreich und poetisch, aber auch oft schlampig. Es gab einen Überfluß an einleitenden Texten, leicht und zu früh, zu optimistisch geschrieben. Die Entwicklung der mündlichen Tradition hält an, aber ein deutlich ansteigendes Interesse an genauerer Untersuchung dessen, was Gestalttherapie impliziert, ist ebenfalls offensichtlich. Endlich.

Die Stärke der Gestalttherapie sind ihre Erkenntnisse über den therapeutischen Prozeß. Weniger ausgearbeitet ist ihre

Persönlichkeitstheorie, und sie bietet keine Entwicklungstheorie. Aus diesem Grund muß ihre Literatur klinische Aspekte behandeln. Wir sind letztendlich am Therapieprozeß interessiert und daran, wie wir ihn fördern können. Bei der Erforschung der Quellen der Gestalttherapie sollten nicht deren Auswirkungen auf die Arbeit vergessen werden. Die Literatur muß integrativ bleiben und die Tradition fortsetzen, ein weites Spektrum von philosophischen, psychologischen und kreativen Traditionen zu einem kräftigen Gewebe zu verbinden.

Qualität in Theorie und Literatur erfordert, daß wir uns weder damit zufriedengeben, einen orthodoxen Standpunkt zu definieren, noch einen konstruierten Bezug zu anderen psychotherapeutischen Traditionen herzustellen, sondern daß wir viel mehr – um in der von Fritz Perls so geliebten Nahrungssprache zu bleiben – kauen, verdauen, aufnehmen, um damit auf diese Weise zu wachsen.

Qualität in der klinischen Praxis. In den Händen eines geschickten und erfahrenen Praktikers ist die Gestalttherapie eine sehr wirksame Psychotherapie. Sie ist anwendbar zur Behandlung von vielen Problemen (soziale oder Beziehungsprobleme, Neurosen, Charakterstörungen) und eignet sich gut für ein Modell des Wachstums. Wie ich schon oben angedeutet habe, bestand ein Problem darin, die in einer Ausbildungssituation erarbeiteten Grundlagen auf eine Patientengruppe anwenden zu lernen. Das hat oft die Entwicklung neuer Techniken nötig gemacht.

Ich habe schon Elliott Shapiros Beschreibung des Aufeinanderschlagens, das in den frühen Gruppen angewandt wurde, zitiert. Dies wurde ganz unkritisch in manche Formen der Gestalttherapie übernommen. Eine heftige Konfrontation kann in der Arbeit mit Drogensüchtigen nützlich sein, wo sie auch entwickelt wurde (obwohl ich mich sogar da frage, ob sie sinnvoll ist), und sie kann nützlich sein in der Arbeit mit stabilen Patienten in den Ausbildungsgruppen. Im Kontext einer normalen Praxis findet eine solche Technik nicht viel Anwendung. Sie paßt gut zu dem Guru-Trip von Fritz Perls, und sie gibt dem Therapeuten viel Macht. Sie zerstört aber auch einen sinnvollen dialogischen Kontakt. Glücklicherweise ist dieser „harte" Stil der Gestalttherapie am Verschwinden. Jetzt werden neue Gleichgewichte erzielt zwischen der Notwendigkeit der Konfrontation, der Anerkennung des Ich-Du-Dialogs und der entstehenden Gestalt. Einer der Faktoren, der zu dieser allgemeinen Entwicklung beiträgt, ist die Anerkennung der Scham als ein primärer menschlicher Prozeß. Scham ist mehr als das Gefühl des Sich-Schämens, sie ist die gesamte psycho-physische Antwort auf die Bloßstellung von Gefühlen und die psychologische Angst vor dem Verlassenwerden. Fritz Perls scheint dieses Phänomen nicht richtig eingeschätzt zu haben, wenn er das klinische Phänomen als Stillstand oder „Schicht des Todes" deutete, einer Version von Freuds Todestrieb. Er bemerkte eher die manipulativen Elemente des Prozesses und interpretierte oft entsprechend: „Sie spielen hilflos." Die fähigeren Gestalt-Kliniker haben immer die Notwendigkeit beachtet, der Phänomenologie der Erfahrung des Patienten genau nachzuspüren und von Zuwendung geprägte Präsenz und gesunde Konfluenz in der Arbeit mit diesen Vorgängen aufrechtzuerhalten. Manchmal ist die Hilflosigkeit wirklich und keineswegs ein Spiel.

Qualität in der Ausbildung. Isadore From schrieb, er habe ungefähr 15 Jahre gebraucht, um wirklich ein Gestalttherapeut zu werden. Ich glaube, er war schnell. Sowohl Laura Perls als auch Erving und Miriam Polster haben betont, daß nach Gestaltvorstellungen die Person des Therapeuten *das* Werkzeug der Therapie ist. Um dieses Werkzeug feinzuschleifen, um die makellose Disziplin zu entwickeln, die zur Aufrechterhaltung des dialogischen Kontextes nötig ist, braucht es Zeit und Hingabe. Das Problem jedes Ausbildungsinstituts ist es, die Studierenden mit einer Grundlage an Wissen und Fertigkeiten zu versorgen, mit denen sie ihre Arbeit beginnen können, und mit klaren Grundsätzen, die sie in ihrer weiteren Entwicklung leiten. Wie schützen wir während des Lernprozesses sowohl Studierende als auch Patienten?

In Deutschland müssen die Ausbildungsinstitute für die gesamte klinische Erfahrung sorgen, und das bedeutet für sie eine ungeheure Belastung. Die Institute bieten als Grundausbildung eine Kombination aus Theorie, experimenteller Gruppenarbeit, Supervision und eigener Therapie an, die drei bis fünf Jahre in Anspruch nimmt. Die meisten geben den Studenten Gelegenheit, Erfahrung auf entsprechenden Gebieten der Psychotherapie und der Körpertherapie zu gewinnen.

Es gibt derzeit in Deutschland und anderen europäischen Ländern das Interesse, Gestalttherapie als eine der anerkannten und „offiziellen" Therapien gemeinsam mit Psychoanalyse, Verhaltenstherapie und Klientenzentrierter Therapie zu etablieren. Für mich bedeutet dieses Interesse an offizieller Anerkennung für die Gestalttherapie ein fragwürdiges Glück. Denn dabei werden leider verschiedene Dinge miteinander vermischt, die besser auseinandergehalten werden sollten, denn alle sind von Bedeutung für die Ausbildung.

Ein Punkt ist die wachsende Zahl von Psychologen und Psychotherapeuten, deren Berufsstatus in Deutschland nicht anerkannt ist. Der zweite ist die wachsende Zahl von Menschen, die ihre psychotherapeutische Behandlung von den Krankenkassen bezahlt bekommen möchten. Noch gibt es kein Psychotherapeutengesetz, und das öffentliche Bewußtsein ist immer noch von medizinischen Sichtweisen und der Geschäftspraxis der Krankenkassen geprägt. Um unter diesen Umständen anerkannt zu werden, muß die Gestalttherapie jene Elemente betonen, die am meisten mit dem ,,medizinischen Modell" von Gesundheit und Krankheit und mit den (Erfolgs-)Erwartungen der Versicherungen übereinstimmen. Das ist durchaus möglich: Gestalttherapie hat sich als effektive Methode erwiesen und sollte als psychotherapeutische Möglichkeit von Patienten gewählt werden können. Aber die Notwendigkeit, die medizinischen Implikationen zu betonen, könnte für die Organisation der Ausbildung bedeuten, daß andere Elemente der Gestalttherapie, die ich selbst für besonders wichtig halte, vernachlässigt werden: die Kreativität, die Betonung der menschlichen Beziehungen, die Bemühung, Menchen von den schädlichen Wirkungen vieler sozialer Institutionen unabhängig zu machen. Ich wünsche mir, daß die Profession Psychologe/Psychotherapeut grundsätzlich anerkannt wird, und daß dann die Ausbildungsinstitute sich auf die Frage konzentrieren können: ,,Was macht einen guten Gestalttherapeuten aus?"

Die Neigung zu größeren, formeller organisierten und offiziell anerkannten Instituten hat eine weitere ungünstige Auswirkung: Dadurch wird das Lehrzeit-Modell in der Ausbildung eher entmutigt. Nach diesem Modell nimmt ein erfahrener Therapeut eine sehr begrenzte Zahl Studenten an und arbeitet mit ihnen über lange Jahre sehr eng zusammen. Dieses Modell wird zunehmend als eine Form der ,,Weiterbildung" akzeptiert. Ich sähe es gern, wenn es auch einen Platz innerhalb der offiziellen Ausbildungsformen bekäme.

Qualität der Ethik. Ich habe mich sehr gefreut, als ich eine Konferenz über ,,Ethik in der Gestalttherapie" angekündigt sah, die vom Fritz-Perls-Institut gefördert wurde. Ich finde, es gibt kein wichtigeres und kein gefährlicheres Thema. Die Gefahr besteht darin, daß ein Institut oder eine Gruppe von Leuten anfängt, anderen vorzuschreiben, was moralisch vertretbar ist und was nicht. Das widerspricht den Prinzipien der Gestalttherapie. Aber andererseits kann das Thema Moral nicht umgangen werden, denn alles therapeutische Handeln verwirklicht eine implizite Moral. Dabei meine ich nicht eine Zusammenstellung von Richtlinien und Vorschriften, sondern eher liebgewordene Vorstellungen über das Gute und Wünschenswerte. Wir kennen die Zukunft nicht. Wir wissen nicht wirklich, welcher Persönlichkeitstyp in Zukunft gebraucht werden wird. Wir wissen nicht, welche Anteile von Individualismus und von Gruppenzusammenhalt der Gesundheit der Welt am meisten nützen werden. Auf der einen Seite bestehen die Gefahren des neuen Narzißmus, der Unterwerfung unter das Lustprinzip mit der Folge der leichten Beeinflußbarkeit und Manipulierbarkeit durch Werbung und der politischen Machtlosigkeit der einsamen Stimme, die gegen Ungerechtigkeit anschreit. Auf der anderen Seite haben wir die Gefahr von zu viel Konformismus und des Verlustes des eigenen Selbst und der Autonomie. Aber wie sieht der Mittelweg aus? Genügt es, Patienten einfach zur Therapie zu nehmen oder sich als Patient der Behandlung zu unterwerfen, ohne daß wenigstens diese Punkte angesprochen werden?

Gestalttherapie hat darunter gelitten, daß das persönliche Wertesystem mancher Therapeuten mit dem Wertesystem der Therapie verwechselt wurde. Sexualität wurde manchmal auf ihre physische Seite reduziert, und manche Therapeuten getrauten sich nicht (oder waren unfähig), ihre spirituelle oder liebende Seite zu erforschen. Die Reaktion auf dem Konflikt, wegzugehen, sich zurückzuziehen, ärgerlich zu werden, ist manchmal fast zum Selbstzweck geworden, wie es in dem verrufenen Gestaltgebet heißt: „Du tust das Deine und ich das Meine... wenn wir zusammenkommen, ist das schön; wenn nicht, kann das nicht geändert werden."

Sicher sind das alles gute Möglichkeiten – manchmal. Aber es kann auch von Wert sein, nicht aufzugeben und sich durch den Schmerz und Ärger hindurchzukämpfen und zu einem Dialog zu kommen. Es kann von Wert sein, Impulse zu unterdrücken (nicht zu verdrängen), damit Wachstum möglich ist. Diese Werte sind manchmal verlorengegangen oder sind nicht hervorgehoben worden.

Es ist nicht möglich, Moral und Werte aus der Therapie zu streichen. Eher meine ich, liegt die Lösung sowohl für den Therapeuten als auch den Klienten darin, die Wertesysteme, die ihrer Interaktion zugrundeliegen, offenzulegen, damit sorgfältig zwischen den Werten unterschieden werden kann, die wirklich auf biologischen oder naturwissenschaftlichen Prozessen beruhen und denen, die aus der Geschichte oder einer Kultur entstanden sind, eine Figur mit Bedeutung gegen einen spezifischen Hintergrund. Mir scheint, daß Klarheit der Absicht und der Methode Voraussetzungen für die bestmögliche Moral in der Therapie sind. Sie wird eher dialogisch als polemisch sein, eher aus der Diskussion, dem Denken und Beobachten entstehen.

Ist das Ziel von Psychotherapie immer das Bekämpfen von Schmerzen, das Streben nach Glück? Wenn nicht, was dann? Ich sehe jetzt die Behandlung von Symptomen als eine sehr spezifische Untergruppe von Psychotherapie an. Sie hat einen sehr wichtigen, aber beschränkten Platz. Das andere Ziel ist die Zunahme der Bewußtheit, und zur Erlangung dieses Ziels gehört die Bereitschaft, emotionale Schmerzen und Leiden zu ertragen.

Gestalttherapie dient dem Bewußtsein, sie fördert das

Bewußtsein, indem sie beim Körper beginnt, beim bewußten Erleben der biologischen Grundlagen und der Sensationen des Lebendigseins; die Gestalttherapie bringt Bewußtsein nach außen, um mit anderen Wesen, die alle zusammen unsere Umwelt bilden, Kontakt aufzunehmen, sie bringt Bewußtsein in den Verstand mit der Folge, daß man neugierig wird auf das Verhalten und auf Systeme, die es erklären. Und sie bringt Bewußtsein in das Herz, in die Erforschung von Liebe und Bindung, um die archetypischen Verkörperungen des Sinns zu suchen und zu stärken, und sie bringt sie in die Welt der Seele. Moral erlaubt dem Therapeuten, dem Klienten zu folgen, wohin dieser führt, ohne Einwand.

Hunter Beaumont, PhD., ist Ausbilder am Gestalttherapy Institute of Los Angeles. Von 1979 bis 1982 hatte er eine Gastprofessur für Klinische Psychologie an der Ludwig-Maximilian-Universität in München.

Literatur

(1) Petzold, H.: Die Gestalttherapie von Fritz Perls, Laura Perls und Paul Goodman. In: Integrative Therapie 10. Jg. 1984, Heft 1/2, S. 36
(2) Deutsche Ausgabe: Gestalttherapie. Wiederbelebung des Selbst. Stuttgart 1979
(3) Rosenblatt, Daniel: „Introduction". In: The Gestalt Journal: Spring 1980, Bd. III, Nr. 1, S. 6
(4) Shapiro, E.: „A Conversation with Elliott Shapiro". In: The Gestalt Journal: Fall 1985, Bd. 8, Nr. 2, S. 14

(Der Beitrag ist in PSYCHOLOGIE HEUTE, Heft 7/86, erschienen)

Die Rational-emotive Therapie: Auf der Suche nach heißen Kognitionen

Dieter Schwartz

„Nicht die Dinge selbst beunruhigen die Menschen, sondern die Vorstellungen von den Dingen.“ (Epiktet, 1. Jhd. n. Chr.) Viele Veröffentlichungen zur rational-emotiven Therapie zitieren diesen Epiktet-Ausspruch. Mit Recht; denn das Zitat des größten Vertreters der stoischen Philosophie enthält in kaum zu übertreffender Kürze und Klarheit einen wesentlichen Teil der klinischen Theorie der rational-emotiven Psychotherapie: die sogenannte A-B-C-Theorie. Dieses auf Albert Ellis, den Begründer der rational-emotiven Therapie zurückgehende Schema besagt, daß nicht die Ereignisse unmittelbar kausal für emotionale Störungen oder psychische Probleme sind, wie es zum Beispiel die Reiz-Reaktions-Theorie der klassischen Verhaltenstherapie nahelegt. Vielmehr spielen die zwischen den Ereignissen (A für engl.: Activating events) und den psychischen Problemen (C für engl.: emotional Consequences) vermittelnden Kognitionen (B für engl.: Beliefs) die entscheidende Rolle. Nicht die Tatsache, daß ich von meinem Partner verlassen wurde (A), ist verantwortlich dafür, daß ich in tiefe Depressionen verfalle (C), sondern in hohem Maße die Bedeutungen (B), die ich diesem Ereignis zumesse. So könnte sich zum Beispiel ein Mann sagen: „Nun, wo meine Frau mich verlassen hat, werde ich nie wieder eine so befriedigende Partnerschaft haben können; denn ich bin zu alt oder zu wenig attraktiv, als daß sich in Zukunft jemand für mich interessieren könnte. Ein Leben alleine aber kann ich nicht ertragen. Das Leben hat keinen Sinn mehr für mich." Die Folge solcher Kognitionen wird aller Voraussicht nach sein, daß man in tiefe Verzweiflung verfällt und möglicherweise mit Selbstmordgedanken spielt.

Ist es aber möglich, sich bei einem bestimmten Ereignis weniger verzweifelt, weniger ängstlich, weniger wütend zu fühlen? Ist es zum Beispiel möglich, angesichts des Todes oder bei drohender Todesgefahr nicht panisch zu reagieren und sich anders zu verhalten? Wie kann man nicht fürchterlich Angst vor dem Tode haben? Die Antwort gibt uns ebenfalls Epiktet, wenn wir – was leider selten geschieht – das obige Zitat weiterlesen: „So ist zum Beispiel der Tod nichts Furchtbares – sonst hätte er auch dem Sokrates furchtbar erscheinen müssen, – sondern die Vorstellung, er sei etwas Furchtbares, das ist das Furchtbare." Die Haltung, die Sokrates an den Tag legte, als man ihm den Giftbecher überbrachte, ist seither immer wieder bewundert worden. Wie konnte ein Mensch in dieser Situation ruhig und gelassen bleiben, während seine nicht vom Tode bedrohten Schüler in tiefe Betrübnis verfielen?

Nicht umsonst verweist Epiktet auf den Tod Sokrates, auf dessen Haltung angesichts des Todes; denn damit war sozusagen der Beweis erbracht, daß ein Mensch – den Tod vor Augen – nicht zwangsläufig in emotionale Verwirrung geraten muß, und daß die Ereignisse als solche nicht verantwortlich dafür sein können, wie sich ein Mensch fühlt.

Nahezu drei Jahrzehnte hat sich nun das A-B-C-Schema in der Arbeit mit Klienten bewährt. Wenn Menschen psychische Probleme haben, so sind sie in der Regel im wörtlichen Sinne verwirrt. Das heißt, sie verstehen viele ihrer belastenden Emotionen und Verhaltensweisen nicht, haben buchstäblich den „Durchblick“ verloren und fühlen sich daher als Opfer der Verhältnisse. In vielen Fällen führt diese Verwirrung zur Entwicklung eines sekundären Symptoms: „Wenn ich mich immer wieder so selbstschädigend verhalte und ständig unter solchen massiven Ängsten, Depressionen leide (= emotionale und verhaltensmäßige Konsequenzen aus dem unverstandenen ersten ABC), so muß ich wohl verrückt sein oder werden“ (= irrtümlicher Erklärungsversuch am Punkt B im neuen, zweiten ABC). Als Folge des unverstandenen ersten ABC stellen sich dann sehr häufig neuerliche Ängste und Depressionen ein, die sogenannte Phrenophobie, die Angst verrückt zu werden, am Punkt C des sekundären ABC.

In meiner Arbeit mit Klienten erlebe ich immer wieder, daß bereits das Ordnen des „psychischen Materials“ wesentliche Erleichterung verschafft, indem die Klienten lernen, ihre Probleme im Sinne des ABC der rational-emotiven Therapie zu strukturieren. Allerdings erscheint das ABC-Schema in dieser Form zu sehr vereinfacht. Ellis und andere Autoren haben daher neuerdings das ABC der RET einer Erweiterung unterzogen.

Die rational-emotive Psychotherapie geht davon aus, daß der Mensch ein zielorientiertes Wesen ist. Die ihm im Leben begegnenden aktivierenden Ereignisse sieht er deshalb unter der Perspektive bestimmter allgemeiner oder spezifischer Ziele. In dieser Hinsicht besteht zwischen RET und der Individualpsychologie Alfred Adlers große Gemeinsamkeit.

Die Persönlichkeitstheorie der RET geht davon aus, daß Menschen im Kontext ihrer Lebenszielverwirklichung bestimmten aktivierenden Ereignissen (A’s) begegnen, die als hinderlich oder förderlich für diese Ziele eingeschätzt werden. A’s können gegenwärtige Umweltereignisse oder die eigenen Gedanken, Gefühle und Verhaltensweisen sein. Zu beachten ist, daß aktivierende Ereignisse praktisch immer mit B und C interagieren: Die Menschen verbinden ihre Ziele, Gedanken, Wünsche mit den aktivierenden Ereignissen. In gewissem Sinne sind sie daher selbst diese aktivierenden Ereignisse, ihre Umwelt sind sie. Menschen sind niemals nur Individuen, sondern in diesem Sinne tatsächlich soziale Wesen.

Hinter dieser Auffassung vom Menschen als sozialem Wesen steckt nicht ein vager Kulturoptimismus, sondern die Erkenntnis, daß der Mensch sich aufgrund seiner Wahrnehmungs- und Denktätigkeit nur als Individuum-in-der-Welt (Heidegger) begreifen kann. Umwelt – wie wir sie erleben – existiert in *der* Form nur für Menschen – (für andere Lebewesen ist sie völlig anders). Wir erleben unsere Umwelt (A) daher nicht ohne B und C: Wir sehen sie im Lichte unserer Überzeugungen (B's) und deren emotionalen Folgen (C's). Allerdings vernachlässigt unser Alltagskonzept diesen Gesichtspunkt sehr oft, wie folgende Gegenüberstellung zeigt:

Wie die Beispiele und die Abbildung (Alltagskonzept und RET-Konzept der Emotionen) zeigen, verkürzt das Alltagskonzept unsere Erkenntnismöglichkeiten um den entscheidenden Punkt B, der den Schlüssel zur Bewältigung psychischer Probleme darstellt. Die rational-emotive Psychotherapie ist daher hauptsächlich daran interessiert, diese B's (also unsere Überzeugungen) herauszufinden.

Unter dem Gesichtspunkt der Zielorientierung sind in der RET rationale Überzeugungen (= rB's für engl.: rational Beliefs) solche Kognitionen, Ideen oder Philosophien, die es dem Individuum ermöglichen, seine grundlegenden Ziele zu erreichen. Irrationale Überzeugungen (= iB's für engl.: irrational Beliefs) dagegen sind solche Kognitionen, Ideen oder Philosophien, die diesen Zielen entgegenstehen.

Kognitionen können grundsätzlich zwei Ebenen zugeordnet werden: der deskriptiven und der evaluativen (= werten-

Alltagskonzept	RET-Konzept
1. „Das hat mich fuchsteufelswild gemacht“	„Ich habe mich fuchsteufelswild gemacht, indem ich das Ereignis im Lichte meiner Überzeugungen sah“
2. „Das macht mir Angst“	„Ich mache mir Angst mit meinen ängstlichen Gedanken“
3. „Ich fühle mich schrecklich, also ist meine Situation schrecklich. Wäre die Situation nicht so schrecklich, würde ich mich nicht so schrecklich fühlen“	„Ich fühle mich schrecklich, weil ich die Situation als schrecklich beurteile. Wäre die Situation besser, könnte ich mich dennoch schrecklich fühlen, wenn ich nicht daran *glauben* würde, daß die Situation nicht schrecklich ist“

den) Ebene. Auf der deskriptiven Ebene nehmen Menschen wahr, was in der Welt passiert, einschließlich ihrer eigenen Gedanken, Gefühle und Handlungen. Dies sind die *kalten* Kognitionen. Auf der evaluativen Ebene bewerten Menschen diese Vorgänge. Handelt es sich dabei um Wünsche, Vorlieben oder Abneigungen, so sprechen wir von *warmen* Kognitionen. *Heiße* Kognitionen dagegen beinhalten absolutistische Forderungen nach Muß-Annahmen. Ein Beispiel soll diese Unterscheidungen verdeutlichen:

1. *Kalte Kognitionen* (= Wahrnehmungen). Beispiel: „Ich sehe, daß diese Menschen lachen.“

Alltagskonzept und RET-Konzept der Emotionen

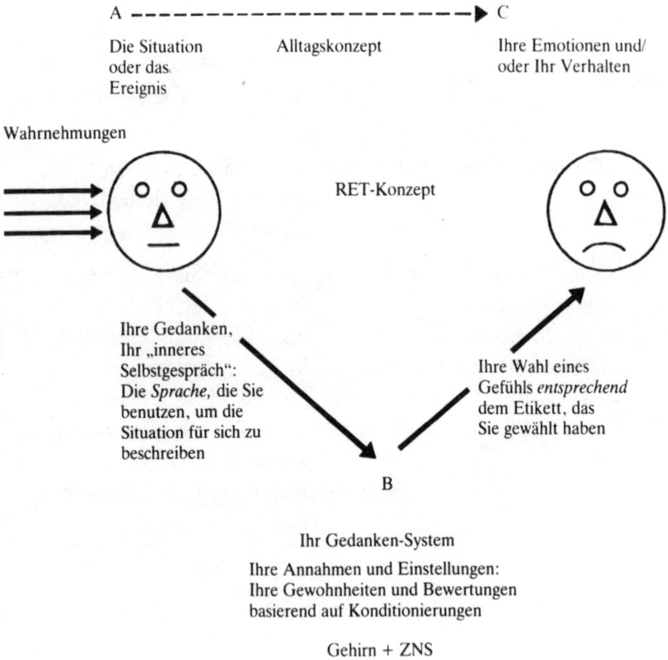

2. *Warme Kognitionen* in der Form *positiver* Bewertungen und Schlußfolgerungen. Beispiel: „Ich mag es, wenn Leute mich mögen. Diese Leute lachen ...“
   - „... sie lachen mich an.“
   - „... sie halten mich für lustig.“
   - „... sie mögen mich.“
   - „Ich mag ihr Lachen.“
   - „Daß sie mich mögen, bringt mir Vorteile, die ich sehr schätze.“

3. *Warme Kognitionen* in der Form *negativer* Bewertungen und Schlußfolgerungen. Beispiel: „Ich schätze es nicht, wenn Leute mich nicht mögen. Diese Leute lachen ..."
   - „... sie lachen über mich."
   - „... sie halten mich für dumm."
   - „... sie mögen mich nicht."
   - „Ich mag es nicht, wenn sie über mich lachen."
   - „Daß sie mich nicht schätzen, bringt mir Nachteile, die ich nicht mag."
4. *Heiße Kognitionen* oder irrationale Überzeugungen in der Form *positiv* getönter absolutistischer Wertungen und Schlußfolgerungen. Beispiel: „Weil diese Leute lachen und mich daher wahrscheinlich mögen und ich auf ihre Anerkennung und Wertschätzung absolut angewiesen bin ..."
   - „... bin ich einfach großartig." (Übergeneralisierung)
   - „... ist mein Leben total herrlich!" (Übergeneralisierung)
   - „... ist die Welt ein einziges Paradies." (Übergeneralisierung)
   - „Wo ich auftauche, werden die Leute gewiß immer lachen, und ich werde also immer großartig sein." (Gewißheit)
5. *Heiße Kognitionen* oder irrationale Überzeugungen in der Form *negativ* getönter absolutistischer Wertungen und Schlußfolgerungen. Beispiel: „Weil diese Leute über mich lachen und mich daher wahrscheinlich nicht mögen und weil ich von ihnen geschätzt werden *muß* ..."
   - „... tauge ich zu nichts." (Übergeneralisierung)
   - „... ist mein Leben völlig beschissen!" (Übergeneralisierung)
   - „... ist die Welt ein einziger Mist!" (Übergeneralisierung)

- „... werden sie immer über mich lachen und ich nichts taugen." (Gewißheit)
- „... es ist nur recht, daß mir nur schlechte und schlimme Dinge widerfahren." (Selbstverurteilung)
- „... verdiene ich es, in der Hölle zu schmoren." (Selbstbestrafung)

6. *Verbreitete kognitive Ableitungen aus negativen absolutistischen Überzeugungen.* Beispiel: „Weil ich erfolgreich handeln und von den Leuten geliebt werden *muß,* und weil sie über mich lachen, ist klar, daß ich erfolglos handelte und ihre Liebe verloren habe ..."
   - „Das ist eine Katastrophe!" (Katastrophendenken)
   - „Das kann ich nicht ertragen." (Niedrige Frustrationstoleranz)
   - „... bin ich eine wertlose Person." (Minderwertigkeitskomplex)
   - „... kann es nicht mehr besser werden." (Hoffnungslosigkeit)
   - „... verdiene ich Strafe und Leid." (Selbstverurteilung)

Die Folgen heißer Kognitionen sind „heiße Emotionen", das heißt belastende Gefühlszustände wie Depressionen, Ängste, Wut und Schuldgefühle. Sie stehen im Zentrum psychischer Störungen.

Ausgehend davon, daß die Menschen ihre Ängste, Depressionen, ihren Ärger und ihre Schuldgefühle selbst erzeugen, indem sie an selbstschädigenden heißen Kognitionen festhalten, besteht das therapeutische Ziel der rational-emotiven Therapie darin, diese Kognitionen bewußt zu machen und eine kognitive Umstrukturierung herbeizuführen. Hierbei hilft der RET-Therapeut, indem er sich verschiedener Methoden bedient: des sokratischen Dialogs, der rationalen Selbstanalyse und rational-emotiver Vorstellungsübungen.

Im *sokratischen Dialog* mit dem Klienten veranlaßt der rational-emotive Therapeut diesen, seine selbstschädigenden Annahmen zu hinterfragen und zu überprüfen, um so seine absolutistischen und magischen Glaubenssätze zu entlarven. Dazu beweist der Therapeut dem Klienten jedoch nicht, daß die zugrundeliegenden heißen Kognitionen rational sind, sondern er stellt dem Klienten Fragen und fordert ihn damit auf, sich selbst zu überprüfen. Die Vorgehensweise orientiert sich an den formalen Richtlinien des klassisch philosophischen Streitgesprächs, das seit der Antike als sokratischer Dialog bekannt ist. In diesem Prozeß kann der Klient von seinen zunächst partikularen irrationalen Ideen zu den generellen irrationalen Überzeugungen vorstoßen. Er erkennt, daß seine emotionalen Probleme und Verhaltensschwierigkeiten in scheinbar unverbunden nebeneinanderstehenden Bereichen ihren gemeinsamen Nenner in einer irrationalen Lebensphilosophie (basic philosophy) haben, die er ändern sollte, um in Zukunft weniger emotional gestört leben zu können. Das folgende Beispiel mag die Vorgehensweise des sokratischen Dialogs verdeutlichen:

Kl.: Ich bin einfach unfähig, mich hinzusetzen und mich ruhig vorzubereiten.
Th.: Was denken Sie in solchen Momenten?
Kl.: Daß ich es ja doch wieder nicht schaffe.
Th.: Was genau meinen Sie damit?
Kl.: Na, daß ich durch die Prüfung rassele.
Th.: Woher wissen Sie das?
Kl.: Wie soll ich ohne Vorbereitung die Prüfung bestehen?
Th.: Ja, wie hindern Sie sich daran, sich ruhig vorzubereiten?
Kl.: Hindern? Ich bin einfach zu nervös.
Th.: Was heißt nervös?
Kl.: Ich habe Angst. Ich kann an nichts anderes denken.

Th.: Angst wovor?
Kl.: Eben daß ich durchfalle ...
Th.: Nehmen Sie an, Sie fallen durch. Was dann?
Kl.: Das wär nicht auszudenken. Einfach schrecklich!
Th.: Was wäre daran schrecklich und nicht nur unangenehm?
Kl.: Na, dann könnte ich doch wirklich einpacken. Dann wäre es aus!
Th.: Sie meinen, es sei eine Katastrophe für einen Menschen, nicht zu studieren? Ihr Leben wäre ohne Studium schrecklich? Sie könnten keinen Spaß mehr am Leben haben?

Die *rationale Selbstanalyse (RSA)* vermittelt dem Klienten „intellektuelle Einsicht“ in den Zusammenhang zwischen seinen heißen Kognitionen und den daraus resultierenden emotionalen und verhaltensmäßigen Konsequenzen. Darüber hinaus leitet sie den Klienten an, den sokratischen Dialog in stark strukturierter Form mit sich selbst zu führen. Der Aufbau einer rationalen Selbstanalyse folgt dem A-B-C-D-E-Schema, das heißt, zunächst wird unter A das aktivierende Ereignis niedergeschrieben. Dann beschreibt der Klient unter C seine emotionalen und/oder verhaltensmäßigen Konsequenzen und wendet sich bei B seinem inneren Selbstgespräch zu. Nachdem unter E das Therapieziel festgelegt wurde, werden unter D die Annahmen bei B der rationalen Analyse unterzogen. Das folgende Beispiel zeigt eine kurze rationale Selbstanalyse:

A: „Ich machte bei der Arbeit einen Fehler. Mein Chef hat mich heftig kritisiert.“
B: „Immer mache ich alles falsch!“ „Ich finde es unerträglich, so kritisiert zu werden.“ „Es ist schrecklich, daß mir das passiert ist.“ „Ich bin eben ein Versager!“
C: „Fühle mich depressiv und minderwertig.“

D: „Manchmal mache ich Fehler wie alle Menschen." „Kritisiert zu werden kann unangenehm sein, es ist aber auszuhalten." „Es ist bedauerlich, daß ich diesen Fehler gemacht habe, aber keine Katastrophe!" „Ich habe gute und schlechte Eigenschaften. Ich habe einen Fehler gemacht, bin deswegen aber nicht insgesamt ein Versager."
E: „Mein Ziel: mich nur noch enttäuscht zu fühlen."

In der *rational-emotiven Vorstellungsübung* begibt sich der Klient in seiner Vorstellung möglichst lebhaft und anschaulich in die Situation, die bisher mit den unerwünschten emotionalen Konsequenzen verbunden war. Zugrunde liegt die neurophysiologische Hypothese, daß nicht nur reale Erfahrung, sondern auch die Vorstellung geeignet ist, neue Nervenbahnungen zu schaffen. Der mit den Vorstellungsübungen verbundene therapeutische Gewinn entspricht daher dem Nutzen, den ein Klient mit veränderter Praxis aufgrund neuer Einsichten erreichen kann. Die beschriebenen drei Hauptmethoden der RET werden in der Praxis durch eine Vielzahl weiterer emotiver, kognitiver und Verhaltenstechniken ergänzt.

Hat es die RET geschafft, sich einen Platz unter den bedeutenden Psychotherapieschulen zu sichern? Ja und nein. Die Situation in Deutschland und in den USA ist verschieden. In den USA gehört Albert Ellis zu den Psychotherapeuten, die den meisten Einfluß auf den gegenwärtigen Trend in der Psychotherapie haben. In einer Umfrage der angesehenen American Psychological Association (APA) unter Klinischen Psychologen nimmt Albert Ellis neben Carl Rogers den ersten Platz unter den zehn einflußreichsten Psychotherapeuten ein, mit Abstand weit vor Therapeuten wie Freud, Perls, Beck, Wolpe, Erickson.

Anders die Situation bei uns in Deutschland: Seit PSY-

CHOLOGIE HEUTE 1977 zum ersten Mal über die RET und Albert Ellis berichtete, hat sich hier viel getan: 1979 führte das New Yorker Institut für RET seine erste Ausbildung auf europäischem Boden durch. Die hierbei ausgebildeten ersten deutschen RET-Therapeuten entwickelten in der Folgezeit viele Aktivitäten; unter anderem wird seither die Fachzeitschrift RET-report herausgegeben. Die Ausbildung zu rational-emotiven Therapeuten kann nun an verschiedenen Institutionen in Deutschland erfolgen.

Dieter Schwartz studierte Jura und Psychologie in München und Würzburg. Er ist unter anderem als freier Psychotherapeut in eigener Praxis tätig und leitet Ausbildungskurse in seinem Würzburger Institut für rational-emotive Therapie. Ausbildung bei Albert Ellis, Richard Wessler, Ray DiGiuseppe u.a., Associate Fellow des Institute of rational-emotive Therapy/New York.

Literatur

Ellis, Albert: Übungen zum Erwachsenwerden. Psychologie heute, 1/1977

Ellis, Albert: Expanding the ABC's of Rational Emotive Therapy. 1984

Epiktet: Handbüchlein der Moral und Unterredungen. Stuttgart 1978

Keßler, B.H., Hoellen, Burkhard: Rational-emotive Therapie in der Klinischen Praxis. Weinheim u. Basel 1982

Schwartz, Dieter: Imaginationstechniken in der rational-emotiven Therapie. RET-report, 1/1980

Schwartz, Dieter: Die rational-emotive Therapie. In: Hockel, M., Feldhege, F.J. (Hrsg.): Handbuch der Angewandten Psychologie. Band III. Behandlung und Gesundheit. Landsberg 1981

Schwartz, Dieter: Gefühle erkennen und positiv beeinflussen. mvg- Verlag, 1986

Smith, Darell: Trends in Counseling and Psychotherapy. In: American Psychologist, 7/1982

Wales, S.R., DiGiuseppe, R., Wessler, R.L.: RET–Training. München 1982

(Der Beitrag ist in PSYCHOLOGIE HEUTE, Heft 2/86 erschienen)

Die paradoxe Intervention in der Familientherapie

Ein Gespräch mit Mara Selvini Palazzoli

Seit Mara Selvini Palazzoli und ihre Mitarbeiter vom *Centro per lo Studio della Famiglia* Mitte der siebziger Jahre ihr Buch *Paradosso e Contraparadosso* (deutsch: Paradoxon und Gegenparadoxon, 1977) veröffentlichten, genießt ihr Mailänder Institut im Kreis von Familientherapeuten einen geradezu legendären Ruf. Ihre phantasievollen, paradoxen, häufig schockierenden Interventionen werden bewundert und kopiert. In Italien scheint sie den Ruf einer „Magierin" der Familientherapie zu genießen. Diesen Ruf setzt sie gelegentlich als Therapeutikum ein: indem sie ihre Unfähigkeit erklärt. Auf diese Weise zerstört sie den Mythos der Familie – insbesondere der Eltern – von der Existenz eines „allwissenden und allmächtigen" Therapeuten.

Psychoanalytisch orientierte Therapeuten stehen Theorie, Technik und Erfolgen des Mailänder Teams eher skeptisch gegenüber; bemängelt wird unter anderem das Fehlen methodisch zuverlässiger Nachuntersuchungen. Allerdings interessieren sich auch in Deutschland Familientherapeuten zunehmend für die Techniken des Mailänder Instituts; so etwa die Gruppe um Helm Stierlin an der Heidelberger Psychosomatischen Klinik.

Natürlich hat Selvini Palazzoli die Technik der paradoxen Intervention nicht erfunden: sie bezieht sich in Theorie, Methodik und Technik auf Systemtheorie, Kommunikationstheorie und Kybernetik – verbunden mit Namen wie

Gregory Bateson, Jay Haley, Don Jackson und Paul Watzlawick. Bateson ist für Selvini Palazzoli der „Genius maximus der Humanwissenschaften". Seine Bücher sind für sie Texte meditativer Versenkung: *„Steps to an Ecology of Mind* ist kein Buch, das man einfach liest – man muß es lesen und lesen und nochmals lesen und darüber meditieren, meditieren, meditieren und es wieder lesen – vielleicht hundertmal." Das, was sie über Bateson sagt, trifft durchaus auch für sie selbst zu – daß Bateson nämlich eine geradezu „mystische Intuition" dafür besitze, wie „zirkulär" das Leben sei. Über viele ihrer Kollegen denkt sie freilich weniger schmeichelhaft: das sind entweder Leute, die keine Ahnung von systemischer „Zirkularität" haben, die Mentalität von Sozialarbeitern besitzen – oder schlicht zu viel reden.

„Zirkularität" ist denn auch der zentrale Begriff ihres Denkens – und zugleich das Zauberwort, das „Sesam öffne dich" ihrer therapeutischen Interventionen. Die Betonung der kreisförmigen Abläufe innerhalb des Familiensystems – entgegen der „linearen Interpunktion" durch die Familienmitglieder, nach dem Motto „du bist krank – wir sind gesund" – ist zugleich auch das Kernstück ihrer paradoxen Interventionen. „Entweder sind alle krank – oder keiner ist krank" – mit dieser *zirkulären* Zuschreibung konfrontiert und provoziert Selvini Palazzoli die Familie. Dies ist die „paradoxe" Grundhaltung, mit der sie der Familie gegenübertritt.

Psychologie Heute: In „Paradoxon und Gegenparadoxon" haben Sie Ihr kybernetisches Modell der Familientherapie beschrieben. Wie haben sich Ihre Grundauffassungen seitdem verändert?

Selvini: Was sich in den vergangenen Jahren verändert hat, ist nicht das theoretische Modell, sondern die Methodik, mit der wir Familien behandeln. Unser geistiger Mentor ist und bleibt Gregory Bateson, und in den letzten Jahren ist der französische Soziologe Edgar Morin hinzugekommen. Morin hat den Begriff der „organisierten Komplexität" geprägt, den ich mittlerweile dem Begriff „System" vorziehe – denn jedermann spricht von Systemen, aber niemand, mich eingeschlossen, hat wirklich verstanden, was „System" eigentlich bedeutet.

In der Familientherapie und in unserer Arbeit mit großen Organisationen versuchen wir, uns dem Begriff der organisierten Komplexität anzunähern. Ordnung und Unordnung sind „organisierte Komplexität", und wir bemühen uns täglich, besser zu verstehen, was das bedeutet. Dabei bin ich überzeugt, daß dieser Versuch ewig währen wird, denn organisierte Komplexität ist zu komplex, um von uns verstanden zu werden. Das einzige, was wir tun können, ist, bescheiden und mit sehr, sehr kleinen Schritten zufrieden zu sein.

PH: Und was hat sich nun an Ihrem praktischen Vorgehen geändert?

Selvini: Früher haben wir jeweils am Ende der Sitzung eine paradoxe Intervention durchgeführt. Jetzt versuchen wir, dies durch drei andere Schritte zu ersetzen. Der erste betrifft die Art und Weise, in der wir die Sitzung leiten, um so viel wichtige Informationen wie möglich zu erhalten. Der zweite Schritt ist: Nachdem wir wichtige Informationen gewonnen haben, unternehmen wir, in der gleichen Sitzung oder einer der folgenden, eine paradoxe Intervention: Wir stellen alle Kinder auf eine Ebene und bestreiten, daß es einen identifizierten Patienten („den Kranken") gibt.

Dann bitten wir die Familie, die Kinder zur nächsten Sitzung zu Hause zu lassen, und geben, als drittes, den Eltern eine „Verschreibung", einen Auftrag. Unsere Verschreibungen haben zwei Ziele: Erstens sollen sie den Eltern bestimmte

Informationen geben, zweitens sollen sie die Familie in eine Situation bringen, in der sie vollständig neue Erfahrungen macht.

Dabei wird nichts erklärt – nichts, aber auch gar nichts. Wichtig ist ausschließlich der „analoge", also der nichtsprachliche und implizite Teil der Kommunikation. Wir haben in unserem abendländischen Denken die fixe Idee, daß eine gute Erklärung so wichtig ist, aber sie bedeutet nichts, wirklich nichts. Die verbale Erklärung ist keine Therapie.

Mit dem Typ von Verschreibung, den wir seit einiger Zeit benutzen – ich nenne ihn „Metatherapie" – überspringen wir gewissermaßen Probleme wie die „geheime Koalition", das „familiale Dreieck" und so weiter. Es ist gar nicht nötig, dies alles zu verstehen. Wir überspringen es also und vereinbaren mit den Eltern ein „Geheimnis".

PH: Wie geht das im einzelnen vor sich?

Selvini: Wir führen die Sitzung jetzt also nur noch mit den Eltern durch und tragen ihnen auf, den Verlauf geheimzuhalten. Die Mutter und der Vater kommen in die Sitzung als *Eltern* und verlassen sie als *Paar.* Wenn das Paar nach Hause kommt und die Kinder fragen: „Was war los in der Therapie?" – dann antwortet es: „Nichts, das ist ein Geheimnis zwischen uns und dem Therapeuten." Das bedeutet, wir schließen mit den Eltern einen Vertrag, durch den wir ein neues Organisationsschema der Familie schaffen: Die Therapeuten sind die Präsidenten, die Eltern sind die Direktoren, und die Kinder spielen keine Rolle. Denn die Kinder sind raus aus der Therapie.

Zugleich sind sie aber auch „drin", weil die Eltern sich verändern. Sie verändern sich durch die Verschreibung. Wichtig ist, daß die Eltern sich an den Geheimhaltungsauftrag halten und nichts von dem erzählen, was in der Therapie zwischen ihnen und dem Therapeuten vorgefallen ist. Sie verlassen zum Beispiel das Haus für einige Tage, ohne zu sagen, wohin sie gehen – weder dem designierten Patienten noch den anderen Kindern, den Großeltern oder sonst jemandem. Beispielweise verschwinden die Eltern für vier Tage und lassen – damit die Kinder nicht bei der Polizei oder im Krankenhaus anrufen – lediglich einen Zettel zurück: „Wir sind für vier Tage weg". Mehr nicht.

Die Eltern folgen also einfach der Verschreibung; aber sie verändern sich aufgrund der Tatsache, daß während der Therapie sehr, sehr viel auf einer analogen Ebene geschieht. So erhalten die Kinder bedeutsame Informationen ausschließlich durch das Verhalten der Eltern, nicht durch sprachliche Mitteilung. Verbalisierung ist der falsche Teil der Therapie.

PH: Das ist wirklich eine radikale Perspektive.

Selvini: Wir stecken furchtbar tief in einer Kultur, in der nur Worte von Bedeutung sind. Wir müssen unseren Kopf verändern, wenn wir Familientherapeut werden wollen. Wir machen so viele Fehler mit Worten. Wir quatschen zu viel, wir erklären zu viel. Ich bin oft verzweifelt, denn sehr viele Familien leiden, viele magersüchtige Patienten sterben deshalb.

PH: Sie sprachen von den Informationen, die Sie für Ihre Arbeit brauchen. Welche Art von Informationen interessiert Sie? Paul Watzlawick zum Beispiel ist nur an Beobachtungen interessiert, nicht an innerpsychischen Prozessen. Gefühle etwa sind für ihn eine *black box.* Sein Kollege Jay Haley hat aber sehr klar auf ein Problem hingewiesen: Als Therapeut kann ich mich nicht mit der Beobachtung zufriedengeben, ob zum Beispiel der Ehemann oder die Ehefrau die Socken aufhebt. Als Therapeut muß ich mich vielmehr mit der *Bedeutung* des Problems beschäftigen. Wenn ich mich aber für die Bedeutung, etwa in der Beziehung der beiden, interessiere, muß ich mich auch für den innerpsychischen

Aspekt des Problems interessieren. Was meinen Sie also, wenn Sie von Tatsachen oder Beobachtungen sprechen?

Selvini: Nein, nein, wir beobachten nicht, wir stimulieren. Unsere Art, eine Therapiesitzung zu leiten, ist völlig anders als bei allen anderen Familientherapeuten. Bei uns ist es beispielsweise strikt verboten, daß die Familienmitglieder während der Sitzung miteinander sprechen. Aber dieses Verbot wird nicht sprachlich ausgedrückt, sondern analog kommuniziert. Bei der Therapie, die Sie gestern zusammen mit mir verfolgt haben, hat meine Kollegin Dr. Prata die Sitzung begonnen, indem sie Fragen stellte. Die Familie hat sofort verstanden, daß der Therapeut der Mittelpunkt der Therapie ist. Nur der Therapeut ist befugt, jemanden zu fragen, zu unterbrechen, ein anderes Familienmitglied zu fragen und es zu unterbrechen und so weiter. Wenn ein Mitglied der Familie fragte: „Könnte ich etwas sagen?“, antwortete Dr. Prata: „Nein.“

Manchmal erlauben wir so etwas, um eine rigide Situation zu vermeiden, oder wenn wir den Eindruck haben, durch diesen Verstoß gegen unsere eigenen Regeln wichtige Informationen zu erhalten. Aber: Der Therapeut ist der Mittelpunkt.

Zu Beginn der Therapiestunde hat er einige Hypothesen vorbereitet. Er eröffnet die Sitzung, indem er Fragen stellt, um seine Hypothese zu testen. Dabei kann ich sofort sehen, ob ein Therapeut eine Hypothese hat oder nicht. Hat er keine, wird das sofort klar: Die Therapie wird dann nämlich nicht vom Therapeuten, sondern von der Familie geleitet.

Wir gewinnen Informationen, wie gesagt, ganz anders als andere Therapierichtungen. Nehmen Sie etwa das „Tratschen in Gegenwart der Betroffenen“. Wir fragen zum Beispiel ein Kind: „Wie siehst Du die Beziehung zwischen Deiner Mutter und Deinem Bruder?“ Ihm steht es frei, seine Gedanken darüber auszusprechen, denn es ist nicht selbst Teil des Problems. Zugleich erhalten wir jedoch ein deutliches – analoges – Feedback durch die Reaktionen von Mutter und Bruder auf die Äußerungen des unbeteiligten Kindes. Sie können wütend sein oder glücklich, sie können lächeln und so weiter. Entscheidend ist: Ich interpretiere nicht, ob sie traurig oder glücklich sind. Sie *zeigen* es. Ich weiß nicht, ob diese Gefühle „wirklich" sind oder nicht. Darum geht es auch gar nicht, wir wollen durch diese Stimulierung an einen Punkt kommen, an dem wir das „Spiel" der Familie zu verstehen beginnen.

PH: Wenn Paul Watzlawick betont, daß er – aus systemischer Sicht – nicht an *Bedeutungen,* sondern nur an *Beobachtungen* interessiert ist, so scheint mir das aber therapeutisch keine sinnvolle Aussage zu sein. Wirklich beobachten können wir beispielsweise, daß eine Person das Gesicht verzieht. Interessant ist nun aber doch, was diese Reaktion bedeutet. Können wir uns also überhaupt auf Beobachtung beschränken? Müssen wir uns nicht um die Bedeutung kümmern?

Selvini: Ja, aber um die Bedeutung des interaktiven Verhaltens, des Spiels der Eltern, des Verhaltens der Kinder, die in das Spiel der Eltern verwickelt sind – also stets zirkulär, nie linear. Die Schwierigkeit ist, herauszufinden, was das Verhalten innerhalb der „organisierten Komplexität" bedeutet. Wenn ich mir statt dessen den Kopf zermartere, *warum* etwa der arme Vater deprimiert ist und leidet, dann ist alles zu Ende. Dann kann ich aufhören, Familientherapie zu betreiben, und sollte lieber Schuhe verkaufen.

PH: Man könnte also sagen: Unter der Perspektive des Individuums oder der Zweierkonstellation betrachten Sie den Patienten als *black box,* nicht aber aus der interaktiven Perspektive. Sie fragen danach, was das Verhalten des einzelnen in der Aktion, im familialen Spiel bedeutet.

Selvini: Ja. Außerdem geht es dabei auch noch um Personen, die gar nicht zugegen sind. Die einzige Möglichkeit, überhaupt eine wirklich dyadische Situation zu schaffen, wäre, eine schwangere Frau mit einem Fallschirm über einer unbewohnten Insel abzuwerfen. In der Realität gibt es aber immer die anderen. In jeder Kommunikation einer Mutter mit ihrem Kind definiert diese zum Beispiel die Beziehung zum Kind, zu ihrem Mann, zu ihrer Schwiegermutter, zu ihrer Schwägerin und so weiter. Eine einzige Äußerung kann sechs, sieben, acht oder mehr Beziehungsdefinitionen enthalten.

Nehmen wir an, die Mutter geht am Morgen in das Zimmer ihres Kindes und sagt: Es ist sieben Uhr. Damit kann sie auf der analogen, nicht-sprachlichen Ebene eine Reihe von Beziehungen definieren. So kann sie mit diesem Satz etwa sagen: Du und Dein Vater, Ihr seid zwei Faulpelze; immer bin ich es, die Euch wecken muß. In einem anderen Ton gesagt, kann der Satz bedeuten: Dein Vater und ich stimmen darin überein, daß jetzt die richtige Zeit zum Aufstehen ist. Oder der Satz kann bedeuten: Ich habe Dich, wie Du es gewünscht hast, um sieben Uhr geweckt. Stets handelt es sich um ein und denselben Satz, seine Bedeutung erhält er erst durch den spezifischen Beziehungskontext der Familie.

PH: Um auf diesem Punkt zu beharren: Wir haben gemeinsam den Fall gesehen, bei dem Sie von der Familie erfahren – nicht beobachtet haben: Die Ehefrau hat ein Symptom entwickelt, das Sie, Frau Selvini, als Waschzwang bezeichnen. Können Sie eigentlich etwas über die *systemische* Bedeutung dieses Waschzwanges sagen, ohne auch über die *individuelle* Bedeutung zu sprechen?

Selvini: Vergessen Sie für immer den Begriff „Bedeutung“, und ersetzen Sie ihn durch „Effekt“. Fragen Sie: Was ist die Wirkung dieses Waschzwangs? Sie werden sich wahrscheinlich – psychoanalytisch geschult – die Frage stellen, was diese Frau in ihrer individuellen Entwicklungsgeschichte dazu gebracht hat, soviel zu waschen. Aber das ist genau die Art zu denken, die wir überwinden müssen. Wir müssen diesen Sprung machen, um auf anderer Ebene fragen zu können: Was ist der Effekt des Waschens? Wenn Sie das tun, sehen Sie: Die Schwägerin kann nicht in die Wohnung des Ehepaares kommen (weil sie – nach Überzeugung der Patientin – voller Krankheitserreger steckt); der Ehemann (er ist Lehrer) muß sofort nach der Schule nach Hause kommen, um das schmutzige Geschirr abzuwaschen, denn die Ehefrau ist völlig durch ihren Waschzwang gelähmt und vereinnahmt. Das ist das eigentlich Interessante. Bei der Bedeutung handelt es sich nur um *Hypothesen,* beobachtbar dagegen sind die Effekte – beobachtbar durch Sie, durch mich, durch Kollegen, durch unsere Sekretärin und so weiter. Die Effekte sind eindeutig identifizierbar durch jedermann. Also: Vergessen Sie die Bedeutung!

PH: Ich fürchte, daß wir beide unter Beobachtung etwas Unterschiedliches verstehen. Bei der Beobachtung im naturwissenschaftlichen Sinn nehmen Sie ein Metermaß, messen einen Gegenstand und sagen, er ist soundsoviel Zentimeter lang. Normalerweise wird über die gemessene Länge zwischen verschiedenen Leuten relativ große Übereinstimmung bestehen. In einer Therapiesitzung sind andererseits aber die Dinge, die Sie in diesem naturwissenschaftlichen Sinn beobachten, relativ unwichtig. Sie können verläßlich feststellen, wie die Familie dasitzt, welche Gesten die einzelnen machen. Entscheidend daran ist aber doch die subjektive Bedeutung dieses Verhaltens.

Selvini: Können Sie bitte einmal den Begriff Bedeutung definieren?

PH: Bedeutung ist für mich der symbolische Kontext, in

dem eine bestimmte Handlung steht und durch den wir sie überhaupt erst verstehen können. Nur in diesem Kontext werden die in der Therapie beobachtbaren Wirkungen bedeutungsvoll. Im Fall des Waschzwangs ist es beispielsweise bedeutungslos, ob die Ehefrau rote oder schwarze Haare hat, aber von Bedeutung ist, daß sie den Kampf gegen den Ehemann gewinnen will – oder daß sie glaubt, diesen Kampf bereits verloren zu haben. Aber das können wir nicht in einem naturwissenschaftlichen Sinn beobachten. Wir müssen es verstehen, *interpretieren,* daß die Frau den Kampf gewinnen will und daß sie Angst hat, ihn zu verlieren.

Selvini: Meinen Studenten erzähle ich häufig ein Beispiel: Eine Frau heiratet einen äußerst pedantischen Mann, der darüber hinaus auch noch sehr langweilig ist. Wenn der Mann nach Hause kommt, muß der Tisch gedeckt sein, alles muß fertig sein, und die Frau ist sehr gehorsam. Nach einiger Zeit fängt sie an zu waschen, zu waschen, zu waschen ... Und wenn der Mann zurückkommt, ist nichts fertig, weil die Frau einen schlimmen Waschzwang entwickelt hat. Was daran interessant ist, ist ausschließlich das Ergebnis: Früher wollte der Ehemann, daß alles fertig ist, jetzt muß er alles selber machen.

PH: Warum, glauben Sie, entwickelt die Frau dieses Symptom? Warum geht sie nicht her und sagt ihrem Mann: Ich habe keine Lust mehr, Dein Verhalten länger zu ertragen?

Selvini: Ja, das ist genau das Problem. Aber dieser Weg ist nur möglich in Familien mit anderen Verhaltensregeln. In meiner Familie gibt es zum Beispiel keine Tabus, meine Tochter und ich sprechen klar miteinander. Wenn sie etwa sagt: Du bist langweilig, Du gehst mir wirklich auf die Nerven – dann fühle ich mich nicht gekränkt. Aber in den Familien, die zu uns in Behandlung kommen, ist das nicht möglich. Die Mutter klagt: Wie könnt Ihr es wagen, Eure Mutter nicht zu respektieren, bla, bla, bla ... In solchen Familien ist es notwendig, daß ein Kind zu der Mutter sagt: Es ist nicht meine Schuld, daß ich nicht esse, ich kann nicht essen. *Ich-kann-nicht.*

Es gibt etwas, das Krankheit genannt wird. Doch für den Bereich menschlichen Verhaltens ist das medizinische Modell völlig falsch; so etwas wie geistige Krankheit gibt es nicht. Wohl aber gibt es Systeme mit Regeln, die so dysfunktional sind, daß unter bestimmten Umständen ein Mitglied der Familie ein bestimmtes Verhalten zeigen muß.

PH: Wir haben gestern zusammen eine Familie gesehen, bei der Sie sagten, daß eines der Kinder ein schizophrenes Verhalten zeigt. Nehmen wir an, dieser Sohn würde die Familie verlassen und sich so dem „Spiel“ entziehen: Würde er sein schizophrenes Verhalten nicht auch weiterhin zeigen?

Selvini: Ja, ganz sicher würde er dieses Verhalten immer zeigen. In dieser Familie ist die Bindung so stark und unverrückbar, daß es gleichgültig ist, ob der Sohn inner- oder außerhalb der Familie lebt. Der schizophrene Patient verläßt die Familie niemals, auch wenn er sich zwanzig oder dreißig Jahre im Krankenhaus aufhält.

PH: Sie sagten vorhin, auch Ihrer Sekretärin sei es möglich, die entscheidenden Effekte der Interaktion oder des Spiels zu beobachten. Ich meine auch, daß sie das Symptom, etwa den Waschzwang, beobachten könnte. Ich bin aber nicht der Ansicht, daß sie die systemische Bedeutung dieses Symptoms beobachten kann. Diese Bedeutung muß sie verstehen, sie muß sie interpretieren.

Selvini: Was wir systemische Bedeutung nennen können, ist keine Realität, lediglich eine Hypothese. Ich kann eine Hypothese aufstellen. Sie können es tun, zehn Psychoanalytiker können auf zehn verschiedene Arten und Weisen die Bedeutung interpretieren. Ich kann aber meine Sekretärin fragen: Was macht die Frau? Und sie wird dann antworten: Sie wäscht. Und wenn ich weiter frage: Was bewirkt dieses Waschen? – dann wird die Sekretärin antworten: Die Schwägerin kann nicht in die Wohnung der Frau kommen, der Ehemann muß seiner Frau helfen, die Wohnung sauberzuhalten, er muß das Geschirr spülen und so weiter und so fort. Die Bedeutung kann ich nur hypothetisch annehmen. Aber wir brauchen natürlich Hypothesen.

PH: Eben, sie brauchen Hypothesen.

Selvini: Gewiß brauchen wir Hypothesen, aber wir müssen uns darüber klar sein, daß sie nicht die Realität sind. Das einzig Reale ist die Wirkung, die wir alle beobachten können.

PH: Und das Gefühl der Ehefrau, den Kampf verloren zu haben – ist das nicht ebenfalls eine Realität?

Selvini: Ich weiß es nicht, wirklich nicht. Aber seit über zehn Jahren vertrete ich die Hypothese: Wenn jemand ein Symptom entwickelt, ist er davon überzeugt, daß er den Kampf verloren hat. Und nun unternehme ich etwas, das ihm die Möglichkeit gibt, in dem Kampf stärker zu sein – und ich kann beobachten, daß er das Symptom aufgibt. Das kann ich sicher beobachten: Die Patientin gibt das Symptom auf. Ob die Hypothese richtig oder falsch ist, werde ich niemals genau sagen können.

PH: Sie arbeiten immer noch mit paradoxen Interventionen, erklären dem identifizierten Patienten also, daß sein Problemverhalten richtig und gut ist, und fordern ihn dazu auf, es beizubehalten. Sie haben einmal geschrieben, daß viele Beobachter sie fragen, ob Ihre Interventionen sozusagen „aus dem Blauen" kommen. Wir haben jedoch den Eindruck, daß diese paradoxen Interventionen aus zwei Teilen bestehen: Zum einen aus der positiven Bewertung des Symptoms, zum anderen aber auch aus einer Interpretation, nämlich der Bedeutung der Regeln des Spiels ...

Selvini: ... einer *willkürlichen* Interpretation. Ich verwende das als eine Taktik, ich glaube nicht daran. Natürlich glaube ich niemals, daß der Patient sich für die Familie opfert. Diese willkürliche Interpretation ist ganz sicher nicht wahr, denn der Patient ist voller Haß auf die Familie. Aber: Er verliert aufgrund dieser positiven Bewertung das Symptom. Denn dadurch sage ich ihm: Du bist sehr, sehr dumm.

Wissen Sie: Nichts ist wahr, alles ist Taktik. Als ich noch Psychoanalytikerin war, glaubte ich, daß die Deutungen, die ich gab, wahr seien. Aber das einzige, was zählt, ist, daß eine therapeutische Intervention nützlich ist, nicht, daß sie wahr ist. Es ist einfach unmöglich zu wissen, was in „organisierter Komplexität" die Wahrheit ist.

PH: Wenn Sie sagen, die paradoxe Intervention ist nicht wahr, hat nichts mit der psychischen Realität des Patienten zu tun, wie erklären Sie sich dann die Wirkung? Wie kann die Intervention wirkungsvoll sein, wenn sie ein Trick ist?

Selvini: Sie ist kein Trick. Es handelt sich dabei um eine vollständige Umkehrung der familialen Epistemologie (des Bildes, das die Familie von ihrer eigenen Welt hat) in einer zirkulären Form. Fragen Sie etwa die Eltern einer magersüchtigen Patientin, warum das Mädchen nicht ißt, werden Sie stets lineare Antworten erhalten: weil sie in der Schule versagt, weil sie einen Freund hat, der ihr erzählt, daß sie zu dick sei, und so weiter.

PH: Wenn Sie einer Tochter sagen, daß sie großmütig ihre Jugend opfert und die Vaterrolle übernimmt, weil sie glaubt, die Familie habe einen autoritären Vater nötig, und wenn sich nach dieser Intervention ihr Verhalten ändert: Könnte es sein, daß sie ihr Verhalten aufgibt, weil sie sich sagt, ich will nicht weiterhin so dumm sein, mein Leben und meine Jugend der Familie zu opfern?

Selvini: Genau. Sich ihrer Familie zu opfern, wäre das allerletzte, was die Patientin vorhat.

PH: Und was ist in diesem Fall mit den Eltern? Wenn wir Sie richtig verstehen, sagen Sie doch: Durch die positive Bewertung des Symptoms ist es für die Eltern schwierig, wenn nicht gar unmöglich, die Intervention abzuwerten oder zu verleugnen. Denn schließlich wird das Verhalten ja positiv bewertet. Aus theoretischen Gründen und praktischer Erfahrung gehen wir jedoch davon aus, daß auch die positive Symptombewertung eine Provokation der Eltern darstellt. Auch wenn die Eltern es nicht zeigen, werden sie sich provoziert fühlen, weil Sie doch sagen: Der Patient ist nicht schlecht, bösartig und verhaltensgestört, sondern im Grunde tut er etwas Gutes für die ganze Familie. Kann also die positive Bewertung des Symptoms therapeutisch wirklich funktionieren?

Selvini: Doch. Nach der Therapie verlassen wir nämlich den Raum und überlassen die Familie einen Moment sich selbst. Wir lassen ihr also Zeit, die Intervention zu verdauen, und akzeptieren niemals irgendeine Diskussion darüber.

PH: Und was geschieht dann zu Hause?

Selvini: Zu Hause müssen sie sich ändern, denn sie können nicht mit uns diskutieren. Eine typische Form des Widerstands gegen Veränderungen ist dann, daß die Familie anruft und um einen früheren Termin für eine neue Sitzung bittet. Wir sagen der Familie darauf, daß wir innerhalb des nächsten Monats keine Zeit haben – und überlassen es ihr, die Intervention zu verdauen. Ein System benötigt viel Zeit, um beobachtbare Veränderungen zu vollziehen – mindestens einen Monat, wie wir festgestellt haben.

PH: Zeit ist also ein entscheidender Faktor. Was sind nach Ihrer Ansicht weitere Voraussetzungen für den Erfolg einer positiven Bewertung?

Selvini: ... daß die Intervention paradox ist. Eine positive Bewertung ist stets paradox, und zwar auf vielen Ebenen. In unserer Kultur gilt Krankheit als schlecht. Ich sage: Sie ist gut. Nicht zu essen, gilt als schlechtes Verhalten. Ich sage: Es ist gutes Verhalten. Ich soll das Mädchen heilen, das nicht ißt, und ich verschreibe ihr, nicht zu essen.

PH: Sie sagen der Familie, die zu Ihnen kommt: Ihr seid eine gute Familie. Sie sagen der magersüchtigen Patientin: Du bist ein gutes Mädchen. Und, so verstehen wir Sie, wegen des Zeitraums zwischen den Sitzungen und weil Sie dem Mädchen etwas sagen, das der Auffassung der Eltern widerspricht, verändert sich das System?

Selvini: Ja. Sie dürfen dabei aber nicht vergessen, daß dies nicht möglich ist, ohne eine Vielzahl von Informationen gesammelt zu haben. Wir brauchen also Informationen, die beweisen, daß wir die richtigen Interventionen durchführen.

PH: Gleichzeitig sagen Sie aber, daß Ihre Interventionen ohnehin nicht „wahr“ sind?

Selvini: Dabei sprach ich – ausschließlich – von der taktischen Ebene. Bedenken Sie, daß ein Mensch niemals wissen kann, was die Wahrheit ist. Niemals. Worum es geht, ist, daß wir auf einer taktischen Ebene überzeugend sind. Die Wirkungen, auf die es letztlich ankommt, können wir nur erzielen, wenn wir überzeugend sind.

Wenn zum Beispiel ein Ausbildungskandidat in der Familientherapie ohne überzeugende Gründe eine paradoxe Verschreibung gibt, bewirkt diese natürlich absolut nichts – weil sie nicht überzeugend ist. Wir arbeiten nur auf einer taktischen und strategischen Ebene.

PH: Aber, um taktisch sein zu können, müssen Sie da nicht herausfinden, was die Familie für Ihre Realität hält?

Selvini: Genau, und dieser Realität kommen wir durch die vielen Informationen nahe, die wir in den Sitzungen erhalten.

PH: Aber das macht doch eigentlich jeder Psychotherapeut?

Selvini: Der Unterschied ist aber, daß manche Therapeuten meinen, die Wahrheit zu kennen. Das ist der radikale Unterschied.

Mara Selvini Palazzoli hat 1967 das Mailänder Zentrum für Familienforschung gegründet, das für viele systemisch orientierte Familientherapeuten zunehmend zum Vorbild „Mailänder Schule", wurde.

(Der Beitrag ist unter dem Titel „Die Wahrheit interessiert mich nicht, nur der Effekt" in PSYCHOLOGIE HEUTE, Heft 5/83, erschienen)

Was Sinn macht.
Viktor Frankls Logotherapie

Walter Böckmann

Eine Darstellung der Logotherapie ist heute noch vor allem eine Darstellung ihres Begründers, des Wiener Neurologen und Psychiaters Viktor E. Frankl. Andere Therapieschulen sind im Laufe ihrer Entwicklung meist schon durch viele Hände und Köpfe gegangen. Die Logotherapie ist noch immer „original Frankl“ mit ihren Prinzipien: Willens-Freiheit trotz vielfältiger Abhängigkeiten, Selbstverantwortung trotz gesellschaftlicher Verpflichtetheit, Eigenmotivierung nicht durch den unmittelbaren Nutzen, sondern durch den Sinn.

Besonders in den sechziger Jahren, in denen es üblich war, „dem Menschen“ eine gesellschaftliche Opferlammrolle einzureden (die Gesellschaft als Verursucher aller Leiden und damit auch zur Heilung aller Leiden verpflichtet), paßten „Selbstverantwortung“ und „Willensfreiheit“ vielen nicht ins Konzept, und was Sinn bedeutete, glaubte jeder ohnehin zu wissen: nämlich zunächst gar nichts. Im deutschen Sprachgebrauch kommt „Sinn“ entweder zusammen mit anderen sinn-definierenden Begriffen vor: Trübsinn, Schwachsinn, Frohsinn, Stumpfsinn und so weiter oder in der Formulierung „im Sinne von...“, also ebenfalls wieder interpretiert. Die spezifisch philosophisch mit „Sinn“ befaßte Literatur dürfte darüber hinaus vermutlich Bibliothekssäle füllen. Sinn ist also interpretationsbedürftig. Nicht viel anders steht es mit dem Begriff *Logos.* Im allgemeinen wird Logos als „Wort“ verstanden. Es liegt also nahe, Logotherapie als „mit Worten heilend“ zu begreifen – womit die Gleichsetzung mit der Gesprächstherapie fast unvermeidlich ist – oder als „Therapie *durch* das Wort", und danach stünde Logotherapie dann der Theologie nahe („und das Wort ward Fleisch"). Die dritte Fehlinterpretation, dem Logotherapeuten eine fast tägliche Erfahrung, ist die Verwechslung mit der Logo-pädie: Logotherapie? Achja, die Stotterer...

Nun meint griechisch Logos neben einem Dutzend anderer Bedeutungen (wie etwa Vernunft, Sprache, Rede, Gedanke, Beweis, Grund, Rechnung, Proportion) aber auch „Sinn", und so faßt ihn auch Frankl auf: Logotherapie als sinnzentrierte Therapie, als Therapie von Sinn-Frustrationen oder ganz einfach als „Wiederbe-sinn-ung".

Auf welchem „Sinn" wäre also eine solche Therapie aufzubauen, die sich als sinn-zentriert versteht? Nun, üblicherweise auf den Sinn des „Lebens" als kosmisches Phänomen oder nur des menschlichen Lebens im Rahmen der Natur? Oder auf den Sinn *im* Leben eines einzelnen?

Die Logotherapie hat es ausdrücklich mit dem Sinn *im* Leben zu tun, und sie hat sich bisher auch darauf beschränkt, nur darüber Aussagen zu machen. Alles darüber Hinausgehende rechnet Frankl selbst zum „Über-Sinn", der menschlicher Einsicht nicht zugänglich sei. Aber gerade darin liegt eine der vielen Herausforderungen zum Weiter-Denken, die die Logotherapie denen offeriert, die sich einmal auf sie eingelassen haben. Meines Erachtens ist es zumindest möglich, aus dem Verlauf der Evolution, soweit wir ihn überblicken können, eine Art „Sinn-Kriterien" dieser Evolution und damit auch des Lebens herauszufiltern. Es ergeben sich dabei recht einleuchtende Übereinstimmungen zwischen dem, was wir als Sinn „des Lebens", als kosmisches Phänomen, soweit überhaupt möglich, dabei herauslesen können, und dem, was Sinn *im* Dasein des einzelnen Menschen *sein sollte.* Auf das „Sollte" kommt es an, wie wir noch sehen werden.

„Sinn" ist aber nicht nur interpretationsbedürftig – „Sinn" ist vor allem operationalisations-bedürftig. Frankl hat dies auf eine ungemein praktische Weise getan. Sinn-Erfüllung ist für ihn Werte-Verwirklichung und nur durch Werte-Verwirklichung möglich. Man muß hier eine klare Unterscheidung zwischen „Sinn" und „Zweck" treffen: Wenn ich im Beratungsgespräch mit einem Ratsuchenden eine Konfliktsituation aufkläre und ein ganz bestimmtes Handlungsprogramm verabrede, durch das er zu neuen Erfahrungen und dadurch zu neuen Einstellungen gelangen soll, dann ist das Gespräch das *Mittel* zum Zweck, der *Zweck* wiederum sind die neuen Handlungs- und Erfahrungsmuster, und der *Sinn* schließlich der Bemühungen von Berater und Klient ist die Stabilisierung des Klienten, die Verbesserung seiner „Überlebensfähigkeit". Sinn hat immer etwas mit „Überleben" zu tun, und der Zweck ist dabei das Mittel zum Sinn.

Frankl hat die Verwirklichung von Werten kategorisiert. So unterscheidet er „kreative Werte" (eine Aufgabe erfüllen, ein Werk schaffen), „Erlebniswerte" (vom Erlebnis der Mitmenschlichkeit und Liebe bis hin zum Erlebnis der Natur und des Ästhetischen) und „Einstellungswerte". Zur Sinn-Erfüllung gehört Handeln. Selbst dort, wo Sinn-Erfüllung durch „Einstellungswerte" verwirklicht wird, nämlich in bestimmten Ausnahmesituationen des Lebens, zum Beispiel im Ertragen eines unentrinnbaren Schicksals, erfordert dies nicht nur „innere" Umstellung (Einstellungsänderung), sondern handelndes Bezeugen dieser veränderten Einstellung. Ein Schicksal menschlich, also in Würde, zu tragen und damit vielleicht sogar zum Leitbild und Beispiel für andere zu werden, ist für Frankl die größte menschliche Leistung, und nur der seiner selbst und damit auch seiner Selbstverantwortung bewußte Mensch ist ihrer fähig.

Frankl weiß, wovon er spricht. Was er sagt, formuliert er

nicht als Forderung, sondern als Erfahrung: „Leiden ist Leistung" ist ihm nicht nur die Erfahrung des Arztes am Krankenbett, sondern auch des Insassen von Konzentrationslagern. Gerade auch im Konzentrationslager erwiesen sich diejenigen am widerstandsfähigsten, die auch in dieser schier ausweglosen Situation noch einen Sinn in ihrem Leben sahen – sei es, daß sie ihren Mitgefangenen halfen, sei es, daß sie „mit aller Gewalt" ihres Herzens am Leben bleiben wollten, um eines Tages Zeugnis von dieser Zeit abzulegen, daß sie von lieben Menschen wußten, die an sie glaubten oder daß eine Aufgabe sie erwartete: „Wer ein Warum zu leben hat, erträgt fast jedes Wie" (Nietzsche).

Hier liegen die entscheidenden Ausformungen jeder Sinn-Suche, die schon den Schüler Frankl in einem Aufsatz bewogen hatten, sich über den „Sinn des Leben" auszulassen und die später in ihm die Erkenntnis reifen ließen, daß das menschliche Leben in jeglicher und auch der aussichtslosesten Situation bis zum letzten Atemzuge seinen Sinn nicht zu verlieren brauche. Frankl ist dabei oft mißverstanden worden, vor allem dann, wenn er von den Insassen der Todeszellen in amerikanischen Zuchthäusern sprach, mit denen zu reden er Gelegenheit gehabt hatte. Gerade diese Menschen erfuhren eine entscheidende Veränderung ihres Selbst- und Schicksalsbewußtseins dadurch, daß Frankl sie an ihre Selbstverantwortung erinnerte und damit auch verantwortlich für ihr Tun machte. Wochenlang war jenen nämlich von den offiziellen Seelsorgern des Zuchthauses eingeredet worden, daß sie nur die Opfer einer Gesellschaft seien, die sie nun auch noch umbrächte.

Menschenwürde schließt Verantwortung und Schuldfähigkeit ein. Es wäre ein arges Mißverständnis der Würde eines Menschen, wenn man sie nur denen zuspräche, die sich – als „würdige Bürger" – stets eines braven Lebens streng nach dem

BGB und StGB, die Zehn Gebote eingeschlossen, befleißigten. „Das Gute und das Böse kommen von Gott", sagt schon Jesus Sirach in der Bibel, aber der Mensch ist frei, sich für das eine oder andere zu entscheiden. Diese Freiheit macht seine Würde aus. Auch hier fordert die Logotherapie zum Weiter-Denken heraus, denn wer wollte zum Beispiel behaupten, daß „das Gute" immer nur das gesellschaftlich Sanktionierte sei; die Lebensbedingungen und gesellschaftlichen Werte ändern sich bekanntlich schneller als die Gesetzbücher. Wer sich also gegen die Gesetze entscheidet – und das gilt für den Rebellen ebenso wie für den Kriminellen – trifft eine Gewissensentscheidung und damit eine Sinn-Entscheidung, denn das Gewissen – so Frankl – ist geradezu eine Art Sinn-Organ.

Mit seinem Konzept der Sinn-Suche als menschlichem Primär-Motiv hat Frankl einen motivationspsychologischen Ansatz entwickelt, der im krassen Gegensatz zu der bekannten Maslowschen Bedürfnishierarchie der niederen und höheren Bedürfnisse – und an der Spitze dann das Bedürfnis nach Selbstverwirklichung – steht. Nun ist bei näherer Betrachtung der Maslowschen Texte („Motivation und Persönlichkeit") die hierarchische Abhängigkeit der Bedürfnisse keineswegs so stringent, wie es die meisten Zitierer darstellen, und obendrein widerlegt schon jeder Dissident die These, daß „erst das Fressen, dann die Moral" komme. So hat auch Maslow bereits 1966 im „Journal of Humanistic Psychology" eingeräumt, daß Frankls Ansatz einer Sinn-Suche das Primat in der menschlichen Motivation zukomme.

Hinter diesem Leitmotiv der Logotherapie steht ein Menschenbild, das geradezu der Gegenentwurf zu der mechanistischen Konstruktion der Psychoanalyse ist, mit ihrem Es/Ich/-Über-Ich-Schema: Eingezwängt zwischen den Bedürfnissen der Innenwelt, der Triebe, und den Forderungen der Außenwelt, des Über-Ichs, kämpft das Ich um seine Selbstbehauptung mit dem Ziel der Homöostase. Dieses Homöostase-Denken hat sich auch noch in die neue humanistische Weltanschauung Maslows und damit in die Humanistische Psychologie hinübergerettet, die Maslow „als Gegensatz zu dem analytisch-sezierend-atomistisch-Newtonianischen Verfahren des Behaviorismus und der Freudschen Psychoanalyse" sehen wollte. Im Gegensatz zu dem angeblichen Streben nach einem ständigen inneren Gleichgewicht (= Homöostase), nach Entspannung (wie es die Adlersche Individualpsychologie ebenso kennt wie Perls Gestalt-Therapie), weist Frankl auf die Erkenntnisse des Harvard-Psychologen Goldstein hin, nach denen nur das kranke Hirn der Entspannung bedürfe, während das gesunde Hirn auf „produktive Spannung" angelegt sei. Jede Mutter mit einem sich langweilenden Kind und jeder Gefangene in Einzelhaft kann ein Lied davon singen, was mangelnde „produktive Spannung" bedeutet, und wer einmal im Gewahrsam selbst einer führenden Kulturnation isoliert aufbewahrt worden ist, weiß, daß Isolation als äußerste Form des Reizentzugs und des Spannungsmangels sehr wohl eine Folter ist.

Der „Mensch auf der Suche nach Sinn" wird nicht zuletzt durch diese produktive Spannung zur Sinn-Suche motiviert. Dagegen kann das passive Erleben von Spannung, wie in unserem Fernseh-Angebot, sinn-theoretisch eine recht sinnlose Sache sein. Seinen angeblichen Zweck einer Entspannung durch Um-Spannung – Spannungsverlagerung aus dem realen in einen fiktiven Bereich – errreicht es offenbar am besten, wenn der Betroffene sich dem Fernsehschlaf hingibt.

Homöostase-Denken wider „produktive Spannung", Abkehr vom mechanistischen Getriebensein und Bekenntnis zur selbst-verantwortlichen Lebensbewältigung gehen auch in die Franklsche „Dimensionalontologie" ein:

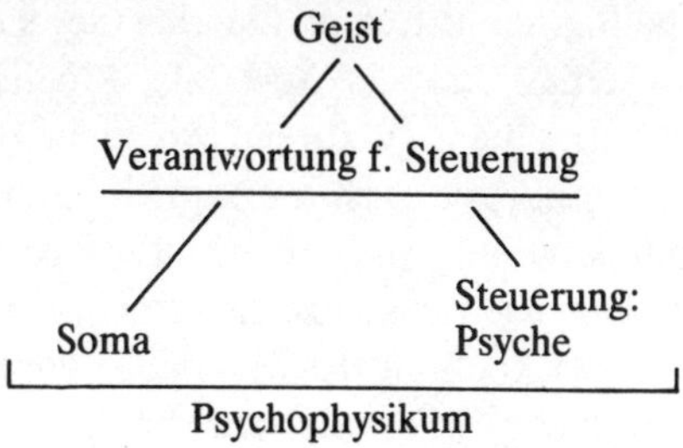

Der Mensch als Ganzheit – Physis und Steuerung dieser Physis durch die Psyche, deren physiologische Basis zwar das Zentralnervensystem ist, die jedoch im Hinblick auf das Selbst-Bewußtsein einer anderen Dimension als die Physis angehört. „Das Ganze" dann überwölbt, umgriffen durch die wiederum erweiterte Dimension des Geistigen – als *Verantwortung* für diese Steuerung.

Die Aussage, daß ein Tier eine Psyche hat, ist banal, und inzwischen billigen wir ihm ja auch schon eine bestimmte Entwicklungsstufe von Bewußtsein zu, was nicht jeder Fleischermeister gern hört. Entscheidend ist jedoch der Unterschied zwischen dem „Antwortbewußtsein", über das ein Tier ebenfalls schon verfügt, und dem Verantwortungsbewußtsein. Rufen Sie Ihren Hund aus einer Hundebalgerei heraus beim Namen, und er wird kommen, wenn es nicht gerade ein Dackel ist, er wird „antworten". Aber er verantwortet nicht, wenn er mal keine Lust hat zu kommen.

Das menschliche Dasein ist charakterisiert nicht durch ein instinkt- oder triebabhängiges Sein-Müssen, wie es die Mechanisten sehen – sondern durch ein Sein-Können und ein Sein-Sollen. Menschliche Existenz ist „entscheidendes" Sein (Jaspers). Der Mensch, so Frankl, ist nicht frei von den Bedingtheiten seiner Existenz, aber er ist frei, sich ihnen gegenüber zu verhalten: *to make the best of it.* Das lateinische

„ex-sistere" heißt „heraustreten" (aus den Gegebenheiten des Da- und So-Seins), sein So-Sein als Möglichkeit, also fakultativ, zu betrachten. Während ich mein Psychophysikum so nehmen muß, wie es ist, weist mich mein Geist, mein Sinn-Verständnis darauf hin, daß ich etwas daraus machen kann und soll. Den Menschen als das zu nehmen, was er sein könnte, „die Verwirklichung des Möglichen vor dem Hintergrund des Wirklichen" (Frankl) – das bezeichnet das spezifisch Humane.

Oben hatte ich erwähnt, daß man aus dem übersehbaren Ablauf der Evolution durchaus einige Entwicklungskriterien des Lebens herauslesen könne: Ausbreitung des Lebens in alle erreichbaren Räume – auf unserem Globus und jetzt auch darüber hinaus. (Die Einsteinsche Relativitätstheorie, unsere Radioteleskope und Raumsonden haben bereits die Wege gebahnt.) Bezüglich des Bewußtseins heißt dies auch „Eindringen in alle psychisch-geistig erreichbaren Räume", dem Verstand wie der Verantwortung nach (der Rückzug aus Sackgassen eingeschlossen!). Drittens: Entwicklung aller in der sogenannten Materie innewohnenden Möglichkeiten, und das zielt unmittelbar auf das Leben und im weiteren auf das menschliche Selbst-Bewußtsein.

„Entwicklung aller Potentionalitäten" ist aber auch eine Schlußfolgerung aus den psychologischen und existentiellen Erkenntnissen der Humanistischen Psychologie, die Frankl allerdings so nicht gelten läßt. Den „Potentialisten" setzt er seine Forderung nach den „gesollten" Potentionalitäten entgegen. Der nicht nur seiner selbst bewußte, sondern auch seiner Verantwortung für sich selbst und das Leben bewußte Mensch hat zwar das Recht und die Pflicht, alle in ihm angelegten Möglichkeiten zu entwickeln (und nicht erst darauf zu warten, daß andere kommen und sie aus ihm heraus-wickeln), aber nicht in einer x-beliebigen Weise, sondern im Sinne sozialer Verpflichtung und mit-menschlicher Verantwortung. Er wendet sich damit auch leidenschaftlich gegen das modische Gerede von der „Selbstverwirklichung" und sagt ganz klar, daß es nicht darum gehe, sich selbst, sondern Werte zu verwirklichen. Die Selbstverwirklichung sei dann die Folge, und man könne sie genausowenig direkt erzielen wie man auch Glück und Erfolg nicht erzielen, sondern nur er-folgen lassen könne – vorausgesetzt, man hat zuvor etwas Entsprechendes dafür getan.

Ich halte diese Forderung nach Selbstverantwortung für den „Preis der Freiheit", den wir für die Entlassung aus der Instinktwelt zu zahlen haben. Wir sind nicht mehr Adam und Eva *vor* dem Sündenfall und auch keine Tiere im Zoo, für die die Zoo-Verwaltung zuständig ist. Adam und Eva wurden auch nicht aus dem Paradies vertrieben, sondern ihre Neugier, ihr Drang nach „Eindringen in alle erreichbaren Räume" und „Entwicklung aller in ihnen angelegten Möglichkeiten" hat sie hinaus-getrieben, die Kalewala, das finnische („Sinn"-) Gedicht, beschreibt dies in ihrem Paradiesmythos sehr „humanistisch".

Wenn mich beim Durchdenken der logotherapeutischen und damit der Franklschen Gedankenwelt besonders Problembezüge zur Evolutionstheorie angezogen haben, aber auch zur Pädagogik und damit wiederum zur Entwicklungspsychologie, zur Soziologie vor allem bezüglich der Systemtheorie, zur Kommunikationstheorie und nicht zuletzt zur Arbeits- und Motivationspsychologie, so sind das natürlich ganz subjektive Interessen. In allen spielt Sinn eine entscheidende, aber keinesfalls überall durchreflektierte Rolle.

Das Faszinierende an der Logotherapie ist ja gerade, daß sie ihre Jünger nicht ausschließlich wie Goldhamster in der Lauftrommel des Therapeutischen rotieren läßt (auch wenn die Mehrzahl dort zur Zeit gerade Wettrennen veranstaltet), sondern für nahezu alle Bereiche des Menschlichen Herausforderungen anbietet. „Logotherapeutisch leben" heißt für mich: Welt – Leben – Mensch – Dasein in einer ganz besonderen Weise erleben, in Selbst-Verantwortung und auf die Entwicklung aller „gesollten Potentionalitäten" hin. Logotherapie ist zu allererst Weltschau und Anleitung zur Selbst-Einsicht, aber gerade dadurch Lebenshilfe und Therapie.

Der Doppelaspekt, von dem Frankl als „Existenzanalyse und Logotherapie" spricht, ist im Grunde genommen Vor- und Rückseite ein- und derselben Medaille: *Existenzanalyse* meint die Analyse des jeweiligen individuellen Lebens auf die Verantwortung hin, die jede Situation von einiger Bedeutung für uns bereithält, und *Logotherapie* ist die Therapie, die auf die Sinn-Verwirklichung in dieser Situation zielt. Der Mensch ist das einzige Wesen, das etwas tun kann, das nicht wieder auf ihn selbst verweist (Frankl): Ob das Tier frißt oder sich paart, flüchtet oder angreift – immer geht es um es selber, und zwar als Gattungswesen. Allein der Mensch kann sein Selbst transzendieren, über sich selbst, sein Selbst, hinauswachsen, sich selbst aus den Augen verlieren, sich an eine Aufgabe hin- und damit auch sich selbst aufgeben.

Diese Fähigkeit zur Selbstaufgabe und des Sich-selbst-aus-den-Augen-Verlierens beinhaltet auch ein wesentliches Element der psychischen Gesundheit. Wie die Neurosenlehre zeigt, liegt eine der Wurzeln neurotischen Fehlverhaltens in der permanenten Beobachtung des eigenen Selbst. „Was da der Neurotiker zunächst durch Beobachtung feststellt oder festzustellen glaubt und durch verstärkte Selbstbeobachtung übertreibt, beginnt er nun aus seiner Psychotophobie heraus zu fürchten; und was er dann befürchtet, das beginnt er zu bekämpfen" (Frankl: Die Psychotherapie in der Praxis). Dieses Bekämpfen ist jedoch nur dazu angetan, die tatsächlichen oder vermeintlichen Symptome zu steigern, und so schließt sich sehr bald ein verhängnisvoller Teufelskreis.

Dasselbe findet nicht nur intrapsychisch, sondern ebenso innerhalb solcher Gesellschaften statt, die es sich erlauben können, aufgrund ihrer relativ großen materiellen wie ideologischen Spielräume buchstäblich als „Selbst"-Bedienungsläden mißverstanden zu werden. Überall entstehen Spielwiesen und Kabinette der Selbstbespiegelung. Gruppen und Grüppchen treiben eifrigst Introspektion, und wenn sie dabei nichts zu sehen bekommen, dann halten sie dieses Nichts auch noch für die Welt, die ihnen . . . „nichts" zu bieten hätte. Frankl hat demgegenüber mehr als einmal gesagt, daß wir nicht fragen sollten, was das Leben und die Welt für uns bereithielten, sondern jeder einzelne hätte sich befragen zu lassen, welches denn nun sein Beitrag für diese Welt sei.

Freiheit heißt für Frankl nicht nur „Freiheit wovon", sondern vor allem „Freiheit wozu". Wozu die Freiheit führt, die kein „Wozu" kennt, hat so mancher Aussteiger erfahren, der zwar wußte, wo er aus-, aber nicht wo er dann ein-steigen sollte. Es gibt nun einmal kein Irgendwo-aus- ohne ein Irgendwo-wiedereinsteigen. Ich erlebe es in meiner Beratungspraxis häufig, daß jemand gar zu gern aus bestimmten Lebensbezügen aussteigen würde, wenn er nur wüßte, „wie es dann weitergehen soll". Gemeint ist damit nicht das Geld, sondern die Aufgabe. „Es gibt nur eine einzige Art und Weise, das Leben auszuhalten: immer eine Aufgabe zu erfüllen haben", hat der große Hirnchirurg Harvey Cushing gesagt (Frankl: Der Mensch auf der Suche nach Sinn). Aber heute ist es leichter, in einem Notfall für jemanden Geld, als für ihn eine Aufgabe zu bekommen. Da unsere Gesellschaft alles professionalisiert und in Kompetenzbereichen (nicht mißzuverstehen als Verantwortungs-, sondern als Privilegienbereiche) zementiert hat, von der Gottesliebe bis zur Nächstenliebe – ist es schlimm bestellt um die „Freiheit wozu". Das Therapieren auf den Sinn hin ist also beileibe kein bloßes Parlieren, und wo mitunter nichts ist, ist auch nichts zu verbalisieren.

Logotherapie ist oft mehr eingreifende Sozialarbeit, mit Freunden, Ehepartnern, Vorgesetzten, Richtern, Lehrern, Ärzten, Prüfern reden, am Tage und in der Nacht, neue Lebensbeziehungen und Lebensbedingungen vorbereiten, Arbeitsbereiche und Wohnsituationen verändern helfen, dabei nicht vorausgehen, sondern zur Seite stehen, Entscheidungsfähigkeit trainieren, wo Entscheidungsangst vorherrscht. „Blinde" für *ihre* Möglichkeiten wieder sehend machen. Aus diesem Grunde ist es auch – ohne ausgedehnte Darstellung von Fallgeschichten – gar nicht möglich, die immer wieder gestellte Frage zu beantworten: „Logotherapie, wie funktioniert das?" Eine solche Frage stellt sich nur dem, der die Legitimation seines Handelns aus der Methodenhaftigkeit seines Vorgehens bezieht. Das einzige, auf das sich der Logotherapeut jedoch verpflichtet fühlen muß, ist das Menschenbild der Logotherapie, wie Frankl es gelehrt hat und wie er es vorlebt.

Natürlich hat die Logotherapie auch Methoden, aber sie hat keine Methode. Selbst die von Frankl erstmalig vor einem halben Jahrhundert beschriebene sogenannte „paradoxe Intention" hat inzwischen bei anderen Therapieschulen unter assimilierten Namen Eingang gefunden. Nach Frankl kann man zwar Methoden lernen, aber nicht Psychotherapie. Vom Psychotherapeuten verlangt er, daß er alle Methoden (parat), vor allem aber die Fähigkeit hat, immer wieder improvisieren zu können. Unabhängigkeit von dem unspezifischen Effekt nahezu allen therapeutischen Vorgehens, den niemand so klar beim Namen genannt hat wie Frankl, ist Psychotherapie nach Frankl eine Kunst, weder lernbar noch lehrbar. Im Mittelpunkt steht die unverwechselbare Person des Patienten/Klienten wie des Therapeuten, und in dieser dialogischen Beziehung vollzieht sich Logotherapie – zwar klientenbezogen (wie in der Gesprächstherapie), aber nicht non-direktiv. Allerdings muß der Klient diese Direktive selbst entwickeln als sein ganz persönliches Sinn-Konzept, denn Sinn kann nicht er-funden und ad personam verordnet, sondern immer nur ge-funden und je nach Situation in das eigene Lebenskonzept ein-geordnet werden.

Dafür trägt jeder die Verantwortung. Das ist „etwas Furchtbares" und „etwas Herrliches" zugleich: *„Furchtbar* ist es: zu wissen, daß ich ‚jeden Augenblick die Verantwortung trage für den nächsten, daß jede Entscheidung ... für alle Ewigkeit ist. Daß ich jeden Augenblick eine Möglichkeit ... verwirkliche oder verwirke ... doch *herrlich* ist es: zu wissen, daß die Zukunft meine eigene und mit ihr die Zukunft der Dinge, der Menschen um mich irgendwie ... abhängig ist von meiner Entscheidung in jedem Augenblick" (Frankl: Wille zum Sinn, 1972).

Am Anfang war der Sinn ... Dieser Satz hat im Zusammenhang dieses Beitrages vielerlei Bedeutung. Sinnfragen waren es, die Frankl auf die „Spur" des später von ihm Logotherapie genannten Lebens- und Therapiekonzeptes führten. „Sinn" ist aber nicht nur das Grundtheorem der Logotherapie, sondern auch der „Grundbegriff der Soziologie", wie Luhmann es im Zusammenhang mit der Systemtheorie formuliert hat. Von hier ausgehend eröffnet sich eine Fülle herausfordernder Einsichten. Systeme sind auf Sinn hin konstruiert. Dabei war erst der Sinn da, dann das System: Erst machten die Menschen bestimmte Erfahrungen, etwa im Zusammenhang miteinander. Dann wurden diese Erfahrungen kodifiziert – mündlich, schriftlich ... in Zehntausenden von Versen zum Auswendiglernen wie bei den alten Kelten oder in Stein gehauen wie bei Hammurabi. Auf den verinnerlichten, in Fleisch und Blut übergegangenen Überzeugungen, Erfahrungen und Regeln haben sich dann die Systeme aufgebaut: „auf der Basis von Sinn integriert", um Luhmanns Sprachgebrauch zu benutzen.

Auch Frankls System ist auf der Basis von Sinn integriert – Torello nennt es das bisher „letzte vollständige System in der Geschichte der Psychotherapie" – und damit hat es Frankl fest gegründet, nicht auf ein beliebiges, wenn auch noch so interessantes Theorem, sondern auf eine – vielleicht „die" – Grundbedingtheit des Lebens überhaupt.

Walter Böckmann hat Psychologie, Soziologie und Pädagogik studiert, nachdem er zunächst in Verlagen und Schallplattenfirmen gearbeitet hatte. Er ist Autor mehrerer Bücher zur Logotherapie und Arbeitspsychologie und leitet heute das Institut für Logotherapie und Psychologie der Arbeitswelt in Bielefeld.

Literatur

Frankl, Viktor: Psychologie in der Praxis, Piper 1986
ders.: Ärztliche Seelsorge, Fischer 1983
ders.: Trotzdem ja sagen zum Leben, dtv 1983
ders.: Theorie und Therapie der Neurosen, UTB 1983
ders.: Der Mensch vor der Frage nach dem Sinn, Piper 1985
ders.: Wer Leistung fordert, muß Sinn bieten, Econ 1984
ders.: Sinn-orientierte Leistungsmotivation und Mitarbeiterführung, Enke 1979

(Der Beitrag ist in PSYCHOLOGIE HEUTE, Heft 4/87, erschienen)

Focusing: Vom dumpfen Gefühl zur klaren Empfindung

Johannes Wiltschko und Friedhelm Köhne

Ganz gleich, wo Sie sich jetzt gerade befinden und ob Sie diesen Artikel nur überfliegen oder aufmerksam lesen wollen – lassen Sie sich von uns zu einem Experiment einladen: Atmen Sie einige Male tief und erfrischend durch, und entspannen Sie sich, so gut Sie das eben können. Zwingen Sie sich nicht zur Entspannung, versuchen Sie einfach, für einen Augenblick auf Ihre Atmung zu achten und Ihre Aufmerksamkeit dabei nach innen, auf den Brust- und Bauchraum zu lenken. Es kommt nicht darauf an, wie gut Ihnen das gelingt; akzeptieren Sie den Grad an Entspannung, den Sie augenblicklich erreichen können.

Und nun versuchen Sie für ein paar Sekunden, mit freundlicher und gelassener Aufmerksamkeit Ihren Brust- und Bauchraum gleichsam von innen her zu spüren. Richten Sie dabei Ihre Gedanken allmählich auf zwei Personen, die für Sie bedeutsam sind. Wählen Sie jedoch keine Menschen, mit denen Sie vor kurzer Zeit ein starkes emotionales Erlebnis hatten. Spontan aufsteigender Ärger oder große Freude könnten die vielfältigen feineren Empfindungsqualitäten überlagern, die andere gewöhnlich in uns auslösen.

Lassen Sie jetzt bitte das Bild einer der beiden Personen vor Ihrem inneren Auge erscheinen. Bleiben Sie vorläufig bei dieser und wechseln Sie nicht zu der anderen. Wenn Sie sich die Person vor Ihrem geistigen Auge vergegenwärtigt haben, lassen Sie dieses Bild einfach auf sich wirken. Achten Sie nur auf die Reaktionen in Ihrem Körper, Ihrer Brust und Ihrem Bauch; vielleicht verspüren Sie jetzt schon bestimmte, noch unklare körperliche Empfindungen. Verweilen Sie etwa eine Minute beim Bild dieser Person und Ihrem Empfinden dazu.

Nun vergegenwärtigen Sie sich bitte die zweite Person und tun das gleiche wie zuvor. Lenken Sie Ihre Aufmerksamkeit jetzt aber bitte besonders auf die Unterschiede in Ihren vagen körperlichen Empfindungen gegenüber dem ersten und dem zweiten Menschen, die Sie sich vorgestellt haben. Konzentrieren Sie sich auf die zweite Person auch für etwa eine Minute.

Und dann spielen Sie ein wenig mit Ihren Bildern und Empfindungen: Springen Sie von der einen Person zur anderen. Verweilen Sie bei jeder jeweils nur so lange, wie Sie brauchen, um Ihre innere Befindlichkeit ihr gegenüber zu spüren. Das kann etwa fünf bis zehn Sekunden dauern. Danach lassen Sie wieder die andere Person auf sich wirken. Springen Sie mit Ihrem geistigen Auge, so oft Sie es wollen, zwischen beiden hin und her. Nehmen Sie dabei die Veränderungen und Bewegungen Ihrer Befindlichkeit im Brust- und Bauchraum wahr.

Sollte Ihnen das Experiment gelungen sein, haben Sie schon etwas für *Focusing* Wichtiges erfahren. Sie konnten erleben, wie Sie mit einer vagen und zunächst noch unklaren, körperlich wahrnehmbaren „inneren Aura“ auf einen Reiz reagierten, den Sie sich in diesem Fall selbst gesetzt haben. In dieser Weise reagieren wir auf äußere Reize, auf soziale Situationen, auf Bauwerke oder Landschaften, Erlebnisse und Eindrücke ebenso wie auf Vorstellungen, Erinnerungen, Träume. Bei jedem Reiz wird diese Aura anders ein. In ihr sind alle Ihre Informationen und alle Ihre Bewertungen über das jeweilige Objekt enthalten. Die innere Aura entsteht allein durch Ihre Vorstellung: Alle Gedanken und Gefühle gegenüber dem Objekt sind in ihr repräsentiert.

Diesen Vorgang ganzheitlicher organismischer Bewertung nennt der amerikanische Psychologe Eugene T. Gendlin *„felt sense"*, was auf deutsch etwa „gespürte Bedeutung" heißt. Gendlin nimmt an, daß *„felt sense"* den klareren Gefühlen und Gedanken vorausgeht, daß diese sich erst aus dieser „ursprünglichen Erlebenskategorie" entwickeln.

Ein zweiter zentraler Begriff in Gendlins Konzept ist *„felt shift"*, die „gefühlte Veränderung" oder „Vorwärtsbewegung". Stellen Sie sich vor, Sie sind zum Einkaufsbummel in der Stadt und schlendern die Hauptgeschäftsstraße entlang, auf der viele Menschen unterwegs sind. In der Menge kommt Ihnen ein junger Mann entgegen und grüßt Sie freundlich. Höflich, wie Sie sind, grüßen Sie zurück, der junge Mann geht vorbei und verschwindet wieder aus Ihrem Blickfeld. In Ihnen mag etwa folgendes ablaufen: „Wer war denn das? Ich weiß ganz genau, daß ich ihn kenne, aber woher? Ich kann mich genau an dieses Gesicht, dieses Lächeln erinnern. Ach ja, jetzt weiß ich es wieder. Der war doch letztes Jahr auch bei dem Selbsterfahrungs-Wochenende dabei."

Sie gehen etwas erleichtert weiter, doch dann spüren Sie: „Da stimmt was nicht. Da ist so ein inneres Kribbeln, das macht mich ganz nervös. Nein, der war gar nicht in der Gruppe, sondern ich habe ihn vor zwei Jahren auf dem Kongreß in Berlin getroffen. Irgendwie war ein ‚i' in seinem Namen." Sie gehen weiter, aber die Begegnung läßt Ihnen keine Ruhe. Vielleicht ist Ihnen diese Erfahrung vertraut: Während Sie weitergehen, fällt Ihnen ein, daß er Siegfried heißt; Sie sind erleichtert, doch dann merken Sie bald, daß irgend etwas noch immer nicht stimmt. Schließlich geben Sie es auf, Ihr Gehirn weiter zu martern, und wenden sich wieder Ihren Einkäufen zu; vielleicht ein bißchen angespannter als zu Beginn, aber: Was soll's?

Und kaum haben Sie sich abgefunden, atmen Sie plötzlich

innerlich auf. Ihnen fällt ein, daß es Wilfried war, den Sie an einem Abend in einer Berliner Kneipe kennengelernt haben, der Ihnen sagte, daß er aus Ihrer Nachbarstadt kommt, und den Sie eigentlich einmal besuchen wollten. Jetzt erst können Sie sich richtig entspannt fühlen.

Was hat das mit *Focusing* zu tun? Die vage körperliche Unruhe, die Sie nach dem Zusammentreffen in der Geschäftsstraße erlebten, ist das, was Gendlin *„felt sense"* nennt. Und die deutlich wahrnehmbare körperliche Erleichterung, die der Lösung des Begegnungs-Rätsels folgte, bezeichnet er als *„felt shift"*. Der Organismus „weiß" die richtige Antwort und reagiert spontan mit physiologischer Entlastung, nachdem das undeutlich gespürte Wissen im Bewußtsein Gestalt angenommen hat.

Angenommen, eine Begebenheit wie die geschilderte wäre für Sie von großer Bedeutung und Sie wollten Ihre Aufmerksamkeit gezielt auf die Lösung dieses Problems fokussieren, dann könnten Sie das etwa so tun: Sie suchen einen Ort auf, an dem Sie etwas Ruhe haben, und sagen sich: „Diese Begegnung hat mich wirklich beunruhigt, und ich möchte erfahren, wieso. Aber ich will jetzt weder angestrengt darüber nachdenken noch mich einfach meiner Unruhe überlassen. Ich versuche erst einmal, das Problem zur Seite zu stellen und mich zu entspannen."

Wenn Sie so dem Problem gegenüber einen gewissen Freiraum geschaffen haben, können Sie daran gehen, sich das Bild des jungen Mannes noch einmal vor Augen zu halten und konzentriert, aber gelassen die vage, gespannte Empfindung in Ihrem Körper wahrzunehmen: „Ich will einfach abwarten, ob sich etwas ergibt." Zuerst könnte dann, um bei dem Beispiel zu bleiben, die Vorstellung „Selbsterfahrungsgruppe" aufsteigen. Sie verweilen bei dieser Vorstellung und spüren, daß Ihr Organismus noch nicht mit Entlastung reagiert. Also bleiben Sie noch ein bißchen dabei, bis als nächstes Symbol Ihrer Befindlichkeit „Berlin“ erscheint, und Sie nun spüren, daß Sie auf dem richtigen Weg sind.

Aber was bedeutet diese Person für Sie? Sie machen weiter: Zunächst taucht das Symbol ‚i‘ auf, dann „Siegfried“ und schließlich „Wilfried“. „Wilfried“ ist das Schlüsselsymbol, und nun tritt die deutliche körperliche Entlastung ein. Die weiteren Erinnerungen an die Person erschließen sich ganz leicht, und Sie werden ganz sicher sein, endlich die Lösung gefunden zu haben.

Der Unterschied zwischen der ersten und der zweiten Version, in denen wir die Suche nach versunkenen Erinnerungen geschildert haben, besteht darin: Im ersten Fall erlebten Sie *zufällig* einen bestimmten inneren Prozeß, der zudem noch ziemlich verkrampft und angestrengt ablief; er hätte Sie ebensogut auch nicht zur Lösung führen können. Im zweiten Fall bemühten Sie sich systematisch um eine Lösung des Problems und unterstützten den Lösungsprozeß nach bestimmten Prinzipien.

Wie man einen solchen Prozeß systematisch fördern kann, ist Gegenstand von Gendlins *Focusing*-Konzept. *Focusing heißt also, in bestimmter Weise seiner Befindlichkeit (felt sense) zu folgen und ihre prozeßhafte Änderung systematisch zu begleiten, bis schließlich eine körperlich wahrnehmbare Entlastung (felt shift) eintritt.*

Diese Methode, das eigene Erleben zu erschließen, seinen Gefühlen auf die Spur zu kommen, wird auch psychotherapeutisch genutzt. *Focusing* ist ein Vorgehen, das innere Erleben natürlich und organisch zu begleiten. Um dieses Geschehen zu verdeutlichen und seine Methode lehr- und überprüfbar zu machen, hat Gendlin den Gesamtprozeß „künstlich“ in einzelne Phasen gegliedert. Dabei muß nicht ein Stadium streng dem anderen folgen, sondern es handelt sich eher um die Formulierung von Prinzipiien, die den *Focusing*-Prozeß in Gang halten.

Phase 1:
Einen Freiraum schaffen

Dies kann geschehen,

- indem man sich einen Platz sucht, an dem man ungestört ist, und es sich dort möglichst angenehm und bequem macht (äußerer Freiraum);
- indem man das aktuelle Beziehungsgeschehen klärt und durchschaubar macht, sofern ein *Focusing*-Begleiter, etwa ein Psychotherapeut, anwesend ist; beispielsweise erkundigt der Begleiter sich, ob der äußere Abstand, den er zum Klienten einnimmt, dessen Bedürfnissen entspricht oder ob der Klient gerade eine Störung in der gemeinsamen Beziehung wahrnimmt (Beziehungs-Freiraum);
- indem man sich innerlich in eine „O.K.-Position" bringt, etwa dadurch, daß man Abstand vom Problem nimmt, daß man sich zu entspannen versucht, sich um eine freiere Atmung bemüht oder sich auch in aller Ruhe auf dem Stuhl oder einer Liegegelegenheit einrichtet (innerer Freiraum).

Sich einen Freiraum zu schaffen, bedeutet letztlich, einfach gegenwärtig zu sein und anzunehmen, was immer im Erleben auftaucht. Dies ist also nicht nur zu Beginn des *Focusing* erforderlich, sondern zugleich auch ein wichtiges allgemeines Ziel dieses Prozesses.

Mit „Annehmen" meinen wir aber nicht, mit allem, was von innen aufsteigt, eins zu werden, darin zu versinken. In diesem Punkt unterscheidet sich das *Focusing* von vielen anderen Methoden der Humanistischen Psychologie. Dort spielt das „Hineingehen in das Gefühl" eine entscheidende

Rolle. Natürlich können sich auch beim *Focusing* heftige Emotionen einstellen und nach Ausdruck verlangen. Ein Weinen zum Beispiel sollte dann auch nicht unterdrückt werden, sondern „zugelassen" und, sofern eine andere Person dabei ist, behutsam und aufmerksam begleitet werden. Das „Herauslassen" von Gefühlen ist jedoch nicht Ziel der therapeutischen Arbeit, sondern ein manchmal notwendiger Schritt, um Freiraum zu gewinnen.

Wir verwenden hier übrigens die Worte „Klient" und „Therapeut" nur der Einfachheit halber. *Focusing* ist nicht an psychotherapeutische Behandlung gebunden. Jeder kann es in den unterschiedlichsten Situationen auch für sich allein durchführen; ein Begleiter ist allerdings erfahrungsgemäß, allein durch seine Anwesenheit und sein Zuhören, sehr hilfreich.

Phase 2:
Spüren der körperlichen Befindlichkeit

Hat der Klient sich einen Freiraum geschaffen, der ihm ausreichend erscheint, so kann er sich einem bestimmten, von ihm ausgewählten Problem zuwenden. Er versucht dabei, sein Problem aus einem Abstand zu betrachten, der es ihm erlaubt, den Freiraum nicht zu verlieren und dennoch die Schwierigkeit wahrzunehmen. Das Problem steht sozusagen außerhalb seiner selbst. Er läßt es als Ganzes auf sich wirken, ohne es ausführlich zu beschreiben, angestrengt darüber nachzugrübeln und sich im Labyrinth seiner ungelösten Schwierigkeiten zu verlaufen. Indem er sein Problem als noch undifferenzierte Ganzheit aus gebührendem Abstand wahrnimmt, beginnt sich in seinem inneren Freiraum der *„felt sense"* zu diesem Problem zu formen. Der Klient richtet seine Aufmerksamkeit auf diese körperlich spürbare Befindlichkeit, er stellt fest, wo und wie er sie spürt.

Phase 3:
Symbolisieren

Während der Klient seiner Befindlichkeit nachspürt, stellen sich in seinem Bewußtsein spontan Symbole ein, die den impliziten, nicht entfalteten „*felt sense*" explizieren. Sie ermöglichen es, ihn zu begreifen und auszudrücken. Diese Symbole können Worte sein, innere Bilder oder auch Bewegungen; sie können sprachlich oder durch Handlungen mitgeteilt werden.

Die Aufmerksamkeit des Klienten pendelt zwischen dem „*felt sense*" und den auftauchenden Symbolen hin und her; es entsteht ein „Dialog", eine Interaktion zwischen implizitem „*felt sense*" und expliziten Symbolen. Dabei erlebt der Klient meist, daß aus der Fokussierung auf den „*felt sense*" so lange Symbolisierungen hervorgehen, bis ein ganz deutliches körperliches „Ja", eine Empfindung von „Aha, das ist es" spürbar wird *(felt shift)*. Dies ist mit einer tiefen Erleichterung und einer Energetisierung des Befindens verbunden und führt gleichzeitig zu einer ganzheitlichen, körperlichen, emotionalen und kognitiven Bewertung und Bedeutungsbestimmung des fokussierten Problems.

Beim Symbolisieren kommen oft längst vergessene Erinnerungen oder Gefühle zum Vorschein, ebenso wie vorwärtsgerichtete Impulse für das weitere Handeln – etwa Klarheit und Entschiedenheit darüber, was der Klient zukünftig tun will. Auf diese Weise erfährt er den „inneren Kontext" seines Problems. Er entwickelt eine neue Einstellung zu dem, was ihm früher unlösbar erschien, und erweitert so seinen Handlungs-Freiraum, um Veränderungsschritte zu wagen.

Im allgemeinen haben Klienten nicht das Bedürfnis, die durch das Symbolisieren neu gewonnenen Informationen sofort zu besprechen und intellektuell zu verarbeiten. Es ist gut, dem natürlichen Wunsch folgend, die körperlich empfundene Erleichterung zu genießen und sich Ruhe zu gönnen, bevor weitergearbeitet wird.

Hinter dem *Focusing*-Konzept stehen nicht nur langjährige therapeutische Erfahrungen, sondern auch ein theoretisches Modell. Die Erlebenskategorie des *„felt sense“* ist die „leibliche“ Repräsentation der augenblicklichen existentiellen Situation eines Menschen. Martin Heidegger hat dies mit „Befindlichkeit“ bezeichnet; wir verwenden diesen Begriff als deutsche Entsprechung für *„felt sense“*. Gendlin nennt den *„felt sense“* implizit, weil die Gefühle, Bilder und Gedanken, die sich zu ihm formen und ihn ausmachen, gleichsam in diese vage Ganzheit „eingefaltet“ sind, ebenso wie die Bewegungs- und Handlungsimpulse, die eine Person aus ihrer momentanen existentiellen Gesamtsituation zur nächsten führen.

Der Begriff „implizit“ erinnert an den Begriff „unbewußt“. Das Implizite ist noch nicht genau und detailliert wahrnehmbar. Es tritt jedoch ins Bewußtsein, sobald der einzelne seine innere Aufmerksamkeit wie den Lichtkegel einer Taschenlampe auf das richtet, was er bereits spüren kann: auf den *„felt sense“*. Im Gegensatz zur mechanistischen Vorstellung der klassischen Psychoanalyse, die das Unbewußte als einen „Behälter“ verdrängter Erfahrungen betrachtet, versteht Gendlin das Implizite aber als Prozeß. Es setzt sich für ihn nicht aus der Summe „vergessener Gegenstände“ zusammen, die es „auszugraben“ gilt. Man kann sich das Implizite eher als „Ursuppe“ denken, aus der sich differenzierte und konkrete Erlebnisinhalte entwickeln können und in die Erlebtes wieder zurückkehrt, sie bereichert und verändert.

Im Verlauf des *Focusing* formt das implizit Erspürte sich zu einer klar wahrnehmbaren Gestalt, das Implizite entfaltet sich. Diese Explikation, das Symbolisieren, kann sich in verschiedenen „Erlebensmodalitäten“ abspielen. Das Implizite kann sich als Wort, als inneres Bild oder als Gefühl entfalten. Dies geschieht im *Erlebensraum,* also in der Innenwelt der Person. Gelangt es an die Außengrenze des Erlebensraumes, dann hat das implizite Material die höchste Stufe der Explikation, die klarste Symbolisierung, erreicht, und dann kann es über diese Grenze in den *Handlungsraum* treten. Das Explizierte, das scharf und präzise innerlich wahrnehmbar Gewordene, wird handelnd ausgedrückt – durch Sprechen, Schreiben, Malen, Bewegung und so weiter. Es bekommt dadurch eine „objektive" Gestalt, die auch von anderen wahrgenommen werden kann. Die Reaktion eines anderen tritt schließlich wiederum in den eigenen Erlebensraum ein und wirkt so auf das Implizite zurück.

Die *Focusing*-Theorie beschreibt also die Beziehung, die Wechselwirkung zwischen Implizitem und Explizitem. Die Bedingungen, die dieses wechselseitige Einwirken ohne größere Beeinträchtigungen ermöglichen, haben wir bildhaft mit „Freiraum-Schaffen" beschrieben.

Explizites, „fertig" Symbolisiertes, kann wohl klar wahrgenommen und präzise ausgedrückt werden, es ist zugleich aber auch abgeschlossen, unwandelbar, gleichsam tot. Daß ständiges Wiederholen von immer gleichen Sätzen – im inneren Dialog oder im Gespräch mit einem Freund oder Psychotherapeuten – ebensowenig Veränderung bringt wie das ständige Wiederholen von „fertigen" Gefühlen, ist eine bekannte Erfahrung. Sätze, die ich schon hundertmal über mich gedacht oder auch ausgesprochen habe, der Zorn oder die Trauer, die ich in bestimmten Situationen immer wieder erlebe, helfen mir nicht. Gefühle von Leere und Ausweglosigkeit kann ich erst überwinden, wenn ich diese expliziten Symbolisierungen wieder in Beziehung bringe zu meiner aktuell gefühlten körperlichen Befindlichkeit.

Das *Focusing*-Konzept beschreibt den Weg, der vom

Impliziten zum Expliziten und umgekehrt führt. Indem ich auf die noch ungeformte, nicht festgelegte innere Befindlichkeit achte, kann ich stereotype Erlebens- und Verhaltensmuster auflösen und neue, frische Formen des Erlebens und Verhaltens entdecken und entwickeln.

Wie spielt *Focusing* sich nun in der Psychotherapie ab? Wenn ein Klient zur ersten Sitzung kommt, schauen wir uns zuerst einmal das Therapiezimmer an. Er sieht – bei uns – die beiden Stühle zum Hinsetzen, die Matratze, auf die er sich legen kann, und mehrere Kissen, mit denen er es sich – wenn er will, auch auf dem Teppich – gemütlich machen kann. Er wird dazu ausdrücklich eingeladen: „Hier in diesem Raum können Sie sich gerade so hinsetzen oder hinlegen, stehen oder sich bewegen, wie es Ihnen in jedem Augenblick am besten paßt. Lassen Sie sich Zeit, um herauszufinden, wie Sie es sich hier angenehm einrichten können."

Natürlich setzen sich die meisten zunächst einmal ordentlich auf einen der Stühle, so, wie sie es gewohnt sind. Auch dabei fordern wir den Klienten auf, in aller Ruhe nach der Haltung, Atmung, Spannung oder Entspannung zu suchen, die es ihm ermöglichen, sich wohlzufühlen und einfach „da zu sein", als Person, nicht nur als ein mit Problemen beladener Patient.

Der Klient kann so erleben, daß er willkommen ist, ohne sich durch das Vorzeigen seiner Symptome sozusagen die Eintrittskarte zum Psychotherapeuten verschaffen zu müssen. Und durch das Beachten der Stimmungen und Impulse seines Körpers beginnt er zu lernen, daß er selbst etwas für sich tun kann: nämlich, bildhaft gesprochen, sein Problem-Bündel aus der Hand zu legen, es für eine Weile neben sich hinzustellen, Luft zu holen und – vielleicht seit langer Zeit zum ersten Mal – sich selbst zu spüren. Der Klient *ist* nicht sein Problem, er *hat* es. Und er kann allmählich anfangen, es aus einem nicht bedrohlichen Abstand zu betrachten, sich dem Problem zuzuwenden, ohne sich dabei selbst zu verlieren.

Wenn Sie wissen wollen, wie eine Suppe schmeckt, werden Sie weder deren chemische Zusammensetzung analysieren noch mit der ganzen Hand in den Suppentopf langen. Sie werden wohl ein bißchen am Rand des Topfes schnuppern und vielleicht von der Suppe kosten. Ähnlich verhält es sich mit dem eigenen Erleben. Es ist weder nützlich, vor ihm davonzulaufen oder es von sich wegzuschieben, noch es intellektuell zu analysieren oder aber in das eigene Erleben hineinzufallen und darin unterzugehen.

Beim *Focusing* lernt der Klient, wie er zu seinem eigenen Erleben in Beziehung treten kann. Und die innere Beziehung zu sich selbst folgt den gleichen Regeln wie die zwischenmenschlichen Kontakte. Eine soziale Beziehung ist dann nicht befriedigend, wenn ich mich von meinem Partner abgeschnitten fühle oder aber mich völlig mit ihm identifiziere. Kann ich hingegen mit jemand anderem Kontakt haben, ohne meinen Freiraum zu verlieren und ohne ihm seinen Freiraum wegzunehmen, so entsteht ein Austausch, der zu mehr gegenseitiger Annahme und Verständnis und zu gemeinsamem Wachstum führen kann.

Beim *Focusing* wendet sich der Klient von einem sicheren Platz aus seinem inneren Erleben zu und begleitet es ruhig und aufmerksam. Dann wird es ihn weder verlassen noch ihn überwältigen, sondern es wird sich ihm öffnen und er wird lernen, es zu verstehen.

Diese Entsprechung der zwischenmenschlichen und der innerseelischen Beziehung spielt in der Psychotherapie mit *Focusing* eine entscheidende Rolle. Die Beziehung, die der Therapeut dem Klienten anbietet, ist ein Modell für die Beziehung, die der Klient im Lauf der Therapie zu sich selbst aufnehmen kann. Der Therapeut sollte in seinem eigenen Freiraum zu Hause und gleichzeitig in Tuchfühlung mit dem Klienten sein. Er begleitet den Klienten wie ein Gefährte, der sich selbst nicht verliert. Der Theapeut ist kein Weiser, der Ratschläge oder Anordnungen erteilt. Er begleitet den Klienten unterstützend und zuhörend, hin und wieder regt er ihn dazu an, vielleicht etwas langsamer zu gehen, an einem Ort zu verweilen, ruhig und genau wahrzunehmen, was jetzt gerade im Körper spürbar, in der Imagination sichtbar oder im inneren Dialog hörbar ist. Gelangt der Klient an eine innere Wegkreuzung, kann der Therapeut ihn fragen, welchen Weg er einschlagen möchte, oder zu bedenken geben, daß er einen bestimmten Weg schon Dutzende von Malen gegangen und immer wieder in der gleichen Sackgasse geendet ist.

Dabei fordert der Therapeut den Klienten auf, ihm mitzuteilen, was ihm an der Art und Weise, wie er begleitet wird, hilft und was ihn stört. Der Therapeut nimmt so den Klienten als Gegenüber ernst und teilt mit ihm die Verantwortung für den gemeinsamen Weg.

An dieser kurzen Beschreibung der therapeutischen Beziehung beim *Focusing* wird auch die Herkunft dieses Vorgehens aus der klientenzentrierten Gesprächspsychotherapie deutlich. Carl Rogers hat die notwendigen Bedingungen für eine hilfreiche Therapie formuliert: Der Therapeut sollte sich gegenüber dem Klienten „echt" und durchschaubar, bedingungsfrei annehmend und verständnisvoll einfühlend verhalten. Eugene Gendlin hat als langjähriger Mitarbeiter und Nachfolger von Carl Rogers an der Universität von Chicago beschrieben, was sich im Inneren des Klienten ereignet, wenn dieser sich in diesem Beziehungs-Raum konstruktiv verändert. Für Gendlin steht dabei ebensowenig wie für Rogers im Vordergrund, welcher Techniken sich der Therapeut bedient. Für Rogers kommt es auf die inneren Einstellungen der

Kongruenz, des Akzeptierens und der Empathie an, und er versteht das konkrete Verhalten des Therapeuten als individuellen Ausdruck dieser Einstellung; Gendlin betont, daß der Therapeut die Schritte des *Focusing*-Prozesses an sich selbst erlebt haben muß, und er fordert ihn dazu auf, selbständig eigene Formen zu finden, wie er die Prinzipien des *Focusing* in therapeutisches Verhalten umsetzt.

Focusing ist deshalb nicht bloß eine Zusatztechnik innerhalb der Gesprächstherapie, sondern zunächst einmal die allgemeine Beschreibung des inneren Veränderungsprozesses. Diesen zu kennen, ermöglicht dem Therapeuten, seine Aufmerksamkeit gezielter auf das eigene Erleben und auf das des Klienten zu richten und die Veränderung des Erlebens systematisch zu fördern. Dabei geht das *Focusing* insofern über die klassische Gesprächstherapie hinaus, als es auch das Körpererleben, imaginative und kognitive Prozesse systematisch berücksichtigt. Dadurch werden Verbindungen zu anderen therapeutischen Richtungen erkennbar, die es erleichtern, unterschiedliche Ansätze miteinander zu integrieren.

Der Klient kann durch das *Focusing* lernen, mit auftauchenden Schwierigkeiten selbständig umzugehen, weil die Methode des Fokussierens grundsätzlich unabhängig von der therapeutischen Situation ist. Der Klient und auch jede andere Person kann durch Focusing lernen, sich selbst zu helfen. Gendlin fordert in seinem Aufsatz *The Politics to give Psychotherapy away,* daß Psychotherapie nicht als Geheimkunst zum Wohle des Therapeuten betrieben wird, sondern daß der Therapeut sein Handwerkszeug aus der Hand gibt und dem Klienten beibringt, es zu gebrauchen.

Deshalb versuchen Sie ruhig einmal, mit Ihren Problemen so umzugehen, wie wir es beschrieben haben. Verschaffen Sie sich Freiraum und geben Sie sich Zeit, bis Sie in der Lage sind, sich mit Ihrem Problem aus konstruktiver Distanz zu beschäftigen. Vertrauen Sie dabei auf die Weisheit Ihres Organismus; vergessen Sie die alten Hypothesen, die Sie über sich selbst haben – die meisten stammen sowieso nicht von Ihnen selber.

Wenn Sie das Fokussieren erproben wollen, bitten Sie einen Freund, Sie zu begleiten und Ihnen dann und wann „zurücksagen", was er verstanden hat. Sollte er sich darüber hinaus in Ihre Angelegenheit einmischen wollen, weisen Sie ihn in seine Schranken.

Zu einem Psychotherapeuten sollten Sie erst gehen, falls es Ihnen trotz allem nicht gelingt, sich Freiraum zu verschaffen. Achten Sie dann darauf, ob Sie sich wirklich dabei unterstützt fühlen, Ihren eigenen Weg zu gehen. Mißtrauen Sie allen Heilslehren – und wenn *Focusing* Ihnen wie eine neue vorkommt, lassen Sie die Finger davon.

Johannes Wiltschko hat in Wien, Zürich und Salzburg Psychologie, Philosophie und Psychopathologie studiert und zum Dr. phil. promoviert. Seine Focusing-Ausbildung erhielt er bei Eugene Gendlin in Chicago und bei Linda Olsen in Los Angeles. Wiltschko ist seit Jahren psychotherapeutisch tätig, zunächst an verschiedenen Institutionen, in freier Praxis und als Ausbilder für klientenzentrierte Psychotherapie in München.

Friedhelm Köhne hat Psychologie, Philosophie und Soziologie in Würzburg studiert. Zum Focusing-Therapeuten wurde er bei Eugene Gendlin in Chicago ausgebildet. Köhne arbeitete als Psychotherapeut und Dozent in einigen Institutionen, ist wie Wiltschko Ausbilder für klientenzentrierte Gesprächstherapie und gehört zum Leitungsteam des Psychologischen Beratungs-Zentrums (pbz), einer Praxisgemeinschaft in Würzburg.

Literatur

Gendlin, E.T. (1982): Focusing. 2. Aufl. Otto Müller, Salzburg

Iberg, J. (1983): Focusing. In: Corsini, R. (Hrsg.): Handbuch der Psychotherapie. Beltz, Weinheim und Basel

Köhne, F. (1983): Focusing und Klientenzentrierte Psychotherapie. Zur Bedeutung von Beziehung und Technik. In: Tscheulin, D. (Hrsg.): Beziehung und Technik in der Klientenzentrierten Therapie. Beltz, Weinheim und Basel

Köhne, F. und Wiltschko, J. (1981): Focusing und Klientenzentrierte Psychotherapie. Erfahrungen und Materialien. GwG-Info 43

Wild-Missong, A. (1981): Focusing. In: Psychotherapie Manual. Springer, Berlin und Heidelberg

Wild-Missong, A. (1983): Neuer Weg zum Unbewußten. Focusing als Methode klientenzentrierter Psychoanalyse. Otto Müller, Salzburg

Wiltschko, J. (1979): Zur Praxis des Focusing. Persönliche Erfahrungen mit Gene Gendlin. GwG-Info 37

(Der Beitrag ist in PSYCHOLOGIE HEUTE, Heft 3/84, erschienen)

Feministische Therapie: „... sich das Recht nehmen, nein zu sagen"

Ein Gespräch mit Sabine Scheffler

Der Begriff „Feministische Therapie" könnte Vorurteile wecken: Ist das eine Therapie von Feministinnen für Feministinnen? Also Therapie von einer kleinen radikalen Minderheit für eine kleine radikale Minderheit? Dem widerspricht, daß inzwischen Frauen aus allen sozialen Schichten und Altersgruppen Hilfe bei feministischen Therapeutinnen suchen. Denn diese sind in der Lage – im Gegensatz zu anderen Therapieverfahren –, ganz konkret und ausdrücklich die besonderen Lebensbedingungen von Frauen zu berücksichtigen. Sabine Scheffler, Professorin an der Fachhochschule für Sozialarbeit in Köln, erläutert das Konzept.

Psychologie Heute: Was ist eigentlich feministische Therapie?

Sabine Scheffler: Der Begriff „feministisch" verweist darauf, daß es sich um Kulturkritik handelt. Vertreterinnen der feministischen Therapie haben vor rund 15 Jahren in den USA begonnen, Kritik zu üben: am Patriarchat, der sexistischen Gesellschaftsstruktur und an der Art, wie in Institutionen – beispielsweise denen der Psychiatrie – mit Frauen und deren „Gesundheit" und „Krankheit" umgegangen wird. Auch die herkömmlichen Therapieformen wurden einer Kritik unterzogen.

PH: Das sind alles Abgrenzungen.

Scheffler: Feministische Therapie hat begonnen als eine

Antithese. Das ist es ja, was Feminismus überhaupt kennzeichnet: daß Frauen sich erst einmal das Recht nehmen, nein zu sagen, auch wenn sie nicht gleich ein neues geschlossenes System präsentieren können. Nein sagen, ist der erste Schritt, eine eigene Identität zu gewinnen.

PH: Ist es denn ein Ziel der feministischen Therapie, ein geschlossenes Theoriesystem zu entwickeln?

Scheffler: Nein. Aus der Antithese hat sich ergeben, daß wir keine neue Therapietheorie entwickeln wollen. Sondern wir wollen – aus unserer Kritik und Analyse der Benachteiligung von Frauen im psychosozialen Sektor – ein *Behandlungs*modell gewinnen. Wir wissen, was das Patriarchat mit uns anrichtet und welche Rolle wir dabei spielen. Aber uns ist es bislang nicht gelungen, diese Erkenntnis wirklich konsequent umzusetzen.

PH: Nun heißt das Ganze nicht „feministische Patriarchatskritik", sondern es soll sich um eine „Therapie" handeln, also eine Behandlungsmethode.

Scheffler: Wie jedes therapeutische Denkmodell läßt sich auch die feministische Therapie in fünf Bereichen hinterfragen: Werte und Grundüberzeugungen; Erklärung von Störungen; Vorstellungsmodelle von Veränderungen und Entwicklungen; Ziele und Inhalte der Arbeit; und schließlich: Arbeitsformen. Da gibt es erste Antworten.

PH: Also gut: Frage nach den Grundüberzeugungen feministischer Therapie.

Scheffler: Die erste ist fast ein Axiom, wie man in anderen Therapierichtungen sagen würde. Bei der Psychoanalyse ist das beispielsweise unter anderem die Triebtheorie, bei Carl Rogers sind es die 16 Thesen zur „fully functioning person", bei der Gestalttherapie das Verhältnis von Figur und Grund, die Organismus-Umfeld-Relationen und die Auffassung, daß der Organismus ein selbstregulatives System sei. Im Sinne dieser Grundüberzeugungen geht feministische Therapie davon aus: Wenn Frauen beginnen, seelisch und körperlich zu leiden, hängt das mit ihrer konkreten Lebenssituation zusammen, die Ausdruck des Patriarchats ist, Ausdruck dessen, daß sie in einer unterdrückten Situation leben – psychisch, physisch, sozial und materiell. In dieser Gesellschaft eine Frau zu sein, erfordert bestimmte Bewältigungsstrategien, die letztlich irgendwann im Leben einer Frau zu einer Krise führen können. Eine Symptombildung wie beispielsweise eine depressive Reaktion ist für uns nie nur ein Problem individueller Pathologie. Sondern sie ist gleichzeitig auch Ausdruck eines – wenn auch fehlgeleiteten, so doch aktiv angegangenen – Bewältigungsversuchs, der, weil die Situation so ist, wie sie ist, auf die Frau zurückschlägt und sich gegen sie wendet. Es geht darum, die Kollektivität einer persönlichen Leidensform in die Therapie einzubeziehen.

PH: Gibt es noch andere Grundüberzeugungen?

Scheffler: Wir betonen ausdrücklich die persönliche *Autonomie* der einzelnen Frau in der Therapie. Autonomie bedeutet, daß sich eine Frau nicht über ihre Beziehung definiert – also über Mann, Kinder und Status –, sondern daß sie sich unabhängig verhalten kann, ihr Leben als eigenständiges Projekt begreift; daß sie entscheiden kann, welche Anregungen sie aufnehmen und wovon sie sich distanzieren will; daß sie dann in der Lage ist, auch einen Konflikt durchzustehen, zu riskieren, nicht gemocht zu werden, weil es um sie selbst und ihren eigenen Standpunkt geht; daß sie nachdrücklich auf egalitäre Beziehungen in ihrem Privatleben drängt.

Autonom sein heißt auch, sich die sexuelle Selbstbestimmung zu erobern. So ist Lesbischsein als Lebensstil in der Frauenbewegung und im Therapiekonzept akzeptiert. Der Punkt der Sexualität ist sehr wichtig. Das ist von der

Frauenbewegung her in die Therapie gekommen, daß Autonomie auch bedeutet, die eigenen sexuellen Vorlieben zu kennen und sie zu leben.

Autonomie bedeutet auch, sensibel dafür zu sein, daß ich hier in dieser Gesellschaft eine benachteiligte Position habe; wachsam zu sein und das, so gut ich kann, nach draußen zu tragen. Das heißt nicht, daß alle Frauen, die in feministischer Therapie waren, hinterher zu Demonstrationen rennen müssen. Aber die Sensibilität für Unterdrückung, die ja zuweilen schmerzhaft ist, soll durch die Therapie nicht verlorengehen, sondern erhalten bleiben. Es gehört zur persönlichen Autonomie, daß ich über das, was mir in dieser Gesellschaft passiert, noch Leid empfinden kann – das ist „gesund".

Aus all unseren Grundsätzen ergibt sich so etwas wie ein feministischer Humanismus, getragen von dem Autonomie-Gedanken und der Vorstellung anstrebenswerter Androgynität.

PH: Androgynität heißt in diesem Fall doch wohl, ein Ausleben beider Anteile im Leben möglich zu machen, die vorher auf Männer und Frauen aufgespalten wurden?

Scheffler: Genau. Weiter steckt dahinter ein bestimmtes Konfliktmodell, kein Harmoniemodell. Es geht darum, mit Frauen zu durchleben, daß Wachtum und Veränderung nur über Konflikt möglich ist. Daß es zwar harmonische Phasen gibt, die stabiliserend sind im Leben der einzelnen Frau, daß aber Konflikt eigentlich das ist, was „es bringt". Ich betone das deshalb, weil das zwar in anderen Therapieformen auch vorhanden ist, vor dem Sozialisationshintergrund von Frauen aber ein besonderes Gewicht bekommt. Denn Frauen sind für Harmonie, Ausgleich und Konfliktbeseitigung zuständig. Es ist also wichtig, sie in der Therapie so zu stützen, daß sie beginnen, Konflikte lebendig zu durchleben und aktiv zu bewältigen. Weiterhin steckt dahinter, daß es um ein Wachstums- und Entwicklungsmodell geht und nicht um ein Störungs-Anpassungs-Modell, nach dem es eine Störung gibt, die beseitigt werden muß, damit wieder alles in Ordnung ist. Es geht um einen Prozeß in der Therapie, der einem Abenteuer ähnelt, einer Entdeckungsreise.

PH: Welchen „Reiseweg" soll eine Frau denn nehmen? Wie stellt sich feministische Therapie als Denkmodell Veränderung und Entwicklung bei den Klientinnen vor?

Scheffler: Da saugen wir wie Schwämme alles auf, was wir von anderen Therapierichtungen kennen. Und wir sind bemüht, das vom frauenspezifischen Standpunkt aus neu zu durchdenken. Beispielsweise alles, was zum Konzept der „Gender Identity" geforscht wurde (ein Begriff, der mit „Geschlechtsidentität" nur unzureichend übersetzbar ist). Dann die Rollenanalyse aus der Soziologie; die Sozialisationstheorie und Teile der Sozialpsychologie. Wir müssen wissen, wie sich der Minderheitenstatus von Frauen auf der Kontakt-Ebene, im Umgang mit anderen, auswirkt. Frauen – das wissen wir heute – unterscheiden sich in ihrem Verhalten nicht von anderen Randgruppen. Auch sie identifizieren sich mit dem Aggressor, werten sich selbst ab, sind selbstmißtrauisch, übernehmen die Normen des Mächtigeren.

Wichtig ist für uns auch ein Buch wie Nancy Chodorows „Das Erbe der Mütter", denn es zeigt, was es für die Emotionalität von Männern und Frauen bedeutet, daß die erste Bezugsperson in unserem Leben eine Frau ist. Es macht einen großen Unterschied, ob sich das, was du bist, und dein Verständnis davon, in der Auseinandersetzung und Anlehnung an etwas entwickelt, was so ist „wie du", nämlich das gleiche. Oder ob du, wie die kleinen Jungen, deine Identität darüber gewinnst, daß du dir sagst: „Mich macht es aus, nicht so zu sein wie ..." Jungen gewinnen ihre Identität über Abgrenzung. Die Identitätsprozesse von Frauen verlaufen dialogischer; Frauen können sich ständig spiegeln, befinden sich in der Auseinandersetzung und sind dadurch auch viel eher symbiotisch gefährdet. So tritt in ihrem Leben später häufig die Situation ein, daß sie sozusagen in eine andere Person „hineinkippen" und kein stabiles Gefühl mehr dafür haben, was sie sind und was sie ausmacht. Das erleben wir in der Therapie auch oft im Therapeutin-Klientin-Verhältnis.

PH: Feministische Therapie geht also in ihrem Theoriegebäude eklektisch vor, sucht sich das jeweils Passende aus verschiedenen Gedankengebäuden zusammen?

Scheffler: Es geht weniger um das Passende als um das „neu Durchdenken". So wird heute, im zweiten Anlauf sozusagen, in der Frauenbewegung auch verstärkt über die Psychoanalyse nachgedacht. Die erste Reaktion war auch hier ein „Nein". Frauen verstanden die Psychoanalyse als Abwertung ihres Geschlechts. Und das stimmt ja auch. Nur gibt es in der Zwischenzeit auch andere, eigenständigere Ansätze von Psychoanalytikerinnen, etwa von Margarete Mitscherlich. Sie und andere haben gezeigt, wie produktiv es sein kann, wenn wir das Patriarchalische an diesem Denksystem analysierend durchdringen und den „phallischen Monismus" der psychoanalytischen Denkweise entlarven.

PH: Ist das wirklich möglich, bestimmte Konzepte einfach „vom Staub des Patriarchats" zu befreien? Zu sagen: „Ich entkleide die Psychoanalyse ganz bestimmter Bestandteile", die vielleicht sogar zentral für dieses Gedankengebäude sind, „aber ansonsten kann ich sie brauchen?"

Scheffler: Wenn man die Psychoanalyse ganz bestimmter Bestandteile entkleidet, dann ist es keine Psychoanalyse mehr, sondern es taucht eine neue Gestalt auf.

PH: Stichwort Gestalt: Welche Rolle spielt die Gestalttherapie bei der Entwicklung feministischer Therapie?

Scheffler: Die Gestalttherapie ist nicht nur von Fritz Perls bestimmt worden, sondern auch von Paul Goodman, der das wichtige Buch „Gestalt Therapy" in wesentlichen Teilen mit geschrieben hat. Goodman war Anarchist, und wer die Gestalttherapie auf ihre wesentlichen Axiome hin abklopft, entdeckt, daß sie ein Aggressivitätskonzept hat, das für die Frauen produktiv ist. Weil sie ein solches anarchistisches Potential hat, enthält sie viel Kritik an Normen, überkommenen Vorstellungen und dem „Überich". Das ist gut für Frauen, die ja häufig eingekastelt sind in ihr „Sollte, Hätte, Müßte", „Nur dann bin ich eine Frau, wenn", und was es an Verhaltensanweisungen mehr gibt. Außerdem hat die Gestalttherapie ein Konzept von Kontakt und Beziehung, das in der Anwendung der Therapeutin-Klientin-Beziehung sehr wichtig ist.

PH: Welche Ziele hat feministische Therapie eigentlich?

Scheffler: Subjektives Leid zu vermindern – wie andere Therapien auch. Aber das Verständnis von subjektivem Leid und der Umgang damit ist anders. Ein zweites Ziel ist, eine Frau sensibel zu halten für Unterdrückungs- und Machtmechanismen. Das ist auch die Grenze feministischer Therapie. Ich kann in einem Therapieprozeß nicht die Widersprüchlichkeiten der patriarchalischen Gesellschaft in dem kleinen Raum beseitigen, den wir uns schaffen.

PH: Zum Therapeutin-Klientin-Verhältnis. Feministische Therapie ist aus der Frauenbewegung heraus entstanden. Aber sie ist etwas anderes als eine Auseinandersetzung zwischen Frauen, bei der eine Frau zum Mittelpunkt der Diskussion wird. Ist die therapeutische Rollenverteilung nicht eher hinderlich als förderlich, einen Emanzipationsprozeß auf seiten der „Klientin" zu bewirken?

Scheffler: Ich halte diese Rollenverteilung für notwendig. Ich glaube nicht, daß sich egalitäre Verhältnisse herstellen, indem ich das Gefälle, das sowohl von der einen wie von der anderen Seite vorhanden ist, leugne. Das Gefälle wird benutzt, der Frau zu verdeutlichen, wie sie mit Autorität umgeht. Ich sage nicht: „Wir sitzen beide in einem Boot, nun laß uns mal losrudern." Sondern ich habe einen Informationsvorsprung, was Frauentheorie angeht, was Theorien über psychische Krankheit angeht, was Therapieerfahrung angeht - ich habe Informationsmacht und Beziehungsmacht. In einer langfristigen Therapie schleichen sich unter anderem auch Übertragungen ein, ich werde eine Surrogatfigur: Mutter, Vater oder was auch immer. In meiner Verantwortung liegt es, mit dieser Macht umzugehen.

PH: Eine Therapiesituation ist eine künstliche Situation – nicht nur in einer sozialen Bewegung, die egalitäre Ansprüche hat für ihre Mitglieder, wie es in der Frauenbewegung der Fall ist. Daß eine Person ihr Geld zu einer anderen trägt mit der Bitte, ihr zuzuhören und ihre seelische Not zu lindern, ist immer eine bedenkliche Situation. Fördert es nicht gerade bei Frauen den Selbsthaß, den sie ohnehin so überreichlich haben, wenn sie wissen: „Damit mir jemand in meinem Elend überhaupt zuhört, muß ich Geld bezahlen?"

Scheffler: Daß die Frau mir dafür Geld geben kann, ist für mich und sicher für viele Frauen ein Punkt der Entlastung, der die Abhängigkeit geradezu vermindert. Geld ist ein Fetisch, über ihn wird ein bestimmtes Maß an Gleichheit wiederhergestellt. Geld zu nehmen, hat für mich die Bedeutung, mich klar darzustellen, mich abzugrenzen. Es erleichtert mich, daß ich einen Preis fordern kann. Denn ich weiß, daß das Geld, das die Frau mir gibt, ihr die Möglichkeit bietet, mich beispielsweise zu kritisieren, wenn ich nicht zu ihrer Zufriedenheit arbeite.

PH: Haben die solidarischen Gesprächsformen – etwa in Selbsterfahrungsgruppen – sich als nicht ausreichend erwiesen, so daß die feministische Profi-Therapeutin nötig wurde?

Scheffler: Sicher, man kann sagen, wir sind emotional untereinander so entfremdet, daß wir zu Spezialistinnen rennen müssen. Ich selbst bin aber ganz kritisch gegenüber all den Frauen, die über Jahre hinweg von einer Selbsterfahrungsgruppe zur anderen wechseln und das zu ihrem Lebensersatz machen. Therapie ist so strukturiert, daß dort etwas ins Leben integriert werden soll. Selbsterfahrungsgruppen, die „consciousness-raising groups", waren nie professionell, sondern sie haben auf der persönlichen Ebene ein gemeinames Verständnis der Situation geschaffen. Es ging darum, einen Durchblick zu bekommen, indem sich alle mit dem persönlichen Lebensweg jeder einzelnen Frau auseinandersetzten und herausfanden, was ihnen gemeinsam war. Das ist ein ganz anderer Ansatz, da geht es um politische Bewußtheit und nicht um Bewußtsein.

PH: Eine der wichtigsten Forderungen, die feministische Therapeutinnen an sich selbst stellen, lautet: parteilich und betroffen sein. Was heißt das?

Scheffler: Parteilich und betroffen sein, heißt, mit dem Bewußtsein und dem Gewahrsein leben, daß das, was die Klientin in ihrem Leben zur Zeit betrifft, mir grundsätzlich von meiner Position als Frau her auch passieren könnte. Grundsätzlich – davon gehe ich als feministische Therapeutin aus – leben wir beide in einer benachteiligten Situation; in der Therapie soll sie Kräfte entwickeln, um damit umgehen zu können. Das ist eine Frage der Haltung, nicht nur der persönlichen Erfahrung. Beispiel Vergewaltigung: Ich bin einen Meter einundachtzig groß, ich bin nie bedroht worden auf der Straße. Wenn ich eine vergewaltigte Frau vor mir habe, begegne ich ihr aber nicht in dem Bewußtsein: „Das kann mir nicht passieren", und distanziere mich so nicht von meinem Frausein in dieser Gesellschaft. Sondern ich mache mir die Ängste zu eigen und gestehe zu: „Egal, ob ich einen

Meter einundachtzig bin und hundertsechzig Pfund wiege – es kann mir grundsätzlich auch passieren."

PH: Wenn das Leiden der anderen Frau so nah ist, bedeutet das nicht auch einen großen emotionalen Verschleiß der Therapeutin?

Scheffler: Ja. Deshalb geht es darum, professionell zu handeln. Denn Professionalität und Sachkenntnis sind die beiden einzigen Möglichkeiten, mich bei Dingen, die mich sehr betroffen machen, abzugrenzen und zu distanzieren. Ja, ich bin virtuell betroffen. Und wenn die Frau vor mir erschüttert ist, muß ich einen klaren Kopf bewahren, um Möglichkeiten mit ihr zu erarbeiten, aus einem so starken Konflikt herauszukommen. Ich distanziere mich, wenn mir etwas zu nahe geht. Ein Beispiel: Die Frau, mit der ich zusammenlebe, hat im vorigen Jahr Krebs gehabt. Das hat mich ziemlich gebeutelt. Zu diesem Zeitpunkt kam eine Frau in die Therapie und hat erzählt, daß ihre Schwester Krebs hat. Ich habe ihr dann gesagt: „Ich möchte nicht, daß wir jetzt darüber reden, es betrifft mich zu sehr. Ich bin damit nicht fertig und selbst auf der Suche. Ich möchte, daß Du das Thema hier zurückstellst, das ist mir zuviel, ich kann das nicht mit Dir besprechen."

PH: Wäre es denn ein Zeichen von Nicht-Professionalität, sich dann auf eine solche Situation einzulassen und etwa zu sagen: „Ich weiß auch nicht weiter, wir können nur zusammen überlegen?"

Scheffler: Es gibt solche Situationen gegen Ende von Therapien, wenn sich wirklich zwei Gleiche gegenübersitzen, beide in ihren Stärken und Schwächen im Laufe der Arbeit sichtbar geworden. Das ist dann aber auch der Zeitpunkt, an dem die Trennung entsteht. Ich denke immer an das Ende, wenn in der Therapie eine Frau beginnt, engagiert und betroffen über etwas anderes zu erzählen als über sich selbst.

Offenbar ist dann wieder verstärkt Kraft und Energie da, sich von sich selbst wieder ab- und Außendingen zuzuwenden.

Sabine Scheffler hat in Bonn und Berlin Psychologie studiert. Sie ist Professorin an der Fachhochschule für Sozialarbeit in Köln und betreut dort den Studienschwerpunkt „Frauen“. Sie ist in unterschiedlichen Abständen insgesamt vier Jahre in den USA gewesen und hat sich dort mit der Entwicklung feministischer Theorie und Therapie beschäftigt. Gemeinsam mit drei weiteren Psychologinnen und einer Ärztin hat Sabine Scheffler ein dreijähriges Fortbildungsprogramm in feministischer Therapie aufgebaut.

(Der Beitrag ist in PSYCHOLOGIE HEUTE, Heft 3/86, erschienen)

Hypnose: Vom Schaubudenzauber zur seriösen Therapie

Burkhard Peter

Die Theorie war falsch, der Erfolg dennoch groß. Franz Mesmer glaubte vor 200 Jahren, er könne mit seiner Behandlung ein Fluidum, eine Art Biomagnetismus bei psychisch und psychosomtisch Kranken wieder ins rechte Lot bringen. Zwei wissenschaftliche Kommissionen wiesen ihm nach, daß es sich hierbei um kognitive, nicht aber um biologische oder gar magnetische Phänomene handelt. Beide Kommissionen bestätigten und replizierten zum Teil aber auch die therapeutischen Erfolge, die zuvor in Wien und Paris Mesmers Ruhm begründet hatten.

Trotz dieser wissenschaftlichen Zurückweisung seiner Fluidumstheorie gilt Mesmer als der Begründer der heutigen Hypnose und Hypnotherapie; und trotz oder gerade wegen dieser Zurückweisung verbreitete sich sowohl die Therapie wie auch die Praxis des Mesmerisierens in der Folgezeit über ganz Europa. Vage oder auch sehr konkrete Fluidumsideen sind es auch heute noch, die einige Klienten Hilfe bei einem Hypnotherapeuten suchen lassen. Dieser steht dann vor der Alternative, entweder in seinem Auftreten, in der Einrichtung seiner Praxis oder in anderen Äußerlichkeiten diesen Vorstellungen zu entsprechen oder in seinem praktisch-therapeutischen Handeln diese Ideen seines Klienten geduldig aber klar zu korrigieren.

Versteht man Mesmers Theorie nicht im konkretistischen, sondern in einem metaphorischen Sinne, kann man sie akzeptieren. Die (hypno)therapeutische Beziehung, der Kontakt (Rapport) des Therapeuten zum Klienten entscheidet – zwar nicht allein, aber doch als eine conditio sine qua non – über den Erfolg der Behandlung. Verbale Techniken und andere trickreiche Strategien zur Induktion einer Trance und zur Arbeit in Trance sind neben fundiertem allgemeinpsychologischem Wissen und psychotherapeutischem Können nur dann erfolgreich, wenn der Therapeut zum Klienten eine besondere therapeutische Beziehung aufnehmen kann, die diesen überhaupt erst empfänglich macht für die Suggestionen, die eine Umorganisation seiner Wahrnehmung, seines Denkens, Fühlens und Handelns und so den therapeutischen Erfolg bewirken.

Eine weitere Theorie, die 100 Jahre später aufgestellt wurde, die Suggestionstheorie von Liébeault und Bernheim in Frankreich, ist zwar nicht ganz falsch, doch zu eingeschränkt, als daß sie Hypnose befriedigend oder gar vollständig beschreiben und erklären könnte. Sie hat zudem einiges zu den heute noch bestehenden laienhaften Mißverständnissen über Hypnose beigetragen. Nach dieser Theorie ist Suggestion der Kernpunkt, die Hauptsache der Hypnose. Suggestionen erzeugen danach zunächst einmal den hypnotischen Zustand, die Trance; hypnotische Trance wiederum verstärkt die Suggestibilität, also die Bereitschaft, den Suggestionen Folge zu leisten.

Diese Theorie hat mehrere Implikationen, die zwar nur zum Teil richtig sind, dafür aber um so wirkungsvoller die Laienmeinung über Hypnose prägen:

- Um den Suggestionen des Hypnotiseurs entsprechen zu können, muß jemand nicht nur die grundsätzliche Bereitschaft dazu, sondern auch eine gewisse Suggestibilität, das heißt eine „Empfänglichkeit“ für Suggestionen mitbringen.

- Damit seine Suggestionen Wirkung haben, sollte der Hypnotiseur auch eine gewisse Suggestivität beziehungsweise „Suggestivkraft“ besitzen.
- Jemand kann bewußt und willentlich den Anfangssuggestionen zur Tranceinduktion widerstehen, das heißt, sie einfach ignorieren und so verhindern, daß er hypnotisiert wird.
- Ist jemand aber bereits in Trance, kann er sich den Suggestionen des Hypnotiseurs nicht mehr entziehen; er muß dann tun, was dieser ihm befiehlt.
- Trancetiefe und Suggestibilität korrelieren miteinander: Je tiefer die Trance, umso wirkungsvoller sind die gegebenen Suggestionen.

Es ist richtig, daß ein Mensch grundsätzlich dazu bereit sein muß, auf Suggestionen, so gut er kann, zu reagieren. Die Erfahrung lehrt auch, daß manche dies besser vermögen als andere. Ob Suggestibilität jedoch gewissermaßen eine Persönlichkeitseigenschaft darstellt, ist zumindest strittig. Daß hohe Suggestibilität mit geringer Willenskraft beziehungsweise „Ichstärke“ einhergeht, wie der Laie so häufig vermutet, ist schlichtweg unsinnig und falsch. Sollten diese beiden „Persönlichkeitsmerkmale“ überhaupt etwas miteinander zu tun haben, so ist eher das Gegenteil der Fall: Ein Mensch mit großer „Ichstärke“ kann es sich eher erlauben, sich vorübergehend einem anderen anzuvertrauen und in Trance zu gehen, weil er sicher sein kann, jederzeit die Kontrolle wieder übernehmen zu können; ihm sind vermutlich auch jene Erlebnisweisen in Trance vertrauter als Menschen mit geringer „Ichstärke“.

Über die sogenannte Suggestivität beziehungsweise Suggestivkraft des Hypnotiseurs existieren zum Teil wilde Gerüchte: Schlimmstenfalls wird sie als ominöse Fähigkeit angesehen, auf andere Menschen gegen deren Willen Macht ausüben zu können. So erwarten in der Tat auch viele Klienten, daß der Hypnotherapeut sie mit starkem Willen in Trance zwingt und ihnen dann ihre Symptome „ausredet". Natürlich gibt es auch heute noch da und dort den autoritären Hypnotiseur, der sich nicht selten auch mit den äußeren Insignien geheimnisvoller Macht zu umgeben weiß. Und natürlich können auch dessen autoritäre Suggestionen für den rein symptomatischen Bereich bei manchen Klienten erfolgreich sein.

Niemand kann gegen seinen Willen therapiert werden, und niemand kann gegen seinen Willen hypnotisiert werden. Diese Tatsache ist in vielen Fällen auch dafür verantwortlich, wenn es mit der Therapie oder der Hypnose nicht so klappt, wie der Klient es sich (bewußt) wünscht. Denn viele Klienten kommen mit (mindestens) zwei Seelen in ihrer Brust zum Therapeuten: Neben dem bewußten und aufrichtigen Willen, ein Leiden oder eine Störung loszuwerden und zu diesem Zweck in Trance zu gehen, gibt es in der Regel auch noch andere (unbewußte) Strebungen, die genau dies verhindern wollen und so einen Teil des unbewußten Widerstandes gegen Hypnose und Therapie darstellen. Gegen diesen Widerstand therapieren oder gar neurotische Symptome „weghypnotisieren" zu wollen, würde nicht nur wirkungslos sein, sondern könnte unter bestimmten Umständen auch gefährlich für den Klienten werden. Denn Symptome fristen nur selten ein isoliertes Schattendasein – auch wenn dies häufig so erlebt wird –, sondern sind eingebettet in ein intra- und interindividuell lebendiges System. Veränderungen am Symptom selbst ziehen daher in der Regel Veränderungen an anderen Stellen dieses Systems nach sich, die nicht immer erwünscht sind. Dies bedeutet einerseits, daß in vielen Fällen ein Klient die Beurteilung und Leitung der Therapie dem Therapeuten überlassen muß, andererseits aber auch, daß der Therapeut genügend Wissen und Erfahrung durch Studium, psychotherapeutische Aus- und Weiterbildung, Berufs- und Lebenserfahrung erworben haben muß.

Trancetiefe und Suggestibilität stehen in keinem geordneten Verhältnis zueinander. Die Wirksamkeit, das heißt die Annahme und Ausführung von Suggestionen, hängt von vielen anderen und noch dazu situativ, inter- und intraindividuell variablen Bedingungen ab, gewiß aber nicht von der Tiefe einer Trance. Es ist sogar fraglich, ob Suggestion und Trance überhaupt etwas miteinander zu tun haben. So gibt es genügend Untersuchungen, die belegen, daß typische hypnotische Suggestionen auch dann wirksam sind, wenn die Versuchsperson nicht in Trance ist. Trance scheint also zumindest nicht die einzige Bedingung zu sein, die die Annahme und Ausführung von Suggestionen begünstigt.

Suggestionen sind nichts anderes als Aufforderungen oder Vorschläge, etwas Bestimmtes zu tun oder zu lassen. Ob ich jemanden bitte, den Arm zu heben oder ob ich ihm eine Armlevitation „suggeriere", ist semantisch prinzipiell das gleiche, ebenso, ob ich jemanden auffordere, ein Buch zu lesen, oder ihm „suggeriere", seine Schmerzwahrnehmung zu verändern, keine Angst oder Depressionen mehr zu haben. Die „Aufforderungen" unterscheiden sich nur in ihrer willkürlichen Durchführbarkeit: Willkürlich kann man in der Regel den Arm heben oder ein Buch lesen; der Aufforderung zur Armlevitation, Schmerzkontrolle oder Bewältigung von Angst und Depression kann man nicht willkürlich nachkommen. Gerade für Ungeübte ist die gezielte Beeinflussung von kognitiven, emotionalen oder physiologischen Prozessen nur schwer und am Anfang scheinbar gar nicht möglich. Bekanntlich unterscheiden sich Menschen aber in ihren Fähigkeiten, solche Prozesse kontrollieren zu können, und so könnte man vermuten, daß diese Unterschiede auch einen Teil der feststellbaren Unterschiede in der Suggestibilität erklären. Ein anderer Teil ist sicherlich auf den Übungs- oder Lerneffekt zurückzuführen; wenn ich ein ganzes Leben lang nie Schmerzen hatte oder diese immer nur mit Medikamenten bekämpft habe, dann hatte ich gar keine Möglichkeit, Schmerzkontrolle zu üben; hat man ein Kind mit Aufforderungen wie zum Beispiel „Hör auf zu träumen!" häufig genug aus seiner Phantasiewelt in die vermeintliche Realität zurückgeholt und damit das „Tagträumen" als unerwünscht definiert, so wird sich dieses Kind möglicherweise später als „unsuggestibel" erweisen.

Wird ein Klient auf entsprechende Suggestionen hin schmerzfrei, überwindet er seine Phobie oder seine Depression, dann sicherlich nicht deshalb, weil der Therapeut die Wunderkraft besitzt, dieses mit seinen Worten zu bewirken. Vielmehr ist der Klient deshalb erfolgreich, weil es ihm gelungen ist, die Aufforderung des Therapeuten zunächst in eine Sprache zu übersetzen, die sein Körper oder sein „Unbewußtes" versteht, und dann alle jene dem Bewußten in der Regel nicht zugänglichen Prozesse einleitet und ausführt, die die entsprechenden kognitiven, emotionalen und physiologischen Änderungen zur Folge haben. Es ist also falsch zu glauben, der Therapeut habe etwas suggeriert und der Klient habe „gehorcht", – der Erfolg sei also eine unmittelbare Reaktion auf die gegebene Suggestion –, sondern der Klient hat im eigentlichen Sinne verstanden, was der Therapeut meinte, und der Erfolg ist das Resultat der eigenen Aktivität und des eigenen Bemühens des Klienten.

Der Erfolg von Suggestionen hängt also davon ab, ob sie auf jener inneren Ebene, um die es im Einzelfall geht, verstanden werden, und ob die prinzipielle Fähigkeit vorhanden ist, sie aktiv in das angemessene Tun umzusetzen. Das Wissen des Therapeuten um diese inneren Prozesse und seine Erfahrung damit, sowie seine Fähigkeit, in einer Sprache zu reden, die der Klient leicht „übersetzen" kann, spielen hier eine wichtige Rolle; dagegen sind seine Persönlichkeit und Suggestivität hierfür relativ unwichtig. Entscheidend ist sie allerdings für die grundsätzliche Bereitschaft des Klienten, aktiv und geduldig mitzuarbeiten.

Einem Patienten im Krankenhaus kann der Arzt direkt sagen, daß er in seiner Genesung große Fortschritte macht, und stößt damit möglicherweise auf dessen „Widerstand", weil der Patient sich selbst noch ziemlich erbärmlich fühlt. Ist die gleiche Bemerkung jedoch nicht für den Patienten bestimmt, sondern an einen ärztlichen Kollegen gerichtet, und der Patient hört sie nur „zufällig", wird er vermutlich eher seinen augenblicklichen Zustand daraufhin überprüfen, ob es ihm nicht doch schon ein bißchen besser geht als gestern. In ähnlicher Weise wirken natürlich auch negative oder negativ deutbare Bemerkungen, Blicke oder Gesten der Ärzte untereinander im Beisein des Patienten.

Statt einem aufgeweckten Kind zu „suggerieren", daß es müde sei und ins Bett gehen solle, sollte man es besser fragen, ob es lieber jetzt gleich oder erst in 15 Minuten ins Bett gehen will, denn diese Aussage beinhaltet die „Suggestion", daß es früher oder später auf jeden Fall ins Bett gehen wird. Im Bett könnte man ihm dann weiter „suggerieren", daß es nun müde und schläfrig werden wird, um dann zur Antwort zu erhalten: „Hör auf mit dem Blödsinn!" (wie es mir einmal mit meiner damals dreijährigen Tochter ergangen ist); besser wäre es, eine spannende Geschichte zu erzählen, deren Held tagsüber viel erlebt hat und abends rechtschaffen müde geworden ist, einschläft und davon träumt, was er am nächsten Tag alles unternehmen wird...

Wenn es beispielsweise die Aufgabe eines Schmerzpatienten ist, seine Wahrnehmung so umzuorganisieren, daß er den

Schmerz nicht mehr als peinigend, überflutend und beherrschend erlebt, sondern ihn für eine gewisse Zeitspanne vielleicht sogar ganz aus seiner bewußten Wahrnehmung ausblenden kann, so kann ihm der Hypnotherapeut mit direkten Suggestionen auf einer ganz allgemeinen Ebene sagen, was er tun soll: keine Angst mehr haben, an etwas anderes denken und sich ablenken, den betreffenden Körperteil taub und empfindungslos machen und so weiter.

Mit indirekten Suggestionen, eingestreut in eine Geschichte, eine Erzählung oder einen Vortrag über Wahrnehmung, die Physiologie des Schmerzes und die Möglichkeiten ihrer Veränderung, hilft der Therapeut ihm auf einer detaillierteren und spezifischeren Ebene, unbewußt gespeicherte Erfahrungen zu reaktivieren und sie zur Umstrukturierung seiner momentanen Schmerzwahrnehmung oder gar, soweit dies überhaupt möglich ist, zur Veränderung physiologischer Prozesse einzusetzen. Damit wird auch deutlich, daß das Ergebnis der Schmerzlinderung oder -beseitigung nur mittelbar das Produkt der gegebenen Suggestion und damit das Verdienst des Therapeuten ist, unmittelbar vielmehr die selbstverständliche Folge der Anstrengungen des Patienten. Indirekte Suggestionen scheinen nicht nur nach therapeutischer Erfahrung besser geeignet und wirkungsvoller, Erinnerungs- und Umstrukturierungsprozesse auszulösen als direkte Suggestionen –, drei in den letzten Jahren an der Universität Hamburg durchgeführte wissenschaftliche Untersuchungen weisen ebenfalls darauf hin. Indirekte Suggestionen haben drei wesentliche Merkmale:

- sie sind oft nicht mittelbar als „Suggestionen“ erkennbar und deshalb der unmittelbaren Bewertung oder Abwertung nicht so leicht ausgesetzt;
- der Klient versteht sie nicht unmittelbar, sondern muß

ihren Inhalt erst über frei assoziative Gedankenketten, Erinnerungen oder Imaginationen erschließen;
- die in ihnen enthaltene Information, der Auftrag, wird in einer elaborierten Form dem Klienten dargeboten. In der klinischen Praxis besteht auch die Möglichkeit, ja sogar die Notwendigkeit, je nach Können und Erfahrung des Therapeuten, die „Verpackung" der jeweiligen Suggestionen dem jeweiligen Klienten individuell anzupassen und so dessen Bezugssystem besser zu treffen.

Über den hypnotischen Bewußtseinszustand, die Trance, herrscht heute immer noch weitgehend Unklarheit. Einige Hypnoseforscher meinen sogar, daß Trance kein vom Wachbewußtsein hinreichend unterschiedener oder gar nicht unterscheidbarer Zustand sei. Mit Sicherheit bedeutet Trance nicht, daß der Klient schläft, wie viele Laien glauben und wie der Begriff „Hypnose" (griechisch: Schlaf) suggeriert. Der englische Arzt James Braid führte diesen Begriff in der Mitte des 19. Jahrhunderts in die Literatur ein, um der Theorie und Praxis des Mesmerisierens oder Magnetisierens entgegenzuwirken und Hypnose von der Fama des Anrüchigen zu befreien. Um einen Unterschied zum natürlichen Schlaf zu markieren, benutzte er anfangs die Bezeichnung „Neurypnologie" (nervöser Schlaf). Heute muß nicht mehr betont werden, daß Hypnose mit Schlafen nicht das geringste zu tun hat, auch wenn ein ungeübter Beobachter vielleicht zunächst keine großen Unterschiede zwischen einem hypnotisierten und einem schlafenden Menschen erkennen kann. In vielen klassischen Tranceinduktionen spricht man allerdings auch heute noch von „müde und schläfrig werden, einschlafen und tiefer schlafen".

Übereinstimmung scheint zumindest darüber zu bestehen, daß Trance zunächst eine Fokussierung oder Fixierung der

Aufmerksamkeit ist, während der alle anderen üblichen inneren und äußeren Aktivitäten reduziert oder ganz ausgeblendet sind. Hypnotische Trance unterscheidet sich kaum von jenem Bewußtseinszustand eines Menschen, der für eine bestimmte Zeit in eine fesselnde oder intensive Aktivität versunken ist. Solche „Alltagstrancen" kennt fast jeder Mensch. Alle Prozesse der Wahrnehmung, des Denkens, der Gefühle und alles Handeln ist ausschließlich auf diesen einzigen Brennpunkt der Aufmerksamkeit gerichtet, nichts lenkt ab oder stört, weil alles für diese augenblickliche Aktivität Irrelevante aus dem momentanen Wahrnehmungsfokus ausgeblendet ist. Wenn es in manchen Fällen stimmt, daß in hypnotischer Trance Suggestionen besser wirken als im Normalbewußtsein, dann nur deshalb, weil der Klient in diesem Konzentrationszustand auf den Therapeuten buchstäblich besser „hören" kann. Meist sind für diese Zeit der Trance auch die gewöhnlichen Einstellungs-, Gefühls- und Denkschemata, die unser normales oder auch neurotisches Alltagsleben bestimmen, entweder ganz außer Kraft gesetzt oder haben zumindest ihre Rigidität verloren und können daher durch therapeutische Interventionen leichter in ihre Einzelkomponenten dissoziiert und in neuer Ordnung wieder reassoziiert werden.

Da selbst dem besten und erfahrensten Therapeuten die exakte Struktur, der detailliertere innere „Schaltplan" des Klienten (Gott sei Dank!) verborgen bleibt, müssen seine Interventionen oder Suggestionen, auch wenn sie noch so elaboriert dargeboten sein mögen, in dem Vertrauen gegeben werden, daß sie auf dieser Mikroebene richtig umgesetzt werden. Die „Instanz", der man diese Arbeit zutraut, wird in der Hypnotherapie das „Unbewußte" (zuweilen auch „Unterbewußtes") genannt.

Diese hypnotherapeutische Version des Unbewußten unterscheidet sich von anderen, zum Beispiel von Freuds Versionen, und ist nur als Metapher zu verstehen, nicht als eine wie auch immer geartete dingliche Realität; alle Versuche, das Unbewußte morphologisch im Gehirn auch nur annähernd lokalisieren zu wollen, sind fehlgeschlagen. Diese Metapher „Unbewußtes“ bezieht sich auf den unermeßlichen Schatz all unserer Lebenserfahrungen, den wir aus Kapazitätsgründen gar nicht in unserem „Bewußtsein“ speichern und präsent halten können. Ein beliebter Satz von Milton H. Erickson war: „Dein Unbewußtes ist viel klüger als Dein Bewußtes!“ Damit meinte er nicht nur die Menge der gesammelten Informationen, sondern auch die Fähigkeit des „Unbewußten“, diese in flexibler und kreativer Weise zum Wohle des einzelnen einzusetzen, wenn man ihm dazu nur die freie, das heißt vom Bewußten unbeeinflußte Möglichkeit läßt.

Versteht man das „Unbewußte“ als Metapher, so macht es wenig Sinn, es inhaltlich genau definieren oder gegenüber dem „Bewußten“ abgrenzen zu wollen; was im Einzelfall bei einem bestimmten Klienten bewußt und was unbewußt ist, wird ohnehin durch dessen bisherigen Umgang mit sich selbst, durch den jeweiligen interpersonalen Kontext und einige andere Faktoren mehr bestimmt. Auf die einfachste Formel gebracht, bedeutet die Anrufung des „Unbewußten“ die starke Suggestion, zur Lösung eines Problems nicht wie bisher bloß zaghafte 10 Prozent, sondern 100 Prozent der eigenen Kraft und Intelligenz einzusetzen. Fehlende Informationen müssen dem Klienten allerdings vom Therapeuten vermittelt werden, und fehlende Erfahrungen muß er unter Anleitung des Therapeuten nachholen. Allein das „Unbewußte“ anzurufen und dann zu meinen, es werde schon alles gerichtet, genügt in der Psychotherapie nur in den seltensten Fällen. Und hier wiederum hängt es unter anderem auch vom

Ausmaß des Wissens und der Erfahrung des Therapeuten ab, wieviel ein Klient lernen kann, ebenso von dessen Fähigkeit, den Klienten zum Lernen zu motivieren.

Hypnose ist das wohl älteste der heute bekannten psychotherapeutischen Verfahren. Sigmund Freud praktizierte in seinen Anfangsjahren Hypnose, die er bei Charcot in Paris und bei Bernheim in Nancy gelernt hatte, entwickelte aus diesen Erfahrungen heraus um die Jahrhundertwende seine Psychoanalyse und kam dann ganz von dem bloßen Gebrauch direkter Suggestionen für therapeutische Zwecke ab. Einige Psychoanalytiker, insbesondere in Amerika, griffen Hypnose wieder auf und entwickelten unter anderem die „Hypnoanalyse" aus der Erkenntnis, daß sich frühkindliche Traumata im Zustand der Trance meist leichter aufdecken und erforschen lassen als durch die Techniken der reinen Psychoanalyse, der freien Assoziation und der Traumdeutung allein. Von dogmatischen Grenzen weniger beeindruckt, verwenden heute in Amerika viele Psychoanalytiker Hypnotherapie als selbstverständliche Variante psychotherapeutischer Kunst. In den deutschsprachigen Ländern geriet Hypnosebehandlung leider in den psychotherapeutischen Randbereich der „übenden" oder gar „zudeckenden" Verfahren in dem Theorie(miß)verständnis, daß damit Symptome nicht wirklich therapiert, das heißt in ihren Systemzusammenhängen „aufgedeckt" und verändert, sondern bloß „weghypnotisiert", „unterdrückt" würden. Wiederum von Amerika ausgehend wurde Hypnose bald auch in der Verhaltenstherapie eingesetzt, weil sich Desensibilisierungs-, Dekonditionierungs- und andere kognitive und emotionale Umstrukturierungsprozesse in Trance oft leichter bewerkstelligen lassen als in einem bloß körperlichen Entspannungszustand des Klienten.

Auch Psychotherapeuten anderer Fachrichtungen zeigen in den letzten Jahren zunehmend Interesse, Hypnose zu lernen und in ihre Behandlungen zu integrieren. Einen wesentlichen Aufschwung erhielt Hypnose seit den 70er Jahren durch Milton H. Erickson. Seine Kunst, Hypnose und hypnotische Phänomene in der Behandlung neurotischer und organischer Störungen einzusetzen, ist so komplex und vor allem so sehr auf den jeweiligen Klienten bezogen, daß eine zusammenfassende Darstellung oder Klassifizierung nur schwer möglich ist. Das Buch von Haley „Die Psychotherapie Milton H. Ericksons" sowie Ericksons und Rossis Buch „Hypnotherapie" geben einen guten Einblick. Interessant ist auch, daß sich Vertreter verschiedenster Therapieschulen in vielen so unterschiedlichen Fallbeispielen und Vorgehensweisen Ericksons in ihrem eigenen Handeln und auch in ihrem eigenen Theorieverständnis wiederfinden. Man könnte behaupten, anstatt eine weitere Theorie in die psychotherapeutische Welt zu setzen, habe Erickson einfach die fundamentalen Gesetze der Allgemeinen Psychologie konsequent für die Psychotherapie genutzt. Man könnte weiterhin behaupten, daß uns Psychologen Ericksons „Techniken" nur deshalb so überraschend, neu und „innovativ" erscheinen, weil wir diesen Lernstoff der Allgemeinen Psychologie so schnell wie möglich hinter uns bringen wollten, um endlich in das interessanter erscheinende Gebiet der Klinischen Psychologie vorrücken zu können, in dem fatalen Glauben, beide Bereiche hätten nur wenig miteinander zu tun.

Bis zur Einführung wirksamer chemischer Narkotika und Analgetika war Hypnose lange Zeit das einzige Mittel zur Schmerzkontrolle in der Medizin. Weniger hier in Deutschland, um so mehr aber in den angelsächsischen Ländern wird Hypnose heute wieder vermehrt eingesetzt in der Chirurgie, bei Verbrennungen und Phantomschmerzen, in der Geburtshilfe, in Zahnarzt- und Allgemeinpraxen und vor allem in Schmerzkliniken, da sich zeigte, daß gerade auch bei organisch bedingten Schmerzzuständen die Dosierung von Schmerzmitteln sich um ein Vielfaches reduzieren, in manchen Fällen sogar ganz absetzen läßt. Darüber hinaus gibt es immer noch Schmerzzustände, die auch mit stärksten Analgetika nicht mehr oder nur unter Inkaufnahme schwerwiegender Nebenwirkungen unzureichend beherrscht werden können; hierzu zählen viele Schmerzen zum Beispiel aus dem rheumatischen und neuralgischen Formenkreis, Migräne und Krebs als solcher sowie einige seiner Diagnose- und Behandlungsmöglichkeiten (zum Beispiel Knochenmarkspunktionen, Nebeneffekte chemo- und strahlentherapeutischer Behandlungen). Alle psycho- und hypnotherapeutischen Bemühungen, organische Krankheitsprozesse (auch Krebserkrankungen) in einem fortgeschrittenen Stadium oder überhaupt in ihrem Verlauf beeinflussen zu wollen, müssen trotz ermutigender Einzelerfolge insgesamt noch sehr vorsichtig beurteilt werden, da entsprechend umfassende klinische Studien hier noch nicht vorliegen.

Ein weiterer medizinischer Anwendungsbereich der Hypnose sind die funktionellen Störungen, die jedoch dem allgemeinen Gebiet der Psychosomatik und damit wiederum der Psychotherapie zuzurechnen sind.

Burkhard Peter ist Klinischer Psychologe (BDP) und arbeitet als Psychotherapeut und Ausbilder für Klinische Hypnose in München. Er ist Mitbegründer und -leiter des „Instituts für Integrierte Therapie“ in München und Schüler von Milton H. Erickson. Er ist Mitherausgeber der Zeitschrift „Hypnose und Kognition“ und Beiratsmitglied der M.E.G.-Stiftung zur Förderung der klinischen und experimentellen Hypnose.

Literatur

Bernheim, H.: Die Suggestion und ihre Heilwirkung. Leipzig, Nachdruck: Tübingen 1985
Erickson, M.H. & Rossi, E.L.: Hypnotherapie. München 1981
Haley, J.: Die Psychotherapie Milton H. Ericksons. München 1978
Hypnotherapie bei Krebserkrankungen. Einführungsheft von Hypnose und Kognition 1984
Hypnose und Familientherapie. Hypnose und Kognition. 2 (1). April 1985
Hypnose und Verhaltenstherapie. Hypnose und Kognition, 4 (1), April 1987
Langen, D.: Kompendium der medizinischen Hypnose. Basel 1972
Peter, B.: Klinische Hypnose. In: C. Kraiker & B. Peter: Psychotherapieführer. München 1983
Peter, B. (Hrsg.): Hypnose und Hypnotherapie nach Milton H. Erickson. München 1985
Schmerzkontrolle. Hypnose und Kognition, 3 (1), April 1986
Zeig, J.K.: Meine Stimme begleitet Sie überall hin. Stuttgart 1985

(Der Beitrag ist in PSYCHOLOGIE HEUTE, Heft 4/86, erschienen)

Feldenkrais und die Umerziehung des Körpers

Thomas Kirschner

In einer Münchner Turnhalle liegen achtzig Menschen auf dem Boden. Überall im Raum sind Fernseh-Monitore aufgebaut, auf denen die Liegenden einen alten Mann beobachten können, der ihnen Anweisungen gibt. Der alte Mann heißt Moshé Feldenkrais, und die Menschen in der Turnhallte haben eine Menge Geld ausgegeben, um hier liegen zu dürfen. Feldenkrais macht seinen Zuschauern zweifelhafte Komplimente: „Ihr alle seid viel intelligenter, als Ihr ausseht." Die Leute am Boden lachen und fahren fort, eine merkwürdig anmutende Rollbewegung ständig aufs Neue zu wiederholen. Der Greis vom Videoband scheint nicht gerade bester Stimmung zu sein. Ärgerlich fordert er seine Schüler auf, falschen Ehrgeiz beiseite zu lassen: „Schon tausendmal habe ich Euch gesagt, daß Ihr die Übungen so schlecht wie möglich machen sollt! Wer jetzt immer noch versucht, der Beste zu sein, der kann aufstehen und nach Hause gehen." Viele der Übenden sind einen weiten Weg gekommen, um sich das sagen zu lassen. Sie sind Physiotherapeuten, Ärzte, Künstler, Studenten, Psychologen. Sie alle opfern vier Jahre lang zwei Monate im Jahr, um hier einen der seltensten Berufe der Welt zu erlernen: Sie werden zum „Feldenkrais-Pädagogen" ausgebildet. Wenn sie ihre Ausbildung abgeschlossen haben, könnten sie die letzte Hoffnung sein für viele Menschen, denen sonst keiner helfen kann: Unfallgeschädigte, spastisch Gelähmte, Multiple Sklerose-Opfer, Parkinsonkranke oder Menschen mit Rückgratverkrümmung.

Die meisten Schüler haben Moshé Feldenkrais nie persönlich kennengelernt; er starb 1984 in Tel Aviv. Diejenigen, die noch von ihm persönlich ausgebildet wurden, sind als Feldenkrais-Trainer sehr gefragt, um seine Methoden an die nächste Generation angehender Feldenkrais-Pädagogen weiterzugeben.

Viele haben selbst Probleme mit ihrem Körper und haben deshalb die Ausbildung begonnen. Hier lernen sie in kürzester Zeit auf dem Kopf zu stehen, wie ein Judokämpfer auf dem Boden abzurollen und biegsam wie ein Schlangenmensch zu werden. Doch Moshé Feldenkrais erklärt, daß die von ihm gelehrten Bewegungen eigentlich das Unwichtigste an seiner Methode seien: „Die Bewegungen sind gar nichts. Was ich will, sind nicht bewegliche Körper, sondern bewegliche Gehirne. Ich will, daß jeder Mensch seine menschliche Würde wiederherstellen kann." Nach seiner Auffassung wirken Lernerfahrungen im Bereich der Motorik auch auf die meisten anderen Funktionen des menschlichen Nervensystems.

Das kann natürlich jeder behaupten. Aber Moshé Feldenkrais war nicht irgendwer. Geboren 1904 in Rußland, verließ er mit 14 Jahren aus eigener Initiative seine Heimat und arbeitete in Israel als Landvermesser. In den dreißiger Jahren erwarb er sich in Paris einen Doktorgrad in Physik und führte zusammen mit Joliot-Curie die erste Kernspaltung in Frankreich durch. Nebenbei begann er Judo zu lernen, brachte es dabei bis zum schwarzen Gürtel und begründete den ersten Judoclub Frankreichs. Während des Krieges arbeitete er für die britische Admiralität und leitete später die Elektronik-Abteilung des israelischen Verteidigungsministeriums. Er unterrichtete an Hochschulen Nordamerikas, Israels, in England und an der Sorbonne. Zu seinen Studenten gehörten unter anderem Margaret Mead, Yehudi Menuhin, Moshé Dajan und Ben Gurion.

Ein persönliches Mißgeschick gab ihm den Anstoß zur Entwicklung seiner Methode: Als junger Mann hatte sich Feldenkrais einmal das Knie beim Fußballspielen verletzt, und die Ärzte gaben ihm wenig Hoffnung, daß er es jemals wieder werde gebrauchen können. Doch schon damals war Moshé Feldenkrais zu eigenwillig, um sich mit den Meinungen anderer Leute zufriedenzugeben. Lieber machte er sich selbst mit allen gängigen Theorien über Anatomie und Physiologie vertraut und wurde so zum Experten auf diesen Gebieten.

Als ehemaliger Physiker maß er der Schwerkraft ganz besondere Bedeutung für den Körper bei, wie in seinem theoretischen Hauptwerk „Body and Mature Behaviour" (1949) nachzulesen ist. Die aufrechte und dadurch instabile Haltung des menschlichen Körpers ermöglicht eine extrem leichte Beweglichkeit um den Schwerpunkt. Im Stehen und Gehen müssen die Muskeln allerdings ständig Arbeit leisten, um das Gleichgewicht zu halten. Feldenkrais läßt seine Schüler anfangs daher meist im Liegen arbeiten oder in Körperhaltungen, bei denen möglichst wenig Anstrengung zur Aufrechterhaltung des Gleichgewichts nötig ist. Durch die so verminderte Muskelarbeit wird eine Herabsetzung der Wahrnehmungsschwelle erreicht: Kleine, aber wichtige Bewegungen und Veränderungen können nun leichter entdeckt werden.

Die Feldenkrais-Methode hat zwei Grundformen: Die eine heißt „Bewußtheit durch Bewegung"; hierbei erhalten Gruppen oder Einzelpersonen vom Lehrer verbale Anweisungen, nach denen sie sich – wie die Leute in der Turnhalle – selbst bewegen. Die andere Form, die „Funktionale Integration", ist eine nonverbale Unterrichtsmethode, bei der Einzelpersonen vom Lehrer durch Berührung unterrichtet werden. Beiden Formen gemeinsam ist die Absicht, im menschlichen Nervensystem eine Art „Nachreifungsprozeß“ in Gang zu bringen, der eine allgemein gesteigerte Lebensqualität zur Folge hat.

Viele Feldenkrais-Schüler haben jedoch konkretere Anliegen als ihr Nervensystem zu perfektionieren. Sie kommen, weil ihr Körper nicht so funktioniert, wie sie es sich wünschen. Oft sind es chronische Schmerzen oder Einschränkungen in der Beweglichkeit, die sie veranlassen, einen Feldenkrais-Lehrer aufzusuchen. Nur wenige sind sich allerdings bewußt, daß die körperlichen Beschränkungen auch eine Entsprechung auf der psychischen Ebene haben. „Eine Verzerrung der Wirbelsäule besteht genauso im Gehirn wie in der Wirbelsäule“, schreibt eine seiner Schülerinnen, Layna Verin. „Körper, die falsch funktionieren, sind nicht krank. Körper und Psyche sind einfach nicht richtig erzogen.“

Wer sich einer Einzelsitzung in „Funktionaler Integration“ unterzieht, merkt sofort, wie angenehm diese Umerziehung sein kann: Schon nach wenigen Augenblicken auf dem Behandlungstisch weicht die Spannung einem befreienden, tiefen Atemzug. Mir selbst kam es beinahe wie Magie vor: Der Lehrer schien dabei gar nichts Besonderes zu tun. Mal legte er seine Hände auf meinen Rücken, nahe der Wirbelsäule, mal an die Schultern oder an meinen Nacken. Mit ganz sanften, kaum wahrnehmbaren Bewegungen drückte er hier ein wenig, bewegte dort ein Gelenk, und veranlaßte damit meinen Körper, auf eine ganz neue Art zu lernen. So angenehm die Erfahrung für mich war, so unmöglich wäre es für mich jedoch auch gewesen, mit Worten zu beschreiben, welche Art von Informationen in diesem Moment meinem Nervensystem übermittelt wurde. Zweifellos war die Botschaft sehr interessant, und sie schien an einen Teil von mir gerichtet zu sein, dessen Existenz mir bisher verborgen geblieben war und der auf grundsätzlich andere Art lernte, als es mein analytisch geschulter Verstand gewohnt war. Dies war ein völlig anderes

Gefühl als jenes, das ich von Massagen her kannte. Deutlich konnte ich wahrnehmen, daß sich irgend etwas in meinem Körper veränderte. Doch was war es? Was veranlaßte meinen Atem dazu, immer freier und tiefer zu werden, meine Muskeln, plötzlich Körperteile freizugeben, die sich mein ganzes Leben lang hart und unbeweglich angefühlt hatten? Verbindungen zwischen einzelnen Körperbereichen wurden plötzlich deutlich: Der Lehrer bewegte meinen Kopf, und ich konnte spüren, daß diese Bewegung sich meinem Becken mitteilte, ja selbst in den Füßen war noch etwas davon zu spüren. Die Floskel, daß der Körper eine Ganzheit sei und nicht nur die Summe seiner Teile, wurde hier spürbare Wirklichkeit. Sehr verwundert stand ich am Ende der Sitzung auf, und noch verwunderter verließ ich das Haus. Im Gehen war die Veränderung noch viel deutlicher zu spüren als im Liegen. Nie hatte ich mich in meinem Körper mehr zu Hause gefühlt als jetzt. „Ich glaube, die Einheit von Geist und Körper ist eine objektive Realität", sagt Moshé Feldenkrais. „Es sind nicht nur bestimmte Teile irgendwie miteinander verbunden, sondern wir haben ein unteilbares Ganzes in seiner Funktion." Sicher hätte ich ihm auch schon früher zugestimmt. Doch heute *weiß* ich, was er meint.

Es ist nicht einfach, dieses Wissen in klare, theoretische Aussagen zu formen. Ähnlich wie Milton Erickson (den er übrigens glühend verehrte), hatte auch Feldenkrais trotz seines respektablen wissenschaftlichen Hintergrundwissens ein eher intuitives Verständnis von der Wirkungsweise seiner Methode. Es scheint nun die Aufgabe seiner Schüler zu sein, die vielen wirksamen Elemente der Methode zu „destillieren" und in einen gemeinsamen theoretischen Rahmen einzugliedern. Einige der wichtigsten Prinzipien sowie Parallelen der Feldenkrais-Methode mit der Lerntheorie sollen hier nun kurz dargestellt werden.

Gesundheitskonzept: Gesundheit definiert Moshé Feldenkrais als „die Fähigkeit, sich zu erholen, zu genesen". Somit betrachtet er Gesundheit als einen dynamischen Prozeß, der vorübergehende Erkrankungen, Verletzungen und Schmerzen nicht ausschließt, im Gegensatz zu der sehr gebräuchlichen, statischen Auffassung von Gesundheit als Abwesenheit von Krankheit.

Gesundheit kann mit dem Stehen verglichen werden: In jedem Augenblick muß das Gleichgewicht aufs Neue wiedergewonnen werden. Moshé Feldenkrais lehrt nicht die „richtige" Haltung, denn die ist in jedem Augenblick eine andere. Vielmehr gibt er Kriterien einer guten, aufrechten Haltung an: Unser Bewegungsapparat funktioniert dann seiner Bestimmung gemäß, wenn die Muskeln nur die Arbeit übernehmen, die zur Erhaltung des Gleichgewichts und zum Ausführen von Bewegungen nötig ist. Jede zusätzliche Muskelaktivität behindert und schädigt das Gesamtsystem.

Aufholen von Entwicklungsdefiziten: Die Entwicklung der menschlichen Bewegungsfunktion geschieht in Verbindung mit der geistigen und psychischen Entwicklung des Kindes. Auch Körperhaltungen und Bewegungsgewohnheiten werden erlernt. Ist die Entwicklung des Kindes gestört, liegen stets auch Defizite in der Fähigkeit zur effektiven Organisation des Körpers und in der Entwicklung des Selbstbildes vor. Wenn ein behindertes Kind durch die Feldenkrais-Methode das Krabbeln erlernt, bekommt es durch die damit verbundene Erweiterung des Bewegungs- und Erfahrungsbereiches die Chance zur geistigen Weiterentwicklung. Auch bei der Arbeit mit Erwachsenen beginnen Feldenkrais-Pädagogen oft mit Bewegungen des frühesten Kindesalters, wenn eine neue, reife Art der Bewegung aufgebaut werden soll.

Feldenkrais betrachtet seine Arbeit nicht als Therapie,

sondern als eine Lernmethode, als Unterricht. Es gibt hier keinen Therapeuten, der seinen Patienten heilt, vielmehr lehrt der Feldenkrais-Practitioner seinen Schüler, sich selbst besser zu organisieren, um Schmerzen im Bewegungsapparat zu vermeiden.

Mit dem Widerstand gehen: Ähnlich wie Milton Erickson ging Feldenkrais bei seiner Arbeit grundsätzlich nie gegen den Widerstand eines Klienten vor, sondern respektierte diesen oder versuchte, ihn geschickt zu umgehen. Dazu ein Beispiel: Eine spastisch gekrümmte Hand kann zwar durch langwieriges Trainieren und wiederholtes Aufbieten geöffnet werden, ein viel schnellerer und langfristig stabilerer Erfolg kann jedoch erreicht werden, wenn man in Richtung des Spasmus arbeitet und die Hand noch weiter schließt. Durch das Zudrücken der Hand wird den zu stark angespannten Muskeln die Arbeit abgenommen. Sie können sich daher entspannen. Gleichzeitig werden durch das Schließen der Hand die Gegenspieler der Beugemuskeln passiv verlängert. Das Ziehen an einem Muskel führt jedoch zu einer anschließenden reflexhaften Kontraktion. Läßt der Druck auf die Hand nach, so erfolgt in den Muskeln am Handrücken ein Streckreflex: Die Hand öffnet sich von selbst.

Habits: Wir haben während unserer Erziehung bestimmte Körperhaltungen gelernt („Sitz gerade!“, „Ein Mädchen sitzt nicht mit breiten Beinen“), und auch für Bewegungsabläufe wurden bestimmte Muster erworben. Ein jeder bewegt sich auf seine eigene Art, welche ebenso unverwechselbar ist wie ein Fingerabdruck. Zugleich wurde damit auch ein bestimmtes Selbstbild erlernt, das durch die Feldenkrais-Arbeit korrigiert und erweitert wird. Hierin liegt auch die Bedeutung der Methode für die Schulung von Musikern, Tänzern und Schauspielern.

Ein kurzes Beispiel soll demonstrieren, wie wenig wir von unseren Wahlmöglichkeiten auf diesem Gebiet wissen: Falten Sie Ihre Hände. Beobachten Sie, welcher Daumen oben liegt. Und nun versuchen Sie es bitte einmal anders herum: Sollte es vorher der rechte Daumen gewesen sein, dann verschieben Sie nun alle Finger der rechten Hand jeweils um einen nach unten, so daß jetzt der linke Daumen oben ist. Sicher bemerken Sie, wie ungewohnt sich die neue Fingerhaltung anfühlt. Dennoch ist sie genauso „richtig“ oder „falsch“ wie die alte.

Verstärkung: Wenn eine Bewegung vollständig erlernt wurde und der Schüler sie ohne unnötige Anstrengungen oder Verspannungen ausführen kann, stellt sich ein Gefühl von Leichtigkeit und ästhetischer Schönheit ein. Dies wirkt verstärkend. Auch die Tatsache, daß bei dieser Arbeit keinerlei Schmerzen oder Muskelkater auftreten, fördert die Entwicklung eines positiven Körpergefühls. Feldenkrais selbst unterbrach seine Übungen immer wieder, um die Schüler auf die inzwischen bereits eingetretene Besserung hinzuweisen.

Generalisierung: In der Feldenkrais-Arbeit lernt man nicht nur bestimmte Bewegungsabläufe oder Übungen besser auszuführen. Die Fähigkeit, Bewegungen angemessener zu organisieren, kann allmählich mehr und mehr generalisiert werden. Um diesen Generalisierungs-Effekt zu unterstützen, arbeiten Feldenkrais-Schüler in bequemer Alltagskleidung, damit das Neuerlernte nicht gleichsam mit dem Trainingsanzug ausgezogen und bis zum nächsten Mal in den Schrank gelegt wird. Feldenkrais betont, daß es sich bei seiner Arbeit nicht um „Übungen“ handelt – Übungen als regelmäßig zu wiederholende mechanische Abläufe ohne bewußtes Hinspüren. Es wird vielmehr ein Lerneffekt angestrebt, der der Fähigkeit ähnelt, Fahrrad zu fahren: Wer es einmal „kapiert" hat, dem steht dieses Bewegungsmuster zeitlebens zur Verfügung: Weiteres Üben ist unnötig.

Eine Generalisierung kann auch erreicht werden, wenn das eben Gelernte von einer Hirnhälfte zur anderen mittels bildlicher Vorstellung übertragen wird: Eine Bewegung, die im Laufe einer Stunde langsam für eine Seite des Körpers gelernt wurde, wird anschließend in wenigen Minuten auf die andere Körperhälfte übertragen, indem die Schüler die spiegelverkehrte Übung allein in ihrer Vorstellung durchführen. Der Effekt, der auf diese Weise auf der anderen Körperhälfte erzielt wird, ist zuweilen sogar größer als auf der Seite, die „tatsächlich" arbeitete.

Die Verknüpftheit gedanklicher und motorischer Aktivitäten ist eine der grundlegenden Erkenntnisse, auf denen die Methode aufbaut. Ein weiteres Beispiel macht das deutlich: Es dauert länger, die Zahlen von zwanzig bis dreißig zu denken, als die von eins bis zehn. Der Grund dafür liegt in der höheren Silbenzahl, mit der wir die größeren Zahlen codieren. Wir brauchen länger, um im Geist die Zahl „fünfundzwanzig" auszusprechen als die Zahl „fünf".

Die gleiche Überlegung liegt übrigens der Methode des Schnell-Lesens zugrunde: Wenn wir lernen, einen Text mit den Augen zu überfliegen, ohne dabei im Geist die Worte unterschwellig mitzusprechen, können wir unsere Lesegeschwindigkeit beträchtlich steigern. Feldenkrais demonstrierte gerne, wie das menschliche Gehirn lernen kann, Sprache noch schneller zu verarbeiten: Eine Sprachaufzeichnung auf Tonband, die mit der doppelten Geschwindigkeit abgespielt wird, klingt beim ersten Anhören unverständlich; nach mehrmaligem Anhören sind die Worte jedoch durchaus zu verstehen. „Was ich unter Lernen verstehe, unterscheidet sich deutlich von dem, was in der Schule ‚Lernen' genannt wird: Bücher lesen und auswendig lernen. Wirkliches Lernen heißt, daß alles, was Du weißt, auf drei, vier oder fünf verschiedene Arten gewußt werden muß – mindestens. Anders gesagt: Wenn Du ein Tonband anhörst, höre es in drei oder vier verschiedenen Geschwindigkeiten ab. Dann benutzt Du Dein Gehirn als Gehirn! Ansonsten setzt Du es nur wie ein minderwertiges Datenverarbeitungsgerät ein. Und ich glaube, daß das Gehirn des Menschen unendlich viel besser ist als der beste Computer."

Was dies für die Organisation von Bewegungsabläufen bedeutet, wird jedem deutlich, der an einem „Bewußtheit durch Bewegung"-Seminar teilnimmt. Wer etwa in Rückenlage seinen Kopf von links nach rechts dreht, kann lernen, dies auf vielfältigere Art zu tun, als er vorher gedacht hätte: Er kann den Kopf bewegen, daß dessen Hinterseite etwa wie eine Kugel auf dem Boden abrollt. Dabei wird sich der Winkel verändern, den der Hals zur Längsachse des Rumpfes bildet (in der Mittelstellung sind es 180 Grad; wird der Kopf seitlich gerollt, verkleinert sich der Winkel). Eine andere Möglichkeit, den Kopf zur Seite zu drehen, besteht darin, den Hinterkopf über den Boden schleifen zu lassen, so daß der Hals in einer Linie mit der Längsachse des Körpers bleibt. Um seine Wahrnehmung noch weiter auszubilden, kann der Schüler seine Aufmerksamkeit dabei auf verschiedene Teile des Gesichts richten: Auch die Nase hat teil an der Kopfbewegung. Auf welcher Bahn bewegt sie sich bei den beiden unterschiedlichen Bewegungen? Und welche Funktion kommt bei der Kopfdrehung den Augen zu? Machen sie die Bewegung mit, können sie vielleicht auf die gleiche Stelle gerichtet bleiben oder gar eine gegenläufige Bewegung machen? Wie verändert sich der Abstand der Ohren relativ zur Schulter?

Diese Differenzierung einer als „einfach“ angesehenen Bewegung ist ein typischer Lerneffekt bei der Teilnahme an einem Feldenkrais-Seminar. „Das Wichtigste daran ist, daß dadurch neue Verhaltensalternativen zusätzlich zu dem Verhalten, das wir bereits beherrschen, geschaffen werden“, erklärt Feldenkrais. „Stellt Euch vor, Ihr lernt den größten Teil Eurer Aktivitäten zu differenzieren und neu zu strukturieren. Euer Wille wird dadurch zwanghafte Muster im Gehirn verlieren, und Ihr werdet erleben, daß Ihr Euch tatsächlich auf neue Weise verhaltet.“ Tatsächlich fühlt man sich nach einem Feldenkrais-Training auf eine subtile, unaufdringliche Art plötzlich „normaler“ als zuvor; die Dinge scheinen einfacher geworden zu sein, die Einstellung zu den mannigfaltigen Problemen des Lebens ist flexibler geworden, weniger verbissen.

Wie kann durch die bloße Übung motorischer Bewegungsabläufe solch ein „psychotherapeutischer Nebeneffekt“ entstehen? Moshé Feldenkrais lehrt, daß Bewegung ein Grundbestand allen Lebens ist. Durch die enge Verknüpftheit von motorischen und psychischen Prozessen kann er das eine durch das andere beeinflussen. „Es gibt zwei Hauptwege, das Verhalten eines Menschen zu ändern – entweder durch die Psyche oder durch den Körper ... Die Einheit von geistigem und muskulärem Leben über den Körper anzugehen, hat den Vorteil, daß der muskuläre Ausdruck leichter ist. Er ist konkret und einfacher zu lokalisieren. Es ist außerdem ungleich leichter, einer Person bewußt zu machen, was in ihrem Körper vor sich geht. So liefert die Körpermethode schnellere und direktere Ergebnisse.“ Auch Alterungsprozesse im Menschen lassen sich durch die Methode verlangsamen: „Das Alter beginnt mit der selbstauferlegten Einschränkung der Bildung neuer Körpermodelle. Zuerst werden Handlungen gewählt, die einer angenommenen Würde entsprechen sollen; danach werden bestimmte Tätigkeiten eingestellt – wie etwa auf dem Boden sitzen oder springen –, die dann schon bald nicht mehr ausgeführt werden können. Die Wiedergewinnung und Reintegration auch dieser einfachen Aktionen hat einen bedeutenden Verjüngungseffekt nicht nur auf die Mechanik des Körpers, sondern auch auf die gesamte Persönlichkeit.“

Im Feldenkrais-Training lernen die Schüler, solche längst vergessenen Bewegungsformen wiederzuentdecken. Oft sind es Walz- oder Rollbewegungen, die sie seit ihrer frühen Kindheit nicht mehr ausgeführt haben. Durch die schrittweise Reduzierung ihrer Anstrengung erreichen die Teilnehmer dabei typischerweise einen ganz neuen Grad von Sensibilität gegenüber ihrem eigenen Körper. Diese verbesserte Art der Wahrnehmung erleichtert verschiedene Selbstregulierungsprozesse im Organismus: Die Bewegungen werden geschmeidiger und zugleich funktionaler. Um dies zu verdeutlichen, erläuterte Feldenkrais gerne das Gesetz von Fechner und Weber: Es besagt, daß im Nervensystem die Veränderung eines Reizes nur dann wahrgenommen werden kann, wenn der Unterschied des Reizimpulses mindestens ein Vierzigstel der gesamten Reiz-Intensität beträgt. Wer beispielsweise ein Gewicht von einem Kilogramm in seiner Handfläche hält, wird daher keine Gewichtsänderung wahrnehmen können, wenn man ihm eine Streichholzschachtel obenauf legt. Würde er jedoch nur ein Blatt Papier in der Hand halten, wäre der Gewichtsunterschied, den die Streichhölzer machen, klar und deutlich zu bemerken. Durch die systematische Herabsetzung solcher Grundreize im Nervensystem werden Menschen feinfühliger für die Vorgänge im eigenen Körper und können lernen, diese dann auch entsprechend zu steuern.

In einer Gesellschaft, die ihre Mitglieder mit einer Flut von Reizen überschüttet und sie gleichzeitig ihrer natürlichen

Lebensumstände immer mehr entfremdet, werden erhöhte Anforderungen an die Flexibilität des menschlichen Nervensystems gestellt. Die zunehmende Komplexität des Lebens verlangt auf neurologischer Ebene eine neuartige Form der Differenziertheit. Die Fähigkeit des Menschen zu verbesserter Selbststeuerung und zu präziserem Einsatz seiner zur Verfügung stehenden Energien könnte zu einem lebensrettenden Faktor für unsere Gesellschaft werden. Moshé Feldenkrais war überzeugt, daß jeder einzelne über ein ungeheures Potential in seinem Gehirn verfügt, um mit diesen Schwierigkeiten selbst fertig zu werden. Seine Methode gibt jedem die Möglichkeit, diese in uns schlummernden Fähigkeiten zu entdecken, er selbst war jedoch sicher, daß sie nur ein kleiner Schritt in Richtung auf eine völlig neue Stufe der menschlichen Evolution ist: „Ich glaube, die nächste Generation wird unendlich viel besser sein als wir selbst."

Thomas Kirschner ist Sozialpädagoge und arbeitet als freier Journalist und Gruppentrainer. Er befindet sich in Ausbildung zum Feldenkrais-Lehrer und Neurolinguistischen Programmierer. Teile dieses Artikels basieren auf einer Arbeit der Diplom-Psychologin und Feldenkrais-Pädagogin Eva Bleicher-Flohrschütz.

Literatur

Feldenkrais, Moshé: Body and Mature Behavior. A Study of Anxiety, Sex, Gravitation and Learning. International Universities Press, New York 1970

ders.: Bewußtheit durch Bewegung. Der aufrechte Gang. Suhrkamp, Frankfurt a.M. 1978

ders.: Abenteuer im Dschungel des Gehirns. Der Fall Boris. Insel, Frankfurt a.M. 1981

ders.: Die Entdeckung des Selbstverständlichen. Insel, Frankfurt a.M. 1985

Hanna, Thomas (Hrsg.): Explorers of Humankind. Harper & Row: New York 1979

Rywerant, Yochanan: Die Feldenkrais-Methode. Lehren durch Behandeln. Kübler & Akselrad: Heidelberg 1985

(Der Beitrag ist unter dem Titel „Wenn der Körper krank ist, sind Körper und Psyche falsch erzogen“ in PSYCHOLOGIE HEUTE, Heft 10/85, erschienen)

NLP: Konzentration auf das Wesentliche

Bertold Ulsamer

Wie funktioniert Therapie wirklich? Welches Geheimnis haben besonders fähige Therapeuten, die oft an „Wunderheilungen" grenzende Veränderungen erzielen? Sie verwenden zwar unterschiedliche Modelle, um ihr therapeutisches Handeln zu erklären, beantworten jedoch die Frage, warum sie in einer bestimmten Situation zu einer überraschenden und wirksamen Intervention gegriffen haben, meist nur mit dem lapidaren Hinweis: „Das war Intuition".

Aber was macht diese Intuition aus? Was machen diese Therapeuten intuitiv richtig? Und was machen andere, erfolglosere, falsch? Gibt es bestimmte Gesetzmäßigkeiten in diesem intuitiven Vorgehen, und lassen sich diese Regeln erkennen und vermitteln? Gibt es hinter den unterschiedlichen Theorien bisher unbekannte Strukturen, die eine positive Veränderung durch Therapie erklären und beschreiben?

Antworten auf all diese Fragen sollten zu Beginn der 70er Jahre zwei junge amerikanische Wissenschaftler finden: Richard Bandler, Gestaltpsychologe und Computerfachmann, und John Grinder, Linguist und Sprachforscher. Pragmatisch begannen die beiden, bald unterstützt durch Leslie Cameron-Bandler und Judith LeDozier, einige der damals bekanntesten Therapeuten zu studieren: den Begründer der Gestalttherapie Fritz Perls, den Hypnotherapeuten Milton Erickson und die Familientherapeutin Virginia Satir.

Sie beobachteten sie bei der Arbeit und analysierten Video- und Tonbandaufnahmen erfolgreicher Therapiesitzungen bis ins kleinste Detail. Nicht die Theorien oder Ziele der Therapeuten waren wichtig, sondern: Wie verhielten sie sich? Wie sagten sie etwas? Wie bewegten sie sich? Wie reagierten sie?

Dieses Vorgehen war simpel und revolutionär – genau wie die Ergebnisse, die es erbrachte. Simpel war das Vorgehen deshalb, weil nur das zählte, was jeder genaue Beobachter sehen und hören konnte, und revolutionär, weil damit plötzlich alle akademischen Gedankengebäude und Theorien bedeutungslos wurden. Das Ergebnis waren neue Sichtweisen für Alltagserfahrungen ebenso wie ausgeklügelte „magische" therapeutische Techniken.

All diese Ergebnisse fließen zusammen in den Begriff „Neuro-Linguistisches Programmieren" (NLP). Dieses unschöne Kunstwort vereinigt die ursprünglichen Schwerpunkte, bei denen vor allem die Zusamenhänge zwischen körperlichen (neurophysiologischen) Zuständen und Sprache (Linguistik) erforscht werden. Inzwischen ist die Entwicklung des NLP weitergegangen, und der Begriff umfaßt nun verschiedenartige Techniken, die ihre Wurzeln in den ursprünglichen Therapeuten-Beobachtungen haben.

Zunächst sollen die leicht nachprüfbaren und einsichtigen NLP-Erkenntnisse dargestellt werden. Danach werden einige „magische" therapeutische Möglichkeiten vorgestellt, die auf den ersten Blick befremdend wirken mögen.

Für das Vorgehen des NLP-Therapeuten sind zwei wichtige Prinzipien Voraussetzung für wirksames therapeutisches Handeln: *Wahrnehmung* und *Rapport.* Die geschulte Wahrnehmung des Therapeuten macht es ihm möglich, sich flexibel auf den jeweiligen Klienten einzustellen und dessen spezifische Prozesse und Strukturen zu erkennen. Wichtiger als Theorie und Spekulation sind genaues Hinsehen und Hinhören. Wie fein die Wahrnehmung des Therapeuten sein muß, zeigt eine Übung aus der NLP-Ausbildung:

N stellt sich zuerst eine Person vor, die er mag, dann eine andere, die er nicht mag. Die anderen registrieren dabei die winzigen Veränderungen in seinem Gesicht und stellen anschließend Fragen wie: „Welche von beiden Personen kennst du schon länger? Welche ist größer?" N antwortet nicht – die Beobachter sollen die Antwort von seinem Gesicht ablesen, und zwar dadurch, daß sie die Änderungen beobachten, wenn N an eine der beiden Personen denkt. Wer diese Übung zum erstenmal macht, stellt verblüfft fest, daß allein das *Denken* an eine Person minimale, bei genauer Beobachtung aber deutlich sichtbare und unterscheidbare Auswirkungen hat: Augen und Mund entspannen sich, der Atemrhythmus wechselt, wenn N an die angenehme Person denkt. Augen und Mund werden verkniffener, selbst die Gesichtsfarbe ändert sich, wenn N an die unangenehme Person denkt. Gedankenlesen ist bei dieser Übung plötzlich nicht mehr Hexerei, sondern das Ergebnis aufmerksamen und geschulten Hinsehens.

Neben der Wahrnehmung ist die zweite Voraussetzung für effektives therapeutisches Eingreifen eine tragfähige positive Beziehung zwischen Therapeut und Klient, der *Rapport.* Nur wenn Rapport besteht, bekommt der Klient genügend Vertrauen, sich auf den Therapeuten und dessen Vorgehen einzulassen. Es ist Aufgabe des Therapeuten, den Rapport herzustellen. Es gibt deshalb – so die NLP-Theorie – keine untauglichen Klienten (Widerstand!), sondern nur Therapeuten, die unfähig sind, Rapport aufzubauen. Wie gut der Rapport ist, drückt sich in Körperhaltung und Sprache aus. Videoaufnahmen zeigen, daß erhebliche Unterschiede in der Körperhaltung von zwei Menschen bestehen können, je nachdem ob guter Kontakt oder ein Konflikt besteht. Fast wie eine Art Tanz in Zeitlupe ist es, wie jede Veränderung des einen eine Veränderung beim anderen bewirkt. Ist der Kontakt schlecht, so ist auch die Haltung der beiden gegensätzlich. Was neben der Körperhaltung von besonderer Bedeutung ist: Bei gutem Kontakt gleicht sich auch der Atemrhythmus unbewußt an. Der NLP-Therapeut setzt dieses Wissen bewußt und gezielt ein, um in guten Kontakt mit dem Klienten zu kommen. Er stellt sich in Haltung und Atem auf den Klienten ein *(pacing)*.

Ein Beispiel aus der Paartherapie zeigt die Auswirkungen dieser einfachen Technik: Beide Partner sind verärgert und voller gegenseitiger Vorwürfe. Ihre erste Aufgabe wird es, sich gegenüber zu sitzen und im gleichen Atemrhythmus zu atmen, was beiden sehr schwerfällt. Sie schauen sich an, achten aufeinander und finden im Laufe einer Viertelstunde langsam den gleichen Rhythmus. Wenn sie dann wieder zu sprechen anfangen, ist der Ärger verraucht und statt dessen die Bereitschaft da, dem anderen zuzuhören.

Ist dieser Gleichklang auch zwischen Therapeut und Klient erreicht, kann der Therapeut durch eigene Veränderungen (zum Beispiel in der Atmung) den Klienten positiv beeinflussen *(leading)*. Der gute Rapport ist auch die Voraussetzung dafür, daß der Therapeut das Modell seines Klienten erkennen kann.

Jeder Mensch läßt sich in seinem Handeln von seinen Vorstellungen über die Welt und den Menschen leiten. Er hat sich ein Abbild der Welt, ein Modell oder eine „Landkarte" geschaffen. Menschliches Verhalten, auch wenn es dem Außenstehenden noch so bizarr erscheinen mag, ist vom Modell der handelnden Person aus sinnvoll und vernünftig. Wer in seinem Modell zum Beispiel die Regel hat „Alle Menschen sind schlecht", der wird sich übertrieben mißtrauisch und unvernünftig auch in völlig harmlosen Situationen verhalten. Von *seinem* Abbild der Welt aus ist sein Verhalten aber angebracht und sinnvoll.

In der NLP-Therapie wird der Klient dazu angeregt, sein Weltbild zu überprüfen. Schritt für Schritt wird seine Sicht von der Welt immer realistischer, die „Landkarte" konkreter und weniger störungsanfällig. Einige Beispiele sollen das Vorgehen des Therapeuten verdeutlichen:

Klient K: „Offensichtlich mögen mich meine Eltern nicht."

Therapeut T: „Wem ist es offensichtlich? Woran erkennen Sie, daß sie Sie nicht mögen?" (Denn vielleicht ist es nur für K offensichtlich, weil K bestimmte Vorstellungen hat, wie sich jemand zu verhalten hat, der ihn mag.)

K: „Weglaufen nützt nichts."

T: „Daß wer wegläuft? Vor wem/was wegläuft?"

In den eben geschilderten Beispielen bildet der Klient keine vollständigen Sätze, sondern läßt Teile weg (*Tilgung*), die der Therapeut erfragen muß. Eine andere Beeinträchtigung liegt vor, wenn eigenes, veränderbares Handeln so formuliert wird, als ob es feststehende, unverrückbare Tatsachen wären *(Verzerrung):*

K: „Die Entscheidung, nach Hause zurückzukehren, bedrückt mich sehr."

T: „Wer entscheidet sich, nach Hause zurückzukehren? Was hindert Sie daran, Ihre Entscheidung zu ändern?" (Denn vielleicht kann K sich auch anders entscheiden und negative Folgen in Kauf nehmen.)

Durch *Verallgemeinerungen* erscheint die Welt festgefügt und starr, nur weiß oder schwarz:

K: „Niemand achtet darauf, was ich sage."

T: „Wer genau? Wenn Sie über was sprechen?" (Denn vielleicht ist das Ergebnis dann: „Meine Arbeitskollegen achten nicht darauf, wenn ich über meine Gefühle spreche.")

Oder:

K: „Man muß die Gefühle anderer Menschen immer berücksichtigen."

T: „Sonst passiert was?"

Sinneswahrnehmungen sind die Grundlage unserer inneren Landkarte. Dabei bevorzugt jeder Mensch ein besonderes Wahrnehmungssystem *(Repräsentationssystem)* und legt darauf den Schwerpunkt seiner bewußten Wahrnehmungen. Dieses bevorzugte Wahrnehmungssystem spiegelt sich in der Sprache wider: Je nach Wahrnehmungstyp werden Worte verwendet, die ursprünglich aus den Sinnesbereichen Sehen, Hören, Fühlen stammen. So sagt ein Klient: „Nun, so wie's *aussieht* ... also ich kann wirklich keine Zukunft für unsere Ehe *sehen.* Ich bin durchaus gewillt, es zu versuchen, denn ich *sehe* mich als Menschen, dem nichts so leicht egal ist, aber ich kann mir wirklich nicht *ausmalen,* wie sich die Situation bessern soll. Es ist einfach *stockfinster.*" Und seine Frau sagt: „Nun, ich *spüre,* daß sich die *Lage* bessern kann. Wir haben einiges, auf das wir *aufbauen* können, und wenn wir an unserer Beziehung *arbeiten* und uns *anstrengen,* können wir unsere Schwierigkeiten *beheben.*"

Die unterschiedlichen Wahrnehmungssysteme sind eine unerschöpfliche Quelle von Mißverständnissen und Störungen. Denn es ist schwierig, den Sinngehalt von ungewohnten Systemen zu erfassen, besonders in Streßsituationen. Wenn der eine äußert: „Da sehe ich schwarz" und der andere zurückgibt: „Du fühlst dich also mies, wenn du daran denkst" – dann fühlt sich der erste wahrscheinlich mißverstanden. Sie sprechen zwei verschiedene Sprachen.

Für den Therapeuten (wie für jeden, der zu wirklicher Verständigung mit anderen kommen will) heißt das: Er muß das System des anderen wahrnehmen und begreifen. Er antwortet im gleichen System und paßt sich dem Klienten an *(pacing)*. Erst dann ist es sinnvoll, das System des Klienten erweitern zu helfen *(leading)*, indem er die anderen Wahrnehmungssysteme miteinbezieht. Andernfalls reden Therapeut und Klient aneinander vorbei, ohne sich zu verstehen.

Wahrgenommen wird einmal das, was sich in der Umwelt abspielt und was mit Augen, Ohren und der Haut aufgenommen wird. Wahrgenommen werden aber auch innere Bilder, Stimmen und Körperempfindungen. Die Bilder und Stimmen können aus der Vergangenheit erinnert oder neu konstruiert werden. Konstruiert man neu, dann sieht oder hört man in der Phantasie etwas, das man in der Realität noch nie erlebt hat. Die inneren Vorgänge geschehen im Alltag oft blitzschnell und werden meist nicht bewußt registriert. Mit Unterstützung des Therapeuten, mit Aufmerksamkeit und Geduld lassen sie sich jedoch meist bewußt machen.

Viele alltägliche Reaktionen lassen sich durch die Aufschlüsselung der inneren Prozesse verstehen. Stellt sich jemand seine Partnerin zusammen mit einem Nebenbuhler vor, so wird die Reaktion Eifersucht sein. Oder jemand hindert sich selbst daran, etwas Neues auszuprobieren, weil er denkt, „es wird dumm aussehen". Genauer gesagt, er konstruiert bildlich eine Situation, in der er ungeschickt mit diesem neuen Verhalten umgeht, und es ist ihm alles so peinlich, als hätten die im Bild erlebten Geschehnisse tatsächlich stattgefunden.

So beruhen sexuelle Störungen meist darauf, daß die von den direkten Reizen ausgelösten angenehmen Körperempfindungen gestört werden durch erinnerte oder konstruierte Bilder oder Stimmen. Konstruiert jemand ein Bild so, daß er sich selbst von außen sieht, so hemmt dieses Bild die Sensibilität und die Fähigkeit, sich den körperlichen Reizen hinzugeben. Während ein Mann vielleicht die Stimme seines

Vaters hören mag: „Junge, streng dich an!", hört seine Partnerin zur gleichen Zeit ihre Mutter: „Also, anständige Mädchen tun so was nicht."

Oft sind diese inneren Vorgänge jedoch komplizierter als in den eben angeführten Beispielen und vielfach ineinander verschachtelt. Sie haben für jeden typische Verlaufsformen *(Strategien)*. Beispiel:

Müller sieht seinen Vorgesetzten mit einem kritischen Gesichtsausdruck, hat plötzlich innerlich ein Bild seines kritischen Vaters vor Augen, hört innerlich die Stimme des Vaters: „das schaffst du nie!", sieht sich plötzlich klein und jämmerlich und reagiert mit Angst, die ihn blockiert.

Sieht sich jedoch Müller, wenn er vor seinem Vorgesetzten steht, im letzten Bild nicht klein und jämmerlich, sondern statt dessen sich erwachsen und selbstsicher auf dem Absatz herumdrehen, dann fällt das Bild als Auslöser für die Angst und damit die Angst selbst weg.

Wenn es dem Therapeuten also gelingt, den *Inhalt* von Bildern oder inneren Sätzen zu ändern, die blockierende Gefühle auslösen, oder wenn es ihm gelingt, die gesamte blockauslösende *Strategie* zu verändern, dann fallen plötzlich die bisherigen Blocks fort. Zum Beispiel hat jede Phobie (eine überflutende Angstreaktion auf äußere Ereignisse) auch einen inneren Auslöser. Gelingt es, diesen Auslöser zu finden und zu ändern, so verschwindet gleichzeitig damit die zwanghafte Reaktion. Und wenn es dem sexuell Unzufriedenen gelingt, die Struktur (Strategie) so zu ändern, daß er keine Bilder mehr sieht oder Stimmen hört, wird sich sein Erleben drastisch intensivieren und verbessern.

Hier setzen nun die eher „magischen" Techniken des NLP an. Ausgangspunkt ist die Annahme, daß jeder Mensch über alle notwendigen positiven Erfahrungen und erforderlichen Kräfte *(Ressourcen)* verfügt, um kritische Situationen zu bewältigen. In bestimmten schwierigen Situationen findet er jedoch keinen Zugang zu seinen Ressourcen und ist *blockiert*. Ziel der Therapie ist es, den Weg zu den Kräften und Fähigkeiten des einzelnen freizulegen und zu erweitern, so daß er kritische Situationen erfolgreich bewältigen kann.

Welches sind nun die Ressourcen, und wie lassen sie sich mobilisieren, um den Inhalt von negativen Bildern, Sätzen oder Gefühlen zu ändern? Eine der am häufigsten angewendeten Techniken bedient sich der Hilfe von *Ankern*. Ein *Anker* ist jedes äußere Bild, jedes Geräusch oder jede Berührung, die automatisch eine bestimmte innere Reaktion (Bild, Satz oder Gefühl) auslösen. Ein Urlaubsfoto ruft sonnige Erinnerungen hervor, ein Brief des Verflossenen Traurigkeit. Die Schulglokke oder Werksirene wecken unangenehme Gefühle, ein Streicheln über das Haar angenehme. Solche Anker umgeben uns in unbegrenzter Zahl. NLP nutzt nun bewußt und kreativ dieses Phänomen. Bandler und Grinder entdeckten, daß sich ein negatives oder positives Gefühl häufig schon durch ein *einmaliges* gleichzeitiges Auftreten mit einem bestimmten Bild, einem Geräusch oder einer Berührung koppelt.

Diesen Mechanismus setzt NLP gezielt zur Veränderung ein, indem zwei Anker *(collapsing anchor)* zusammengebracht werden: Der Klient stellt sich eine problematische Situation vor, in der er meist nicht weiter weiß und die er in Zukunft ändern will. Mit den Worten des NLP: Ihn blockiert in dieser Situation ein negatives Gefühl, und er verliert den Kontakt zu seinen Ressourcen. Mit Hilfe des Therapeuten erinnert er sich intensiv an diese Szene. In dem Moment, in dem seine Mimik deutlich das negative Gefühl zeigt, drückt der Therapeut fest irgendeinen Punkt am Körper, zum Beispiel das linke Knie – mit diesem Druck hat er das Gefühl verankert. Er wird das kurze Zeit später überprüfen, indem er zusammenhanglos auf diesen Punkt drückt – und in der

Mimik des Klienten zeichnet sich wieder dieses negative Gefühl ab.

Im nächsten Schritt erinnert sich der Klient an eine Situation, in der er die Kraft und Stärke erlebt hat, die ihm in der ersten Szene fehlt. Wieder ankert der Therapeut das Gefühl durch einen Druck auf das Knie. Nun wird der Klient aufgefordert, sich vorzustellen, er hätte in der blockierten Situation diese Ressourcen zur Verfügung gehabt – was wäre anders abgelaufen? Durch Druck auf beide Anker holt der Therapeut beide Gefühle zur gleichen Zeit heran und erreicht eine Mischung: Das positive Gefühl fließt in das negative und der Block löst sich auf.

Im letzten Schritt stellt sich der Klient eine ähnliche blockierende Situation in der Zukunft vor *(future pace),* ohne daß ihn der Therapeut berührt. War die Therapie erfolgreich, dann wird die zukünftige Situation anders – nämlich mit der Ressource – erlebt.

Ein Grundprinzip des NLP wird erkennbar: Das Positive (die Ressourcen) wird in die blockierende Situation gebracht, um die Blocks aufzulösen. Das Wiedererleben von Schmerz und Leid hat für sich allein *keinen* therapeutischen Wert. Ändert sich der Gesamtkontext nicht, ist es sinnlose Quälerei. Dazu zählt auch manche Katharsis, die zum wiederholten Mal Szenen aus der Vergangenheit reproduziert und mit dem erlernten Ausbruch, dem „täglichen Urschrei", reagiert – ohne daß sich etwas ändert.

Ein anderer Weg, um in Kontakt mit den eigenen Ressourcen zu gelangen, führt über die Wechselwirkung zwischen Gefühl und Körperhaltung. Klar ist den meisten, daß sich unsere Gefühle im Körper ausdrücken. Wer sich freut und glücklich ist, (ver-)hält sich anders als jemand, der deprimiert und traurig ist. Weniger vertraut ist, daß das gleiche auch umgekehrt gilt: Wie ich mich halte, so fühle ich mich. Mit hängendem Kopf werde ich rasch meinen Schwung verlieren. Lächle ich, dann wird meine Stimmung besser.

Die folgende Kleingruppenübung zu diesem Bereich zeigt erneut, wie NLP mit dem Positiven statt mit dem Negativen arbeitet:

„Erinnere Dich an drei Situationen, in denen Du rundum glücklich warst und ‚alles gestimmt' hat. Erlebe die Situationen noch einmal, als wären sie jetzt gegenwärtig und nimm die gleiche Körperhaltung ein." Die anderen beobachten die kleinen Veränderungen in diesem Moment, im Blick, im Gang, in den Schultern, im Atem und so weiter, und teilen ihre Beobachtungen anschließend mit. Diese kleinen Änderungen sind die Schritte, die sich derjenige in Zukunft in kritischen Situationen bewußt machen kann, um in Kontakt mit seinen Fähigkeiten zu kommen. Er kann sich, so wie einst Münchhausen, am eigenen Schopfe aus dem Sumpf ziehen.

Eine andere wichtige NLP-Technik ist das *Dissoziieren*. Ziel ist es, durch das nochmalige Betrachten innerer Bilder *aus der Distanz* die automatische Koppelung von inneren Bildern und blockierenden Gefühlen aufzulösen. Eine Erfahrung am Anfang meiner NLP-Ausbildung warf meine damaligen Vorstellungen darüber, was sinnvoll und notwendig für die Therapie ist (Katharsis), über den Haufen:

Meine Ausbilderin sprach davon, daß es überflüssig sei, negative Gefühle aus der Vergangenheit wiederzuerleben. Das löste Widerspruch in mir aus. Sie: „Okay, was siehst Du, wenn Du mir widersprichst?" Ich suchte und entdeckte ganz schwach ein Bild von dem zornigen Gesicht meines Vaters. Als ich es mir näher anschauen wollte, wurde es lebendiger, und ich erlebte die Gefühle wieder, die ich als Kind in einem längst vergangenen Zusammenstoß mit meinem Vater hatte. Ich fing an zu zittern. Sie stoppte: „Schau mich an. Schau um Dich und entspann Dich. Und dann schau Dir die Szene einfach an.“ Nach fünf Sekunden fing ich wieder an zu zittern. „Stop! Schau mich an. Und dann stell Dir vor, Du siehst Dir selbst zu, wie Du hier sitzt und die alte längst vergangene Szene anschaust, die sich nie mehr wiederholen wird.“ Noch drei-, viermal versuchte ich, in meine damaligen Gefühle von Angst und Wut zu fallen. Jedesmal wurde ich wieder zurückgeholt, um mir die Szene von dem Erwachsenen und dem Kind aus der Distanz – wie auf einem Video – ganz genau anzuschauen. Und allmählich sah ich das Ganze in einem anderen Licht. Ich entdeckte in beiden Gesichtern ähnliche Gefühle, sah hinter dem Zorn im Erwachsenen die Unsicherheit und hinter der Angst im Kind den Trotz und die Kraft.

Einen breiten Raum nehmen im NLP auch Techniken ein, die das Unbewußte einbeziehen. Systematisch setzten Bandler und Grinder die Hypnotherapie von Erickson ein und entwickelten ein neues, tieferes Verständnis für Trance, Hypnose und Arbeiten mit dem Unbewußten. So sind die Übergänge vom NLP zur reinen Hypnotherapie fließend. Beides scheint sich zu einer einzigen Richtung zu vereinen. In Trance- und Entspannungszuständen wird direkt mit dem Unbewußten Fühlung aufgenommen. Erlaubt sich jemand, nach innen zu hören und seinen inneren Verarbeitungsprozessen Raum zu geben, erschließen sich neue Möglichkeiten und Kraftquellen.

Das Unbewußte steuert unser Verhalten in weiten Bereichen und ist, wie auch die Psychosomatik lehrt, für einen Großteil unserer Krankheiten mitverantwortlich. NLP geht davon aus, daß das Unbewußte das Beste für seinen Träger will. *Jedes* – auch noch so absurde – Verhalten oder vom Unbewußten beeinflußte körperliche Symptom wird von einer positiven Absicht getragen.

Das NLP nutzt diese Einsichten im *Reframing.* Dabei wird der Klient in einen leichten hypnotischen Zustand versetzt und der Kontakt mit dem Unbewußten aufgebaut. Das Unbewußte des Klienten wird dann nach der positiven Absicht gefragt. Durch die Trance, in die der Klient versetzt ist, findet er leichter Zugang zu einer Antwort aus seinem Inneren. Wenn die positive Absicht erkannt ist, werden mit Hilfe der gleichen tieferen Schichten neue Möglichkeiten gesucht, diese Absicht genauso gut oder noch besser zu erfüllen.

Wer beispielsweise regelmäßig bei Arbeitsüberlastung Kopfschmerzen bekommt, die ihn von der Arbeit abhalten und für eine notwendige Ruhepause sorgen, für den wäre es ein ebenso guter (oder sogar besserer) Weg, in Zukunft nein zu sagen, wenn ihm zu viel Arbeit aufgebürdet wird.

In der Konsequenz dieses Gedankens wird auch der Krebs als letzter verzweifelter Versuch des Körpers oder des Unbewußten verstanden, seinem Träger mitzuteilen: So, wie Du bisher gelebt hast, kannst und darfst Du nicht weiterleben. Bislang ist als Alternative oder Ergänzung zu medikamentöser Behandlung insbesondere das Simonton-Modell bekannt geworden. In Vorstellungsübungen werden die psychischen Kräfte mobilisert, um den Feind Krebs zu vernichten. Ansätze des NLP schlagen eine entgegengesetzte Richtung ein: Um den Krebs zu heilen oder aufzuhalten, ist nicht der Kampf gegen die (körperliche) Krankheit der Dreh- und Angelpunkt, sondern das Verstehen ihrer Ursache. Mit Vorstellungsübungen wird zunächst ein Bild oder Symbol aus dem Unbewußten für den Krebs gesucht. Im nächsten Schritt wird Kontakt aufgenommen und die positive Absicht gesucht. Dann kommt die entscheidende Phase: die langwierige und schwierige Aufgabe, die gegen den eigenen Körper gerichteten Kräfte zurückzugewinnen und zur Änderung der Lebensführung zu nutzen.

Hier wird deutlich, daß dem NLP-Therapeuten eine

besondere Rolle zukommt. Stärker als in manchen anderen Therapierichtungen sieht die NLP-Theorie in ihm den distanzierten Fachmann. Dank der NLP-Techniken ist es dem Therapeuten möglich, lediglich eine offene Struktur vorzugeben: „Eine Situation, die Du ändern möchtest". Der Klient kann sich in die Situation versetzen, ohne daß er sie dem Therapeuten mitteilen muß. Der Therapeut weiß also nicht einmal, an welchem Problem der Klient gerade arbeitet. Faszinierend ist es dabei, nur einfach mit der vollen, ungeteilten Aufmerksamkeit geduldig beim Klienten zu sein und die kleinen Veränderungen zu beobachten, die die inneren Prozesse anzeigen. Auf diese Weise respektiert der Therapeut die Intimsphäre in hohem Maße. Kennt er den Inhalt nicht, kann er sich nicht darin verstricken, indem eigene Probleme sein Eingreifen störend beeinflussen.

Auf der anderen Seite ist NLP eine Kurzzeittherapie. Um in kurzer Zeit wirksam Hilfe zu leisten, ist es notwendig, klar zu sehen, in welchen Bereichen der Klient Hilfe benötigt. Wichtig ist dabei der Wechsel der Blickrichtung vom „Problem" auf das „Ziel" hin.

Der erste Schritt in der NLP-Therapie ist daher die Bestimmung des Ziels. Manchmal ist damit bereits der wichtigste Schritt getan. Um dieses Ziel zu finden, müssen sechs Fragen beantwortet werden:

1. Was ist Dein Ziel? Wie sieht Dein Zielverhalten aus? Die Beschreibung hat zu sein: grammatikalisch positiv formuliert, das heißt ohne Verneinung; konkret, anschaulich und eindeutig; von keiner anderen Person abhängig.
2. Körperliche Darstellung, wie Du aussiehst, wenn Du Dein Zielverhalten verwirklichst (Stimme, Haltung, Gang).
3. Was brauchst Du, um Dein Ziel zu erreichen?
4. Was ist der Preis? Was muß Du aufgeben, wenn Du Dein

neues Verhalten verwirklichst? Oder: Was ist positiv an Deinem bisherigen Verhalten? Und: Willst Du diesen Preis bezahlen?
5. Woran erkennst Du, ob Du Dein Ziel erreicht hast? Genaue Kriterien!
6. Wann willst Du das neue Verhalten anwenden, wann nicht?

Wie sich diese Fragen auswirken, will ich am Beispiel einer Klientin zeigen, die mit dem Problem kommt: „Mein Freund kritisiert mich ständig. Ich möchte, daß er nicht mehr so oft an mir herummeckert.“ Die Aussage soll grammatikalisch positiv formuliert sein. „Mein Freund soll mich so akzeptieren, wie ich bin.“ Aber wie sieht das konkret aus? Welches sind die Situationen, in denen das aktuell wird? Die Klientin nennt ein konkretes Beispiel: „Mein Freund raucht nicht. Wenn ich mir in seiner Gegenwart eine Zigarette anstecke, macht er sofort eine kritische Bemerkung. Das soll er lassen.“ Aber nun kommt eine weitere entscheidende Voraussetzung für ein Ziel, das mit NLP anzugehen ist: Das Ziel darf von keinem anderen abhängig sein. Es geht also nicht darum, *andere* zu ändern, sondern darum, *selbst* zu einem eigenständigen, befriedigenden Verhalten zu kommen. Wie sieht also ein mögliches Verhalten aus, das das Problem löst – auch wenn der Freund weiterhin über das Rauchen meckert? Nach einigem Zögern und Überlegen: „Wenn ich einfach ruhig und gelassen bleibe und keinen Krach anfange, wie sonst immer. Damit wäre ich auch zufrieden.“

Jetzt versetzt sich die Klientin körperlich in den Zielzustand hinein, in das Gefühl, ruhig und gelassen, auch in dieser schwierigen Situation, zu bleiben. Damit überprüft sie, ob dieses Verhalten auch wirklich die ihr angemessene Lösung ist. Da ihr Ziel schon konkret und überprüfbar ist, bleibt als letzter wichtiger Punkt: Was ist der Preis für das neue Verhalten? Was ist positiv an dem bisherigen Handeln? Auf den ersten Blick scheint diese Frage im vorliegenden Fall unsinnig. Schaut man genauer hin, stellt sich jedoch die Situation so dar:

Bisweilen hat der Freund erzieherische Anwandlungen, die Freundin ärgert sich, und es kommt zum Streit. Dann kommt die Versöhnung, und irgendwann beginnt der Kreislauf von vorne. Die Rollen stehen fest, die Reaktionen sind vorhersehbar (und es gibt Paare, die das Spiel 30, 40 Jahre lang engagiert und hartnäckig spielen). Bleibt die Klientin gelassen, macht sie sich ein Stück unabhängiger von den Beeinflussungsversuchen ihres Feundes. Führt sie mit ihm in dieser Haltung – ruhig und sicher – ein ernsthaftes Gespräch über seine Einstellung ihr gegenüber, geht das Gespräch an die Substanz der Beziehung. Vielleicht hat er bestimmte Vorstellungen und Erwartungen an seine Partnerin, und bisher hat er geglaubt, sie noch verändern zu können. Vielleicht ist er in anderen Beziehungen genauso unzufrieden, hat es nur noch nie geäußert. – Das heißt, das alte Verhalten, der Streit, war der Kitt, die bestehende Beziehung zu stabilisieren und aufrechtzuerhalten. Ohne Streit gerät diese Balance ins Kippen, neue Risiken für die Freundschaft tauchen auf.

Ist jemand bereit, den Preis für das neue Verhalten zu zahlen? An dem Punkt entscheiden sich viele, ein bisheriges Ziel, das ihnen als Traum vorschwebte, aufzugeben oder zu ändern. Gerade das Aufgeben von Zielen hilft dazu, die eigene Energie für realistische Wünsche einzusetzen. Hat jemand nach dieser Klärung ein festumrissenes Ziel vor Augen, stehen all die verschiedenen Techniken des NLP zur Verfügung, um die Barrieren zwischen dem gegenwärtigen und dem erwünschten Zustand beiseitezuräumen.

Viel Verantwortung liegt in der Hand des Therapeuten, der

weiß, wie die inneren Prozesse ablaufen und wie sie zu steuern sind. Die Gefahr ist durchaus zu sehen, daß versucht wird, mit NLP Menschen zu manipulieren. Derartige Techniken sind gerade für Menschen interessant, denen Macht und Einfluß wichtiger sind als der zurückhaltende Gebrauch des Wissens für das Wachstum des einzelnen.

Wie groß hier die Gefahren sind und wie sie genau aussehen, ist nicht abzuschätzen. Mir scheint es jedoch wichtig, zu sehen, daß derartige Formen erfolgreicher Kommunikation und Beeinflussung schon immer – nur eben intuitiv – abgelaufen sind und ablaufen. In die Erinnerung zurückrufen will ich auch noch einmal, daß NLP den Rapport (= die tragfähige positive Beziehung durch das Eingehen auf den anderen) als Voraussetzung für jede Beeinflussung herausgefunden hat. Eine natürliche Grenze liegt in jedem Fall da, wo es zum „Rapportbruch" kommt, das heißt da, wo der Partner die Person und die Bedürfnisse des anderen aus den Augen verliert.

NLP ist vielfältig. Bandler und Grinder hatten, nach eigener Aussage, nie die Absicht, eine neue therapeutische Schule zu gründen, sondern sie wollten nur zeigen, *auf welche Weise alle* Therapieformen bei der Veränderung helfen. Ihr Ziel war es, pragmatisch das „Wesentliche" aus den unterschiedlichen Richtungen herauszufiltern. Inzwischen präsentiert NLP sich als eine erstaunliche Mischung aus Techniken der verschiedensten Therapierichtungen, aus eigenen Entdeckungen und aus neuen gedanklichen Konzepten. So ist trotz der ursprünglichen Absicht aus NLP eine eigenständige Richtung geworden, wenn auch offen gegenüber allen anderen Therapieformen und offen für Korrekturen und Verbesserungen.

NLP beschränkt sich nicht auf die Therapie. Überall da, wo es um Kommunikation und Verständigung geht – von der Schule über die Sozialarbeit hin bis zum Management –, sind die Ergebnisse anwendbar. Hier tut sich ein weites Feld auf, die Entdeckungen des NLP nutzbar und fruchtbar zu machen. Nicht zuletzt aber geben die Ansätze des NLP jedem Anregungen, sich selbst besser zu erkennen und zu verstehen. Man entdeckt, wie jeder Mensch seine ganz persönliche Art gefunden hat, die Welt zu sehen und zu erleben. Und damit wächst die Neugier, mit der Welt des anderen Kontakt aufzunehmen, sie verstehen zu lernen und so die eigene Welt zu erweitern.

Bertold Ulsamer hat Jura und Psychologie studiert. Er ist ausgebildeter NLP-Therapeut und lebt als freiberuflich tätiger Diplom-Psychologe in Würzburg.

Literatur

Bandler, R.; Grinder, J.: Metasprache und Psychotherapie. Struktur der Magie I. Paderborn 1982

Bandler, R.; Grinder, J.: Neue Wege der Kurzzeittherapie. Paderborn 1981

Cameron-Bandler, L.: Wieder zusammenfinden. NLP – neue Wege der Paartherapie. Paderborn 1983

Grinder, J.; Bandler, R.: Kommunikation ohne Veränderung. Die Struktur der Magie II. Paderborn 1984

Grinder, J.; Bandler, R.: Therapie in Trance. Stuttgart 1984

(Der Beitrag ist in PSYCHOLOGIE HEUTE, Heft 12/85) erschienen)

Musiktherapie: Die heilende Kraft der Klänge

Karl Hörmann

Noch vor hundert Jahren konnte nur ein kleiner Kreis Privilegierter Orchestermusik genießen; inzwischen, seit es Rundfunk, Schallplatte und Tonband gibt, ist Musik jedermann zu jeder Zeit und in jeder Art zugänglich. Beziehungslos kassettenversunken stehen Schüler, den Kopfhörer des Walkman übergestülpt, an Bushaltestellen; das Autoradio macht Tausenden den langen Weg zur Arbeit und abends nach Hause erträglicher.

Das tiefgreifendste musikalische Ereignis in der Geschichte der Menschheit war die Erfindung der Mehrstimmigkeit vor tausend Jahren. Heute wie damals entfaltet Musik, ob als einfache Flötenmelodie oder als synthetisches, computergesteuertes Klanggewebe, ihre Wirkungen: Sie beruhigt, löst, entspannt, oder sie treibt an und aktiviert das vegetative Nervensystem bis zur Ohnmacht und zur Ekstase. Und sie war auch gefürchtet: Plato wollte sie, ihrer bedrohlichen Kräfte wegen, den Staatszwecken unterordnen; im alten China wurde sie sogar als schlimmste Folter angewandt: Ununterbrochen, Tag und Nacht, lärmten Musiker so lange, bis der Verurteilte den unsäglichen akustischen Schmerzen erlag.

Seit einigen Jahren wird wieder verstärkt auf die Musik als heilsames Mittel bei psychischen Problemen oder funktionellen Störungen des Nervensystems zurückgegriffen. Die wachsende Abneigung gegen medikamentöse Behandlungen und die Rückbesinnung auf traditionelle Naturheilverfahren sind nur einige der Gründe dafür. Viel entscheidender ist, daß sich die Musik wie kaum ein anderes Medium den rationalisierten Lebens- und Denkformen entzieht, die unser Zeitalter bestimmen. Zwar kann man über Musik reden, doch Sprache und Verstand können sie nicht wirklich erfassen. Nur im Anhören oder aktiven Ausüben kann sie erfahren werden. Und welche Reaktion der einzelne dabei erlebt, sagt oft mehr über ihn selbst als über die Musik.

In einer Gruppentherapie zum Beispiel versetzte ein Musikstück, das zur Entspannung gedacht war, eine 30jährige Teilnehmerin in heftigste Erschütterung. Die Musik, die sie seit vielen Jahren nicht mehr gehört hatte, erinnerte sie an die Zeit mit ihrem ersten Freund. Sie hatte ihn völlig vergessen. Jetzt aber wurde ihr schlagartig klar, daß sie sich in all den Jahren ihrer Ehe nur nach ihm gesehnt hatte.

So können durch Musik weit zurückliegende Erinnerungen wiederbelebt werden. Obwohl die Musik selbst dabei nur indirekt wirkt, ist dies eine wichtige Anwendungsmöglichkeit der Musiktherapie: Vor allem ältere, innerlich und äußerlich verstummte, apathische Menschen können emotional aktiviert werden, wenn man ihnen Musikstücke vorspielt, die zur Zeit ihrer Pubertät und ihres Erwachsenwerdens aktuell waren. Denn oft sind mit solcher Musik Erlebnisse und Gefühle jugendlicher Unbeschwertheit verknüpft, die, im Unterbewußten bewahrt, nun aus der Versenkung gehoben werden und die alten Menschen förmlich zum Leben erwekken.

Allerdings ist diese Wirkung oft nur unter einer Bedingung zu erreichen: Das ursprüngliche Tempo der Musik muß dem – im Lauf des Lebens langsamer werdenden – Pulsschlag des älteren Hörers angeglichen werden. Der enge Zusammenhang von Musiktempo, Pulsschlag und Wohlbefinden ist auch daran zu beobachten, daß die Struktur von Wiegenliedern in allen Kulturen übereinstimmt. Und er konnte an Fischen nachgewiesen werden. Bei ihnen läßt sich die Frequenz der Kiemenatmung durch den Schlag eines Metronoms steuern; mit zunehmender Tempobeschleunigung bricht schließlich ihr Organismus zusammen. Diesem Effekt ähnlich, treten bei manchen, weniger stabilen Jugendlichen nach Diskothekenbesuchen Herzrhythmusstörungen auf. Unruhige Kleinkinder lassen sich dagegen augenblicklich zum Schlafen bringen, wenn man ein Tonband mit dem mütterlichen Pulsschlag abspielt.

An diesen Beispielen wird die Beziehung zwischen Eigenschaften der Musik und Gefühls- oder Körperreaktionen des Menschen deutlich. Etwa seit der Jahrhundertwende werden diese Beziehungen – vorwiegend experimentell – von der Musikpsychologie erforscht. Gegenstand der wissenschaftlichen Untersuchung sind die Komposition, das Ausüben und das Hören von Musik sowie die musikalische Entwicklung des Menschen. Am weitesten erforscht sind die Gebiete der musikalischen Wahrnehmung und des musikalischen Urteils, der Beeinflussung, zum Beispiel durch Werbe-, Arbeits- oder Filmmusik, und der musikalischen Begabung. Dabei werden sowohl „objektive“ als auch „subjektive“ Forschungsmethoden angewandt: Verhaltensbeobachtung, etwa beim Tanz, psychophysiologische und psychometrische Messungen der Atem- oder Pulsfrequenz, des Hautwiderstands oder von EKG und EEG einerseits, sowie andererseits Interviews und Tests, mit denen entweder frei assoziative oder vorstrukturierte Antworten eingeholt werden.

Weitgehend unabhängig von der musik-psychologischen Forschung haben sich unmittelbar in der Praxis die diversen Richtungen der Musiktherapie entwickelt und etabliert. Die bestehende Vielfalt ist vor allem darauf zurückzuführen, daß Musiktherapeuten derzeit noch aus sehr unterschiedlichen

Berufen stammen: Privat- und Schulmusiklehrer, Orchester- und Kirchenmusiker, Instrumentalisten und Sänger sind unter ihnen ebenso zu finden wie Sozial- und Diplom-Pädagogen, Erzieher, Rhythmiker, Lehrer an allgemeinbildenden und Sonderschulen, Krankenschwestern, Psychologen, Heilpraktiker und Ärzte.

1959 wurde an der Musikhochschule in Wien erstmals eine Ausbildung zum „Musiktherapeuten mit staatsgültigem Abschlußzeugnis als medizinischer Assistenzberuf" aufgenommen. Erst sehr viel später, nämlich in den siebziger Jahren, gibt es ähnliche Ausbildungen im deutschsprachigen Raum auch in Aachen (seit 1978), für kurze Zeit in Würzburg und Salzburg und – seit 1980 – an der Fachhochschule der Stiftung Rehabilitation in Heidelberg. An der Universität Münster wurde ein Zusatzstudiengang Musiktherapie eingerichtet – der einzige ministeriell genehmigte Studiengang dieser Art an einer deutschen Universität, und an der Deutschen Sporthochschule Köln wird ab dem Wintersemester 87/88 ein Zusatzstudiengang „Musik- und Tanztherapie" angeboten. Weitere, zum Teil private Ausbildungsstätten gibt es in Berlin, Dresden, London, Oslo, Breslau, Montpellier sowie in Holland in Ae Baarn, Amersfoord, Nijmwegen, in Italien: Bologna, Padua, Mailand sowie in Israel: Jerusalem, Pe tach Tikva und Tel Aviv. Ein Wanderstudium, das durch zehn verschiedene Orte Europas führt, bieten die Anthroposophen an. In den USA konnte man sich 1970 an sechzehn Instituten und Hochschulen zum Musiktherapeuten ausbilden lassen, zehn Jahre später waren es bereits 52, und 1984 waren es 75.

Mit der Herkunft aus den verschiedenen Berufen sind teilweise sehr unterschiedliche therapeutische Zielsetzungen verbunden, wobei zwischen unspezifischer musikalischer Arbeit, pädagogischer und ärztlicher Musiktherapie sowie Musiktherapie als eigenständigem Fachberuf im engeren

Sinne unterschieden wird. Um den Austausch zwischen den verschiedenen Konzepten zu fördern und eine gewisse Vereinheitlichung zu erreichen, wurden Fachgesellschaften gegründet: 1950 in den USA die *„National Association for Music Therapy"*; 1958 die *„British Society for Musik Therapy"* und 1972 die *„Deutsche Gesellschaft für Musiktherapie e.V."*. Inzwischen hat die Musiktherapie, trotz ihrer Heterogenität in Herkunft und Arbeitsweise, als selbständige Disziplin Konturen angenommen.

Kein Mensch kann längere Zeit völlig ohne Musik auskommen, wie in mehreren Untersuchungen bestätigt wurde. Dennoch gibt es Fälle, in denen der therapeutische Einsatz von Musik nicht sinnvoll oder sogar schädlich ist. Nervlich überreizte Patienten empfinden auch leise und normalerweise beruhigend wirkende Musik als Qual. Nicht angebracht ist Musik selbstverständlich auch bei der Behandlung von Schäden des Organismus, die durch äußere physische Einwirkung verursacht wurden und, wie Unfallverletzungen oder Knochenbrüche, mit anderen Mitteln therapiert werden müssen. Diese Bemerkung erscheint auf den ersten Blick überflüssig, aber auch die körperliche Heilung und die Erholung nach Operationen kann durch Musik unterstützt werden. Ihre hypnoseähnliche, tiefenentspannende Wirkung ermöglicht es ferner, in der Gynäkologie, beim Zahnarzt oder bei leichteren Operationen auf Narkosen, schmerzlindernde Spritzen und Tabletten mit ihren Nebenwirkungen zu verzichten.

In der Behindertenpädagogik erleichtert Musik das Training der Bewegungskoordination – so wie auch in der Gymnastik „mit Musik alles besser geht". Bis hin zur Arbeit mit schwer gestörten Patienten in der Psychiatrie: Fast immer dient die Musik dem – außermusikalischen – Ziel, die Entwicklung des einzelnen zu fördern und zur Überwindung von Problemen beizutragen: aufdeckend-analytisch; stützend-konservierend-stabilisierend; wiederherstellend-korrigierend-kompensierend-fördernd; erlebnisorientiert-ganzheitlich-ausgleichend; aktivierend und entspannend, ästhetisch-genießerisch-lustbetont.

Die musiktherapeutische Praxis ist einerseits durch Methoden gekennzeichnet, die aus der Musikpädagogik entnommen und modifiziert wurden: musikalische Produktion, also das Singen und das Spielen auf Instrumenten, musikalische Reproduktion, Rezeption, Reflexion und Transposition, das heißt die Umsetzung von Musik in tänzerischen, bildnerischen oder sprachlichen Ausdruck. Andererseits werden aus verschiedenen Therapierichtungen entlehnte und kombinierte Modelle angewandt. Die psychodynamische Richtung basiert zum Beispiel auf den Prinzipien der persönlichkeitszentrierten Psychotherapie; durch eine Änderung des Erlebens will sie das Verhalten und die Symptome der Klienten beeinflussen. Bei den übenden Methoden wird versucht, hinderliche Symptome unmittelbar auf der Ebene des Verhaltens zu beseitigen. Suggestive Verfahren dienen dazu, die Beschwerden des Klienten zu erleichtern.

Darüber hinaus lassen individuelle Musikvorlieben auch Rückschlüsse auf die Persönlichkeit zu, nach dem Motto: Sag mir, welche Musik Du magst, und ich sage Dir, wer Du bist. Der gezielte Einsatz von Musik liefert dem Psychotherapeuten also ein Basis-Instrument, um psychische und psychosomatische Beschwerden zu analysieren und aufzudecken, innerpsychischen Konflikten zum Ausdruck zu verhelfen und Problemen im zwischenmenschlichen Umgang auf die Spur zu kommen, um sie schließlich zu bearbeiten.

Voraussetzung für einen derart gezielten Einsatz von Musik ist allerdings eine möglichst genaue Diagnose der Störungen. Bewährt haben sich – zumindest vorläufig – die Selbsteinschätzungsfragen des Freiburger Persönlichkeitsinventars (FPI). Mit diesem Persönlichkeitstest werden Einstellungen und Verhaltensweisen des Klienten erfragt, die verschiedenen Dimensionen psychischer Beeinträchtigung zugeordnet sind. Diesen Dimensionen lassen sich wiederum jeweils spezifische musiktherapeutische Verfahrensweisen gegenüberstellen, so daß der Therapeut sein Vorgehen auf die besondere Situation des einzelnen Klienten abstimmen kann. Allerdings sind diese Dimensionen nicht alle unabhängig voneinander. Eine allzu enge Orientierung am spezifischen Symptom ist daher wenig sinnvoll. Zudem ist es ein wichtiges Prinzip, vor allem in der musikalischen Gruppentherapie, neben der Beeinflussung von hervorstechenden Symptomen auch die gesunden Anteile im Erleben und Verhalten der Klienten zu stärken. Und schließlich hat die Erfahrung gezeigt, daß sich die Teilnehmer von heterogenen Gruppen, in denen unterschiedliche Störungsformen vertreten sind, gegenseitig meist besser verstehen und unterstützen können.

Für die Fälle der musiktherapeutischen Methoden gibt es neben den berufsständischen noch zwei weitere Gründe: die Komplexität der Musik selbst und ihre besondere Eignung zur Verbindung mit anderen Therapieverfahren. Grob lassen die verschiedenen Richtungen sich danach einteilen, ob mit Musik „gerichtet" oder „ungerichtet", aktiv oder rezeptiv, in Einzel- oder in Gruppensitzungen gearbeitet wird:

- *Aktive Gruppenmusiktherapie:* Gemeinsames und solistisches Singen und Musizieren, improvisiert oder nach Vorlagen; freies und festgelegtes Tanzen zu unterschiedlichen Musikarten, musikalisches Psychodrama, Malen zur Musik, Eurhythmie
- *Aktive Einzelmusiktherapie:* Therapeutischer Instrumentalunterricht, Instrumentalimprovisation zwischen Klient

und Therapeut; Gestaltung eines Gefühlsausdrucks oder eines Bildes mit Stimme und Bewegung

– *Rezeptive Einzel- und Gruppenmusiktherapie:* Ausgehend von der Stimmungslage des einzelnen oder der Gruppe (Iso-Prinzip) versucht der Therapeut, durch gezielt zusammengestellte und unter seiner Anleitung gehörte Musikprogramme das autonome Nervensystem und das vorbewußte, assoziative Erleben zu beeinflussen und so den oder die Klienten auf ein angestrebtes Stimmungsniveau zu führen (Level-Prinzip).

Was sich in einer musiktherapeutischen Sitzung im einzelnen abspielt, will ich am Beispiel meiner Arbeit mit Psychiatrie-Patienten der Bethesda-Klinik in Bethel beschreiben. Jeden Mittwochnachmittag treffen sich, auf freiwilliger Basis, zehn bis vierzehn Patienten im Alter von 24 bis 55 Jahren in einem länglichen, etwa 30 Quadratmeter großen Gruppenraum. In einer Ecke des Raumes steht ein Klavier, und in dessen Nähe haben der Musiktherapeut und seine Praktikanten die vorhandenen einfachen Instrumente bereitgelegt – Klangstäbe, Rasseln, Triangeln, Fell- und Blechinstrumente, aber auch Xylo- und Metallophone sowie Glockenspiele. Darum herum sind Stühle aufgestellt. Jede Sitzung wird auf Tonband aufgenommen, um sie anschließend für die Einzeltherapie auszuwerten; jedesmal werden die Gruppenteilnehmer neu gefragt, ob sie damit einverstanden sind.

Zu Beginn berichten die Patienten der Reihe nach von ihrem Befinden und fassen es dann in einem kurzen Satz zusammen, den die gesamte Gruppe skandierend, gleichsam bestätigend, nachspricht. Dieser Satz liefert eine Art rhythmisch-melodischer Grundfigur. Jeder wählt sich nun, seiner Stimmung entsprechend, ein Instrument aus, auf dem er seinen Satz musikalisch zu gestalten versucht. Der einzelne wiederholt seinen Satz laut und beharrlich und versenkt sich dabei sowohl in seinen eigenen Stimmungszustand wie er auch auf den entsprechenden „Klangteppich“ in der Gruppe hört. Durch das stereotype Wiederholen des gleichförmigen rhythmisch-melodischen Motivs, das sich bis zur meditativen Verinnerlichung oder ekstatischen Selbstentäußerung steigern kann, tritt meist ein eigenartiges Wohlgefühl ein; zugleich erfährt der einzelne Patient aber auch Geborgenheit, er fühlt sich aufgehoben in dem Gewoge des Stimmungsteppichs, das allmählich sein Grundmaß findet, zunehmend vertrauter und klarer wird, gelegentlich aber auch auseinanderzufallen droht.

Diese Musik bildet eine Art buntes Gewebe aus den individuellen Gefühlen jedes Beteiligten. Nur durch seine Aktivität kann es entstehen und aufrechterhalten werden, in ihm hat jeder mit seiner persönlichen „Empfindungsfarbe“ gleichen Rang. Wer genau hinhört auf das akustische Konglomerat, das zunächst wie ein chaotisches Durcheinander individueller Ausdrucksweisen wirkt, kann vieles von dem entdecken und erfahren, was auch sonst die Persönlichkeit der Gruppenteilnehmer und ihren Umgang miteinander bestimmt.

Die kontaktgestörte, gehemmte, vergeistigte, aber motorisch aktive und leistungsorientierte Magersüchtige kann in dieser – vergleichsweise unbedrohlichen – Form nonverbaler Kommunikation mit Verhaltensweisen experimentieren, die sie später auf Situationen ihres Alltags übertragen kann. Sie und alle anderen Gruppenmitglieder erkunden, wie weit sie sich emotional fallenlassen wollen, wieviel Raum sie sich akustisch verschaffen können und möchten.

Oder der Diabetiker, der sich sprachlich kaum ausdrücken kann und unter der Belastung eines psychischen Traumas, eines Liebesverlustes, leidet: Er kann hier seine Angst und das damit verbundene Kampf- und Fluchtverhalten, seinen

Hungerzustand und seinen Rückzug, gefahrlos ausleben. Er erlebt etwas ähnliches wie ein beziehungsgestörter Patient, der in den Widerspruch verstrickt ist, sowohl nach Schutz als auch nach Unabhängigkeit zu streben und dessen Abschirmungsreaktionen zu sozialer Isolierung und einem Zwölffingerdarmgeschwür geführt haben: Indem beide, von der Gruppe gedämpft begleitet, als Solisten hervortreten, lernen sie die heilsame Empfindung kennen, von anderen – musikalisch – getragen zu werden.

Zugleich stellt das Musikmachen die Gruppenmitglieder vor Herausforderungen, die auch im Alltag zu bewältigen sind. Zum Beispiel müssen sie durch ihre eigene Aktivität versuchen, aggressive Tendenzen, manischen Freiheitsdrang oder hysterische Ausbrüche anderer aufzufangen und in die gemeinsame Klangproduktion zu integrieren. Überhaupt treten in dieser musikalischen Gruppendynamik die gleichen Beziehungsprobleme auf wie in Gesprächsgruppen. Allerdings mit einem entscheidenden Unterschied: Das – scheinbar spielerische – Musizieren erzeugt eine angstärmere Atmosphäre, in der mit solchen Konflikten sowohl subtiler als auch unmittelbarer umgegangen werden kann. Manchmal sind bei der Stimmungsimprovisation anfängliche Hemmungen zu überwinden, weil den Klienten die zur Verfügung stehenden Instrumente noch nicht vertraut sind oder sie sich das Musizieren nicht zutrauen; zuweilen häufen sich in einer noch labilen Gruppe Störfälle, so daß die Klangentwicklung sich zuspitzt: Der Therapeut greift dann ein, indem er den musikalischen Gruppenprozeß vom Klavier aus zurückhaltend begleitet, ihn unterstützt und ihn zusammenzuhalten versucht, ohne ihn einzuengen.

Aus den Melodieinstrumenten müssen allerdings zuvor die Halbtöne entfernt werden, damit dem melodisch-rhythmischen Spiel der Gruppe vom Therapeuten am Klavier verschiedene Harmonien unterlegt werden können. Durch einen Wechsel zwischen den verbliebenen Harmonien, die immer noch vielfach anzureichern sind, kann der Leiter sowohl drohendes Chaos als auch Monotonie verhindern, oder er ist in der Lage, die Gruppenimprovisation je nach Bedarf in ausgreifende oder stärker untergliederte Perioden zu strukturieren. Je vertrauter den Beteiligten das Instrumentarium wird, umso eher gelingt es ihnen, sich im Klang- und Ausdrucksgeschehen, in seiner Spannung zwischen Statik und Dynamik, frei zu bewegen, sei es durch opponierende Ausfälle oder eine die Gesetzmäßigkeiten der Musik sprengende Subversion, sei es durch vorsichtig tastende, spielerische Befreiung in ungebundenes Schweben oder das Versinken in ein musikalisch erregtes „ozeanisches Gefühl" (Sigmund Freud).

Damit der einzelne von der Gruppe verstanden und durch ihre Reaktionen auf seine Äußerungen belohnt werden kann, und damit er sich seiner Empfindungen bewußt bleiben kann, die in einer solchen oft sehr lang andauernden musikalischen Interaktion häufig wechseln, muß der Leiter darauf achten, daß alle Gruppenteilnehmer ihren gewählten und möglicherweise veränderten Befindens-Satz weiterhin ständig mitsprechen und mitsingen. Diese zusätzliche sprachliche Information erleichtert es der Gruppe, auf Solisten, die aus dem Gefühlsteppich hervortreten, einzugehen und die eigene Reaktion musikalisch auszudrücken; gemäß der inneren Verfassung liegt sie zwischen Zustimmung und Ablehnung.

FPI-Dimensionen	*Musiktherapeutische Methode*
1. NERVOSITÄT	
Kreislauf, Atmung Verdauung motorische Störungen Schmerzempfindungen	Singen, Tanzen trophotrope (beruhigende) Musik Musizieren Hören leiser, ruhiger Musik
Schlafstörungen, Mattigkeit, Erschöpfung, Ermüdbarkeit, Wetterfühligkeit, Reizempfindlichkeit, Ruhelosigkeit	Leise, ruhige Hintergrundmusik
vegetative und muskuläre Begleiterscheinungen bei affektiver Erregung	Dramatische Musikimprovisation und Regulative Musiktherapie
2. AGGRESSIVITÄT	
spontane körperliche, verbale und phantasierte Aggressionsakte, unbeherrscht, Erlebnishunger, Abwechslungsbedürfnis	„krachmachende" Gruppenimprovisation, Singen und Tanzen zu lauter und dynamischer Musik (Rockmusik)
3. DEPRESSIVITÄT	
mißgestimmt, depressiv, traurig, pessimistisch, mürrisch	Musikmalen abreagierendes Musizieren
Angst vor unbestimmten, drohenden Gefahren	taraktische (aufrüttelnde, konfliklösende) Musik
Einsamkeit, innere Leere, sich mißverstanden fühlen	Gruppensingen, -musizieren, -tanzen
Konzentrationsmangel	Hören strukturierter Musik, Rhythmusspiele
Tagträume	musikalisch begleitetes katathymes Bilderleben
Minderwertigkeitsgefühle	Leitung eines Musikensembles
irritierbar	Solo-Tutti-Improvisation
Selbstaggression	Ausagieren in freier Musik-, Tanz- und Vokalimprovisation

FPI-Dimensionen	*Musiktherapeutische Methode*
4. ERREGBARKEIT	
reizbar, empfindlich, störbar, aufbrausend, jähzornig, Frustrationstoleranz gespannt	Partnerspiel, -singen, -tanzen Solo-Tutti-Dialog Stimmung gestalten
5. UNGESELLIGKEIT	
selbstgenügsam, eigenbrötlerisch zurückgezogen, steif, kühl, schweigsam	Szenisches Spiel, Rollenspiel, musikalisch begleitetes katathymes Bilderleben
6. MANGELNDE GELASSENHEIT	
entmutigt, zögernd, abwartend, verzagt, schnellen Entscheidungen abgeneigt	Gruppenmusizieren, -singen, -tanzen, -malen, -dichten
7. DOMINANZSTREBEN	
aggressiv, dominant, egozentrisch, mißtrauisch, autoritär-konformistisch, apodiktisch-moralisch	Führen – Folgen, produktives und reproduktives Solo-Tutti-Singen, -Musizieren, -Tanzen, Umsetzen von Phantasiegeschichten in Klang
8. GEHEMMTHEIT	
schüchtern, kontaktarm,Lampenfieber, ängstlich, schreckhaft	Rollenspiele mit Musik und Tanz
9. VERSCHLOSSENHEIT	
mangelnde Selbstkritik und Offenheit	Besprechen von Musikreaktionen, -wirkungen und kreativen Gestaltungen

Zum Abschluß der intensiven Auseinandersetzung und Begegnung durch die Musik regt der Gruppenleiter ein Gespräch an zu den Fragen: „Wie fühle ich mich?“, „Was ist geschehen?“ und „Was möchte ich mir vornehmen?“. Die Teilnehmer berichten, in Worten oder auch mit den Instrumenten, über ihre Erlebnisse und darüber, wie die persönliche Bedeutung der von ihnen gewählten musikalischen Motive sich während des musikalischen Gruppenprozesses gewandelt hat. Daß die Aussagen oft völlig gegensätzlich ausfallen, ist natürlich. Die einen fühlen sich erleichtert und entspannt; sie konnten während des Improvisierens ihre Schmerzen vergessen (auch der ständig von Rückenschmerzen belastete Karajan spürt diese während des Dirigierens nicht mehr). Andere fühlen sich angeregt und aktiviert; das Herumspielen, das Ausprobieren der Tonlagen und der Ausdruckskraft ihrer Stimme hat ihnen Spaß gemacht. Wieder andere wurden während des Musizierens mit ihren Ängsten und Schwierigkeiten konfrontiert; sie fühlten sich abgelehnt, einige aber auch verstanden und angenommen. Einhellig empfinden die Teilnehmer die musikalische Gruppenimprovisation als Chance, Verhalten zu üben und die Wahrnehmungsfähigkeit zu verbessern – nicht nur durch die Beschäftigung mit sich selbst, sondern auch dadurch, daß das Hören und Reagieren auf die anderen vom Kreisen um die eigene Person ablenkt.

Nach dem Austausch über das Erlebte möchte die Gruppe oft gemeinsam Lieder singen, mit und ohne Instrumentalbegleitung. Meist ist ein solcher Wunsch ein positives Zeichen: Auch wenn gemeinsames Singen heute bei vielen unangenehme Gefühle weckt, ist es, sofern solche Hemmungen überwunden werden können, wie kaum etwas anderes geeignet, Unbeschwertheit und soziales Wohlbefinden auszudrücken und zu erfahren. Vor- und Zwischenspiele auf dem Klavier bieten den Patienten die Gelegenheit, bei der Stimmung eines

Liedes zu verweilen und über den Sinn der Texte nachzudenken.

Auch das Tanzen, frei im Raum oder gebunden in Schrittfolgen und Gruppenfiguren, ist bei den Patienten in Bethel sehr beliebt. Die Verknüpfung von Musik und Bewegung, von Führen und Folgen erschließt ein breites Spektrum von körperlichen Reaktionen und sozialen Verhaltensweisen.

Ungleich wirksamer als das Vorspielen einer Schallplatte oder eines Tonbandes ist das eigene Singen, Klatschen, Schnipsen, Tanzen und Stampfen zu den Improvisationen des Pianisten. Der Therapeut am Klavier kann die Bedürfnisse der Tanzenden nach langsamen oder schnellen Passagen, nach freudigem oder traurigem Charakter der Musik, nach beschwingten oder rhythmisch markanten Stücken erkennen und darauf einwirken. Wie ein guter Tanzmusiker muß der Pianist sich in die Bewegungen und die damit ausgedrückten Stimmungen einfühlen, während die Tanzenden sich ihrerseits nach dem Pianisten richten. Im wechselseitigen Geben und Nehmen kann sich ein meditatives Entspannungstanzen ebenso entwickeln wie ein formenreiches Interagieren mit anderen oder selbstvergessene Tanzekstasen.

Der entscheidende Vorzug der Musiktherapie gegenüber anderen Behandlungsformen liegt freilich nicht so sehr in ihrer kathartischen Wirkung, sondern vor allem in ihrer Eignung, die Wahrnehmungsfähigkeit des Menschen auszubilden, zu verfeinern und weiterzuentwickeln. Im ursprünglichen Sinn des griechischen Wortes bedeutet „therapieren“ keineswegs nur heilen, sondern auch bedienen, freundlich behandeln, verehren und eben: sorgfältig ausbilden. Auch das Wort „Psyche“ hat eine sehr umfassende Ausgangsbedeutung: Hauch, Atem als Lebensprinzip, Lebenskraft, Leben, Seele, Denkvermögen, Verstand, Klugheit, Sinn, Gemüt,

Herz, Mut, Sitz der Leidenschaften, Begehrungsvermögen, Lust, Appetit, Umschreibung der ganzen Person, Bezeichnung des Kostbarsten, Wertvollsten. Berücksichtigt man weiter, daß „Person" vom lateinischen „per-sonare" stammt, das „durch-tönen" bedeutet, und daß „tonare" sich wiederum von „Tonos", dem griechischen Wort für „Spannung", herleitet, dann wird die Beziehung zwischen Psyche, Person und Ton beziehungsweise Musik offensichtlich. Der Satz „Der Ton macht die Musik" deutet den Zusammenhang an, der zwischen der Art des „Tönens" und dem inneren Verhältnis von Angespanntheit und Gelöstheit besteht, das sich darin offenbart. Dies ist der Hintergrund dafür, antriebsfördernde (ergotrope), beruhigende (trophotrope, wörtlich: verdauungsfördernde) und konfliktverarbeitende (taraktische, das heißt verwirrende, aufrüttelnde) Musik zur Erzeugung von psychosomatischer Spannung und Entspannung einzusetzen.

Der Erfolg hängt allerdings wesentlich von der Dosierung der musikalischen „Heilmittel" und von der Beobachtung (Diagnose) des Patienten ab. Eine exakte Wahrnehmung der Musik, der von ihr ausgelösten Reaktionen sowie der Verhaltensweisen vor, während und nach dem Singen, Musizieren oder Tanzen ist unerläßlich, um Störungen in der individuellen Wahrnehmungsverarbeitung zu erkennen und korrigierend zu beeinflussen, die auf tiefer liegende Leidensursachen hindeuten und Verhaltensbehinderungen nach sich ziehen. Wenn die „sorgfältige Ausbildung" des Patienten in der realitätsgerechten Wahrnehmung der eigenen Person und des dazu verwendeten Mediums Musik gelingt, tritt auch eine Wandlung der Persönlichkeit ein.

Will Musiktherapie zudem erreichen, daß der Patient vom Therapeuten zunehmend unabhängiger wird, so muß sie ihm nicht nur zur Einsicht in die Art seiner Wahrnehmungsverarbeitung verhelfen, sondern auch zu einem verständnisvollen und adäquaten Umgang mit Musik und zu der damit verbundenen Erlebnissteigerung.

Aus der Begeisterung eines Universalgelehrten ist Goethes Ausspruch zu verstehen: „Musik ist höhere Offenbarung als alle Weisheit und Philosophie der Welt.“ Auch bei nüchterner Betrachtung der Musik ist es jedoch nur absurd, wenn einige Richtungen der Musiktherapie den Standpunkt vertreten, die künstlerische Qualifikation des Therapeuten und die ästhetische Dimension der musikalischen Arbeit spielten keine Rolle. So trivial es ist: Kunst kommt von Können; und Ästhetik heißt, aus dem Griechischen übersetzt, Wahrnehmung. Das erspürende Verstehen musikalisch mitgeteilter Bedeutungen; das kommunikativ-improvisatorische Gestalten mit musikalischen Elementen; die Fähigkeit, sich beim Hören von Musik ergreifen zu lassen und sie in Tanz oder Bilder umzusetzen; das tiefere Verständnis dafür, wie schöpferische Musiker Probleme ihrer Zeit und ihrer eigenen Lebensgeschichte in Klangdokumenten wiedergegeben haben; und die Intensivierung einer entsprechenden Erlebnisbereitschaft und -fähigkeit bei einem selbst – dies alles ist nicht nur nötig, um Leiden durch Musiktherapie lindern zu können. Es läßt die musiktherapeutische Arbeit sowohl für den Patienten als auch für den Therapeuten zu einem aufregenden menschlichen und musikästhetischen Erlebnis werden.

Karl Hörmann, promovierter Psychologe und Musiker, unterrichtet als Privatdozent an der Universität Münster. Er ist Vorsitzender des „Musiktherapie e.V.“ und als Musiktherapeut an der Bethesda-Klinik in Bethel tätig.

(Der Beitrag ist in PSYCHOLOGIE HEUTE, Heft 12/84, erschienen)

Therapie im Fernsehen: Hilfe oder Show?

Heiner Krabbe

Vor 15 Jahren hat das Fernsehen seinen traditionellen Programmsäulen Unterhaltung, Bildung und Information eine weitere hinzugefügt: Lebens- und Orientierungshilfe. Sie soll zur Aufgabe haben, „auf die Fragen der Mitmenschen hinzuhören", „auf die in der Gesellschaft vorzufindenden Nöte angemessen zu reagieren und Angebote zur Abhilfe zu machen" sowie „unsere hochspezialisierte, reizüberflutete Welt zu erklären" (1).

Lebenshilfe und Orientierungshilfe werden in den Fernsehprogrammen in vielfältigen Formen gegeben, die sich grob in zwei Kategorien einteilen lassen: Einerseits wird Rat in alltagspraktischen Angelegenheiten erteilt wie bei Verbraucher-, Gesundheits- oder Rechtsfragen; zum anderen werden Rat und Hilfe in „Lebensfragen" angeboten. Ratschläge für den „schwierigen Alltag" und seelische Nöte jeder Art und Größe (2).

Dieser zweiten Kategorie sind Sendereihen zuzurechnen wie zum Beispiel die Sendung „Hilferufe – Menschen in der Krise" (WDR), das „Kontakte-Magazin für Lebensfragen" (ZDF), „Psycho-Treff – Auf dem Weg zueinander" (SWF), „Notsignale" (ZDF). In all diesen Sendungen bietet sich das Medium Fernsehen öffentlich als Lebenshelfer für die in Not Geratenen an.

Am Beispiel der Sendereihe „Hilferufe" des WDR soll verdeutlicht werden, wie das Medium Fernsehen den Auftrag,

Lebens-und Orientierungshilfe zu leisten, erfüllt. In einer Sendung wird der Fall von Jutta M. behandelt. Ihr Problem: „Wir kommen nicht voneinander los." Im vorgelesenen Brief und anschließenden Spielfilm erfahren wir näheres:

Jutta ist seit einigen Jahren mit Heinz befreundet. Ihre Beziehung ist scheinbar wenig stabil; Intimität und Streitigkeiten wechseln einander ab. Bei Streitigkeiten verhält sich Heinz oft brutal, während Jutta eher hinnehmend und anklammernd reagiert. Ein Rückblick in ihre Kindheit zeigt, daß sie sich ihrem Vater gegenüber ähnlich verhalten hat.

Nun will sie sich von Heinz lösen und kommt doch nicht von ihm los. Sie weiß keinen Rat mehr und wendet sich daher an die Ratgeber der Fernsehsendung. Diese erklären sich für zuständig und gehen wie selbstverständlich davon aus, daß Jutta professionelle Berater in Anspruch nehmen sollte. Anscheinend hat sie das Vertrauen in sich und ihre soziale Umgebung verloren. Für sie scheint selbstverständlich zu sein, was für viele andere in der Gesellschaft gilt, wenn sie nicht wissen, wo ihnen der Kopf steht: Sie gehen zu professionellen Beratern.

Die Sendereihe „Hilferufe" ist so konzipiert, daß Ratsuchende eine individuelle Beratung erwarten dürfen, die über die bloße Informationsvermittlung hinaus auch therapeutische Komponenten umfaßt. Auch im Fall Jutta M. sollen die Fachleute eine Veränderung herbeiführen, von der Jutta M. so profitiert, daß sie zukünftig wieder in der Lage ist, ihr Leben eigenverantwortlich zu gestalten (3).

Um beurteilen zu können, welche Qualität diese Art von Beratung im Fernsehen hat, sollte man sich die Grundsätze individueller Beratung vor Augen führen. In der Literatur wird sie als „ein geplantes und strukturiertes Geschehen betrieben", in dessen Prozeß der Berater durch zielgerichtete Interventionen eine Änderung im Erleben und Verhalten des

Ratsuchenden einleitet und unterstützt" (4). In der praktischen Beratungstätigkeit sollte sich der Ratgeber an drei Merkmalen orientieren, die Einfluß auf den Beratungsprozeß und den Ratsuchenden haben: Zu allererst handelt es sich bei dem Gespräch zwischen Ratgeber und Ratsuchendem um ein Geschehen, bei dem die Beziehungsgestaltung und Kommunikation im Vordergrund stehen.

Weiterhin sollte der Beratung ein explizites Beratungskonzept zugrundeliegen; hierzu ist es im Rahmen des Beratungsprozesses notwendig, mit dem Ratsuchenden Beratungsziele zu erarbeiten und Methoden festzulegen, mit deren Hilfe die Ziele erreicht werden sollen.

Schließlich sollte der Ratgeber Faktoren beachten, die in seiner Person begründet sind und in die Beratung einfließen; diese ergeben sich insgesamt aus seiner Persönlichkeit, dem Ausmaß seiner Berufserfahrung und der Wechselwirkung mit den Persönlichkeitsmerkmalen des Ratsuchenden sowie Merkmalen der Beratungssituation (5).

Wie wird nun Jutta M. in der Fernsehsendung beraten? Während der gesamten Sendung sitzt sie im Hinterzimmer des Fernsehstudios, lediglich gegen Ende der Sendung erhält sie vom Moderator einen Telefonanruf mit Lösungsvorschlägen und wird auf ein Gespräch nach der Sendung vertröstet. Eine Begegnung zwischen ihr und den Ratgebern findet nicht statt. Das Arrangement der Sendung verhindert weitgehend, daß sich ein Beratungsgespräch zwischen ihr und den Ratgebern entwickeln kann. Hier bleibt die Beziehung zwischen den Beteiligten unbeachtet, obwohl sie von großem Einfluß auf den Veränderungsprozeß der Ratsuchenden ist. Wichtige Details wie Blickkontakt, Tonfall, Mimik, Gestik sowie die Bewertung der Interaktionsanteile durch die Beteiligten werden vernachlässigt: Die Bedeutung des Beziehungsaufbaus und der -gestaltung für den Beratungsprozeß wird nicht erkannt und bleibt ungenutzt. Die Ratgeber lernen ihre Klienten, hier Jutta M., in den Sendungen der Reihe „Hilferufe" nicht kennen. Ebensowenig werden gemeinsam mit Jutta M. die einzelnen Beratungsziele und -methoden erarbeitet.

Statt dessen entwickelt sich unter den Fachleuten eine Art Modellwettbewerb: Eine Vielzahl von Fachbegriffen, Erklärungsmustern, Modellen, Interpretationen ringt um die Gunst des Moderators und der Zuschauer. Das Angebot reicht von den „frühen Ängsten der Kindheit" bis zum „Sadomasochismus", von der „Frustrations-Aggressions-Hypothese" bis zur „Identifikation mit der Mutter". Was von den einzelnen Beiträgen zu halten ist, muß der Zuschauer allein entscheiden. Von einer sorgfältigen Analyse der Probleme ist in dieser geschäftigen Ratgeberrunde nichts zu sehen und zu hören. So bleiben auch die Beratungsziele im Nebel. Es mag zwar für Jutta M. tröstlich sein, daß sie sich in den schützenden Händen von Fachleuten befindet, doch aus den einzelnen Beratungsbeiträgen wird sie kaum Erkenntnisse gewonnen haben. Sie wird auch nach der Sendung nicht wissen, wie sie aus der belastenden Situation herauskommen und was sie konkret verändern könnte. Wahrscheinlich wird sie den Eindruck mit nach Hause nehmen, daß sie eine Psychotherapie beginnen muß.

Welche Rolle spielen die Ratgeber in der Sendung „Hilferufe"? Da ist zunächst der Moderator. Er nimmt in der Sendung die unterschiedlichsten Aufgaben wahr: Er leitet die Sendung, er ist „Anwalt" von Jutta und gleichzeitig Leiter der Gesprächsrunde der Fachleute. Er vermittelt zwischen Jutta und den Zuschauern, und er führt am Ende der Beratung das Telefongespräch mit der Ratsuchenden. Den Teilnehmern der Sendung und den aufgeworfenen Fragen gegenüber demonstriert er eine Haltung aus Güte, Beruhigung und

Optimismus. Mit sanfter, altväterlicher Stimme, in Gestik und Mimik um grenzenlose Freundlichkeit bemüht, eifert er dem Klischee des schützenden und souveränen Ratgebers nach. Hinter diesem pastoralen Nebel wird allerdings sichtbar, wie stark er den Ablauf der Sendung und der Gespräche bestimmt: Er leitet und überprüft die Beratungsbeiträge; er bestimmt, ob ein Gedanke verfolgt oder verworfen wird; er zieht die einzelnen Redebeiträge in der Ratgeberrunde auf sich und verhindert weitgehend eine Diskussion untereinander; er übernimmt es, Jutta M. die „Lösung" ihres Falles zu präsentieren. Hier zeigt er, wie gering seine Fähigkeit ist, mit der Partnerin ins Gespräch und in Kontakt zu kommen. Er läßt Jutta M. kaum zu Wort kommen, sondern erdrückt sie mit einem überfreundlich gehaltenen Monolog; darin beschreibt er ihre Gefühle, ohne ihr die Möglichkeit zur Antwort zu geben; er gibt ihr allgemein gehaltene Ratschläge, statt sie darin zu unterstützen, die eigenen inneren Erfahrungen und Wünsche zu beschreiben; er spricht zu ihr in Diktion und Tonfall wie zu einem Kleinkind: „Fein, fein. Darüber reden wir später."

Der gesamte Gesprächsprozeß wird von ihm bestimmt, und doch schimmern immer wieder Ängstlichkeit und Übervorsicht durch, daß die Gespräche ihm entgleiten und die Beratung ins Stocken kommen könnten. So gesteht er Jutta M. in der Beratung wenig Platz für eigene Beiträge zu. Gegen so viel Freundlichkeit bringt sie lediglich ein „Ja" oder „Nein" hervor.

Auch die drei anderen Ratgeber und Psychotherapeuten tragen wenig zu einem guten Beratungsklima bei. Sie sind mit ihren jeweiligen Modellen und Begrifflichkeiten beschäftigt und reden fast ausschließlich in Richtung Moderator. Hier gibt es keine Argumente und Gegenargumente, kein sorgfältiges Erarbeiten der Problematik, keine ausführlichen Darlegungen. Ihr Experteneifer schließt die Ratsuchende von der Beratung aus; es wird über sie verhandelt. Sie bleiben Juttas Not gegenüber allgemein und unverbindlich – „Selbstfindung ist das Wichtigste"; „Wir müssen mit dem Fall arbeiten." Hilflose Helfer?

Jutta M. ist mit dieser Gesprächsrunde, der sie aus dem Hinterzimmer zuhören darf, nicht geholfen. Gemessen an den drei wesentlichen Merkmalen einer individuellen Beratung ist der Anspruch der „Lebenshilfe-Sendung" von den Ratgebern nicht eingelöst worden.

Wenn schon nicht den Ratsuchenden geholfen werden kann, profitiert dann vielleicht der Zuschauer von diesen „Hilferufen"? Gelingt es ihm, neue Einsichten zu gewinnen, wird er zu Initiative und neuen Kontakten motiviert?

Schaut man sich den Spielfilm über Jutta M.'s Probleme und die anschließende Gesprächsrunde der Fachleute genauer an, kommen auch hier erhebliche Zweifel auf. Die filmische Präsentation ist eine Aneinanderreihung von Klischees: eine sympathische, sportliche Frau, ihr Freund, ein Sunnyboy und Möchtegern-Geschäftsmann, idyllische Wohnungen, ein Einfamilienhaus mit Swimmingpool, ein Sommerfest mit Preisverleihung, schicke Autos, gepflegtes Essen und Alkoholika bester Sorte. Dies alles ist garniert mit einer Vielzahl blutleerer Sätze wie: „So zärtlich müßtest Du immer sein!"

Das Zuschauen macht keine große Mühe; Eigentümlichkeiten, Widersprüche und Risse in den Personen und ihren Beziehungen werden nicht vermittelt. Der Zuschauer kann sich als leidenschaftlicher Amateurpsychologe einmal so richtig reinknien in die Sorgen anderer, ohne irritiert zu werden oder sich gar mit sich selbst auseinandersetzen zu müssen.

Ebenso kann der Zuschauer die anschließende Gesprächsrunde der Ratgeber konsumieren. Ohne Vorkenntnisse kann er beim Modellwettbewerb mitplaudern oder in Ehrfurcht vor so viel Kompetenz schweigen. Er wird weder viel lernen noch dazu ermutigt, eigene Gedanken und Schritte zu wagen.

Diese Ratgebersendung leistet weder Einzelfall-Beratung noch ist sie eine „Lebenshilfe" für die Zuschauer. Vielmehr wirft sie eine Vielzahl an Fragen und Vermutungen auf. Fragen nach der Berechtigung von individueller Beratung im Fernsehen, nach angemessenen Formen und Inhalten von Lebenshilfe-Sendungen, nach dem Auswahlverfahren der Redakteure, nach der Kompetenz und Legitimation der Experten, ebenso Fragen zur Botschaft der Sendungen: Wie wird beraten, welcher Rat wird für welche Problemlage auf welcher Grundlage entwickelt, welche Lösungen werden bevorzugt, wie ergeht es der Hilfesuchenden besonders nach der Sendung, an welche Zuschauer ist gedacht, und was weiß das Fernsehen von ihnen?

Die Sendereihe „Hilferufe" läuft seit einigen Jahren im WDR. Wenn sie ihrem Anspruch nicht gerecht werden kann, was mag ihr „heimlicher Auftrag" gegenüber den Ratsuchenden und den Zuschauern sein?

Den Ratsuchenden gibt die Sendung die Chance, aus dem blassen Alltag herauszutreten und Mittelpunkt im Studio, in der Fernseh-Öffentlichkeit zu sein. Eine ganze Sendung dreht sich nur um sie – eine reizvolle Vorstellung, zumal sie durch ein gewisses Maß an Anonymität geschützt sind.

Den Zuschauern hat die Hilferufe-Sendung ebenfalls einiges zu bieten: Die Beschäftigung mit den Sorgen und Ängsten anderer Menschen hat einen nicht zu unterschätzenden Unterhaltungswert (6). Der Ablauf der Sendung und die einzelnen getroffenen Arrangements geben eine unterhaltsame Grundstimmung wieder: ein dezenter, liebenswürdiger Moderator, ein glatter Spielfilm; eine Gesprächsrunde, in der die Ratgeber ihr unbegrenztes Wissen demonstrieren dürfen;

die langsame, immer „spannender" werdende Einführung der tatsächlich existierenden Hilferufenden. Dem Zuschauer wird ein Blick durchs Schlüsselloch geboten, mit dem beruhigenden Eindruck, daß es für jede Not einen Rat und Ratgeber gibt.

Die Frage nach dem Effekt einer Ratgebersendung beim Zuschauer muß auch die Vermittlungsform des Mediums Fernsehen und dessen Auswirkungen miteinbeziehen (7). Allein die Art der Wahrnehmung verhindert, daß der Zuschauer zur Reflexion angeregt und aktiviert wird. Er nimmt die Sendung mit Hilfe seiner assoziativ-emotionalen rechten Gehirnhälfte wahr; die kritisch-rationale linke Gehirnhälfte ist weitgehend ausgeschaltet, da sie mit der linearen Verarbeitung der hundertfach in der Sekunde aus Millionen Punkten zusammengesetzten Bilder überfordert ist (8). Widersprechen sich Wahrnehmungsart und -inhalt, führt dies zu Informationsstreß und schneller Ermüdung (9).

Diese Haltung wird noch durch die Bilderfülle verstärkt, die das Fernsehen dem Betrachter liefert. Alle paar Sekunden wird dem Auge ein neuer Bildgenuß serviert. Das Auge kommt nie zur Ruhe; stets bekommt es neue Nahrung. Der Zuschauer kann diese Reizfülle nur schwer verdauen, es gelingt ihm nicht, sich Distanz zu verschaffen, um die Informationen überblicken zu können.

Weiterhin kommt noch hinzu, daß die Existenz des Fernsehens bei seinen Benutzern ebenso psychosoziale Veränderungen hervorgerufen hat, die den aktivierenden und Beziehungen stiftenden Intentionen von Ratgeber-Sendungen zuwiderlaufen.

Der Zuschauer wird übersättigt mit Informationen, kann aber nicht mithandeln; er wird angesprochen, ohne das Fernsehen ansprechen zu können. Er ist konfrontiert mit einer täuschend wirklichen Phantomwelt, die millionenfach reproduziert und doch zugleich nur von jedem Zuschauer einzeln empfangen wird. Was wirklich geschieht während der Sendung, ist die massenhafte Wiederholung isolierter „Zweierbeziehungen“ – der Massenzuschauer und das Massenmedium. Vor dem Fernsehschirm ist der ratsuchende Zuschauer im doppelten Sinn abgschnitten: von den Ratgebern und den anderen Zuhörern (10). Diese Beziehungsform der Nichtbeziehung findet eine Ratgeber-Sendung bei Ausstrahlung vor, unabhängig vom Anspruch der Sendung. So kann das Fernsehen niemandem konkret helfen. Als Ratgeber tritt es weder in Beziehung zum Ratsuchenden noch zu den Zuschauern. Es ist ein flüchtiges Medium, nicht geeignet zu unmittelbarem Austausch. Auch wenn es sich noch so fürsorglich gibt, kann es kein direkter Ansprechpartner sein. Es kann nicht das Gespräch mit Freunden, Verwandten oder ausgebildeten Beratern ersetzen.

Dennoch drängen viele Menschen zu den Medien, um sich dort Entlastung und Rat zu suchen. Herkömmliche Möglichkeiten, sich auszusprechen und um Rat und Hilfe zu bitten, scheinen in dieser „menschenfeindlichen Gesellschaft“ verlorengegangen zu sein (11). Hinzu kommt, daß Einrichtungen wie psychosoziale Beratungsstellen angesichts leerer Kassen kaputtzugehen drohen. Vor diesem Hintergrund mutet es schon grotesk an, wenn von erhöhten Investitionen im Medienbereich und dem Ausbau von Ratgeber-Sendungen im Fernsehen zu lesen ist. Brauchen wir also „Lebenshilfe“ im Fernsehen? Und wenn ja, wie müßte diese aussehen?

Zunächst: Der Anspruch, individuelle Beratung im Fernsehen geben zu können, ist Unsinn. Darüber hinaus gibt es durchaus Vorschläge zur besseren Gestaltung dieser Sendungen. Sie sollen zuallererst die inaktivierenden Wirkungen des Mediums Fernsehen selbst bewußt machen. Der Zuschauer soll lernen, wie das Fernsehen das Verhältnis zu ihm formt und welche Auswirkungen es auf ihn hat. Erst wenn der Zuschauer mit der „Beziehung" zwischen dem Menschen und dem Medium umzugehen weiß, kann er sie für sich nutzen und gestalten (12).

Ein anderer Vorschlag ist, in Lebenshilfe-Sendungen „gesellschaftliche Konfliktanzeige" zu treiben. Konflikte, Nöte, Ängste, gewöhnliche und ungewöhnliche Lebensformen, Lebensschwierigkeiten sollen der allgemeinen Wahrnehmung zugänglich gemacht werden. Lebensberatung heißt, Konflikte deutlich zu machen, aber Lösungsmöglichkeiten nur anzudeuten (13). Schließlich wird vorgeschlagen, daß die Betroffenen selbst im Rahmen der Lebenshilfe-Sendung zu autonomer Selbstentwicklung, zum Selbermachen ermutigt werden, indem sie Lebens-, Leidens- und Problemgeschichten und ihre Lösung mittels professioneller Hilfe oder Selbsthilfe im realen Umfeld vorführen. Die Sendungen sollen dazu beitragen, ein neues Beziehungsnetz zwischen den Menschen aufzubauen (14).

Was ist von all diesen Vorschlägen zu halten? Die Forderung nach einer „gesellschaftlichen Konfliktanzeige" in Lebenshilfe-Sendungen bleibt noch zu sehr im allgemeinen: In dieser Abstraktheit werden „Nöte, Ängste, Lebensschwierigkeiten, mit denen sich Menschen herumschlagen," bereits von anderen Sendungen wie zum Beispiel der „Schwarzwaldklinik" aufgegriffen. Der Vorschlag, das Fernsehen müsse über die inaktivierenden Wirkungen aufklären, führt dazu, daß das Fernsehen daran arbeitet, sich selbst weitgehend überflüssig zu machen. Dies ist ebenso schwer vorstellbar wie die Forderung, daß die Laien das Fernsehen selbst in die Hand nehmen sollen: „Hilfe zur Selbsthilfe im realen Leben". Real an den Lebenshilfe- und Orientierungs-Sendungen ist allein, daß sie den professionellen Fachleuten und Produzenten eine materielle Lebenshilfe geben.

Heiner Krabbe ist Diplom-Psychologe und arbeitet in Münster an einer Scheidungsberatungsstelle.

Literatur

(1) Karl Holzhammer: Lebenshilfe und Bildungs-Schlagwort oder Wirklichkeit? In: Bertelsmann-Briefe (1965) H. 36, Alois Schardt: Lebenshilfe als Herausforderung an die elektronischen Medien. In: Lebenshilfe im Fernsehen, hrsg. von J. Weiss und G. Höft 1983

(2) Hans Janke: Hilflose Helfer. In: Weiterbildung und Medien, 1984, H. 6

(3) Hanko Bommert: Der Berater als Einflußfaktor im Beratungsprozeß. In: Integration und Kombination von Methoden, hrsg. von F. Specht und H. Spittler, Göttingen 1981

(4) Hanko Bommert, ebenda

(5) Hanko Bommert, ebenda

(6) Hans Janke, ebenda

(7) Michael Lukas Möller: Immer mehr Lebenshilfe – immer weniger Leben. In: Lebenshilfe im Fernsehen, hrsg. von J. Weiss und G. Höft, 1983

(8) Michael Lukas Möller, ebenda

(9) Michael Lukas Möller, ebenda

(10) Michael Lukas Möller, ebenda

(11) Michael Lukas Möller, ebenda

(12) Michael Lukas Möller, ebenda

(13) Hans Janke, ebenda

(14) Michael Lukas Möller, ebenda

(Der Beitrag ist in PSYCHOLOGIE HEUTE, Heft 9/86, erschienen)